本书系2017年“江苏省社科应用研究精品工程”一般资助项目“坚守与分流：农民职业教育问题解决思路与实践”（编号：17SYB-103）研究成果之一

新时期农民职业教育研究
——以江苏省为例

王星飞◎著

安徽师范大学出版社
·芜湖·

图书在版编目(CIP)数据

新时期农民职业教育研究:以江苏省为例/王星飞著.—芜湖:安徽师范大学出版社,2018.3

ISBN 978-7-5676-3383-4

Ⅰ.①新… Ⅱ.①王… Ⅲ.①农民教育—职业教育—研究—中国 Ⅳ.①G725

中国版本图书馆CIP数据核字(2018)第037509号

新时期农民职业教育研究——以江苏省为例 王星飞 著

XINSHIQI NONGMIN ZHIYE JIAOYU YANJIU——YI JIANGSU SHENG WEI LI

责任编辑:何章艳

装帧设计:任 彤

出版发行:安徽师范大学出版社

芜湖市九华南路189号安徽师范大学花津校区

网 址:http://www.ahnupress.com/

发 行 部:0553-3883578 5910327 5910310(传真)

印 刷:江苏凤凰数码印务有限公司

版 次:2018年3月第1版

印 次:2018年3月第1次印刷

规 格:700 mm × 1000 mm 1/16

印 张:13

字 数:238千字

书 号:ISBN 978-7-5676-3383-4

定 价:46.00元

目　录

第一章　中国近代农民教育

前不久，为研究我国近代农民教育问题，我在检索文献时发现了一篇1927年发表在《东方杂志》第二十四卷第十六号的一篇题为《农民问题与中国之将来》的文章，文中精辟的、带有预见性的论断足以让当代学者折腰。文中用“一个难以索解的谜”来形容中国的“农民问题”，同时指出：如果能把这个谜猜透了，中国的将来，也就决定了大半了。当年作者面对的是满目沧桑的中国，到处是愚昧，到处是贫困，外有列强凌辱，内有军阀混战，民不聊生，生灵涂炭。在那个年代，很多有志之士开始探索救亡图存的新道路，他们发现农民素质不高是困顿中国发展的根本问题，提高农民素质对于救亡运动是很有意义的。在九十多年后的今天，这个难以索解的问题仍然牵绊着中国前进的步伐。农业、农村和农民问题是挡在经济与社会发展和现代化建设中事关全局的问题。众所周知，农民是解决“三农”问题的关键，农民问题解决了，农业和农村问题的解决就容易得多。农民素质不高影响农业现代化进程，影响农村经济与社会的健康发展。因此，提高农民素质是解决“三农”问题的有效途径。提高农民素质最有效、最快捷的方法就是大力发展农民教育。要加强农民教育，首先应对中国近代农民教育发展脉络有一个清晰的了解。

第一节　近代农民教育产生与发展的时代背景

我国农民教育发端于19世纪末和20世纪初兴办的一批农务学堂，迄今已有百年历史。相比欧美发达国家，我国农民教育的发展可谓生不逢时，那时的中国正逐步沦为半殖民地半封建社会。首先是政治上，独立的国家地位被列强蚕食，中国面临主权危机和亡国灭种的民族危机，救亡图存的声浪日益高涨，已成为近代中国社会的主旋律。其次是经济上，随着西方列强大量商品、技术和资本的入侵，中国原有的小农经济已经被打破。这对社会发展虽然具有一定的进步意义，但被西方以“大炮+商品+技术”的方式打破，对中华民族来说，就是一种丧权辱国的灾难。最后是思想文化上，“西学东渐”主流思想文化不断深入，西方文化与教育思想逐步渗透到长期与世隔绝的古老中国的方方面面。在这种大背景下，中国农民教育抱着救亡图存的历史使命步入历史舞台，开始以它特有的方式改造旧中国的农民。从某种程度上来看，中国农民教育的发展史实质就是中国从传统社会向现代化社会转型的发展史。

一、近代中国面临着民族存亡危机

从第一次鸦片战争到中华人民共和国成立，在这一个多世纪的历史时间里，中国整体特征就是外有列强施虐，内有军阀割据，导致政局不稳，政府只是为自己的存在而疲于奔命，根本腾不出手来搞经济、抓生产、促民生、强国力。此外，多年来的自然灾害得不到政府的有效救济，农民陷入“极度贫困”。天灾人祸让中华民族面临着严重的生存危机，因此救亡图存成为那个时代的最强音，这是近代农民教育产生与发展的根本动力。

（一）国家主权遭到严重破坏

1840年之后，我国社会正一步步沦为半殖民地半封建社会，到1901年签订《辛丑条约》，在短短六十年的时间里，我国丧失了独立自主的国家地位，政治、经济、外交等方面都受制于西方列强。作为国家主权象征的领土、领海、司法、关税和贸易全部或部分被西方列强控制，尤其是在我国沿海各个城市设立“租界”，演绎“国中之国”，这是完全独立于中国行政系统和法律权限之外的侵华手段，这些“租界”可以说是西方推行侵华政策的基地。帝国主义国家在我国划分势力范围实施分而治之的政策，这是导致近代中国政治、经济、文化发展极度不均衡的重要原因，使本来就落后的中国在经济、文化等方面更加落后。1937年7月7日卢沟桥事变，标志着日本全面侵华战争的开始，中华儿女再次处于生死存亡的时刻。

（二）近代中国政局动荡

近代中国除了有帝国主义发动的侵华战争之外，政局不稳也是近代中国受尽凌辱的根本原因之一。尤其是《辛丑条约》签订后，国内有志之士开始意识到中国正面临前所未有的危机，亡国灭种不是没有可能。“百日维新”失败的教训，让当时的知识分子认识到资产阶级改良运动救不了中国，因此谋求推翻清王朝、建立共和制国家逐渐成为当时中国的主流声音，国内外各类革命组织纷纷成立，开始了推翻封建帝制的卓越探索，同时也付出了惨重的代价。1911年，辛亥革命结束了在中国延续了两千年之久的封建君主专制。不过，辛亥革命虽然推翻了封建帝制，但是革命胜利的果实被以袁世凯为代表的北洋军阀窃取。也就是说，辛亥革命并没有结束中国连年军阀混战的局面，政局不稳仍是这个时期最鲜明的特征。

1912年，袁世凯篡权在北京建立北洋政府。自袁世凯建立北洋政府以来，直系、皖系和奉系三大军阀轮流控制北洋政府，最高统治者像走马灯似的换了一茬又一茬，各派军阀势力此消彼长。由于北伐战争的节节胜利，加上日本制造了“皇姑屯”事件，统治东北的奉系军阀少帅张学良开始意识到自己的生存危机，于是在1928年12月29日通电全国，宣布从即日起遵守“三民主义”，服从国民政府，改变旗帜，这标志着北伐战争的结束，国民政府在名义上和形式上完成了统一。

（三）农民面临着生存危机

农民作为旧中国最底层的群体，一直被晚清政府和北洋政府置于被遗忘的角落，动荡的社会环境使他们流离失所，无家可归。内忧外患不断，军阀混战，让农村经济濒临崩溃的边缘，旧中国农民忍受的贫困程度在世界上实属罕见。究其原因，主要有以下几个方面：

一是鸦片战争以来，帝国主义列强的侵华战争迫使晚清政府签订了各种不平等条约，巨额赔款加大了农民的赋税负担，加剧了中国贫困程度和自给自足经济的败落，使得农村经济状况日益恶化，破产的农民为了生存，甚至将自己的子女卖给条件稍好的人家。

二是辛亥革命之后，虽然推翻了两千多年的封建统治，但并没有给广大农民带来福祉。北洋政府内部在袁世凯去世之后，为争夺地盘，直系、奉系、皖系三大军阀连年混战，为了筹集军费，他们以各种名目增派苛捐杂税，这也是近代中国农民经济负担深重的重要原因之一。

三是从晚清时期大力兴办“洋务运动”以来，近代中国开始步履蹒跚地走上了近代化的道路，社会结构二元化趋势加剧，农民沦为帝国主义和封建统治阶级疯狂掠夺和剥削的主要对象。近代中国是典型的农业国家，西方列强为了发展国内工业，在世界各地强取豪夺原材料，中国成为他们掠夺的重要对象，中国农民成为世界市场原材料的主要供给者之一。与此同时，小农经济被打破，农民日常生活用品不得不依赖帝国主义倡导的市场，西方列强以低价收购农产品等原材料，又以高价向近代中国倾销工业制成品。这时，近代中国农民又成了世界市场的购买者，这种形式的农业商品化，加剧了中国自然经济的解体，同时还加深了农民的贫困程度。值得一提的是，近代中国农业商品化并非由农村生产力发展和与之相适应的社会分工促成的，而是由帝国主义列强利用商品入侵和出口贸易的需求促成的，近代中国的农业商品化和自然经济解体并非主动行为，而是一种被迫行为。显而易见，这种具有半殖民特征的商品市场只能给中国农民带来深重的灾难。虽然商品数量和价格受国际市场支配，但帝国主义列强实施的是不等价的剥削交换，因此中国近代农村市场化和农产品商品化不可能惠及广大农民。搜索有关数据发现，近代中国农民收入水平很低。华洋义赈会在1922—1923年对冀皖苏浙一带农村经济状况进行的一项抽样调查结果显示：以上四省农户年收入低于150元以下的高达67.9%，其中河北省各县的比例更高，部分地区在80%以上；农户年收入不足50元的占28.8%，河北省各县比例更高，达62.2%。由此可以推断，当时全国农民收入水平很低。

四是天灾因素。20世纪上半叶，连续十几年的自然灾害将原本生活不堪的农民碾压得体无完肤，生活在苦难中的农民陷入更悲惨的处境。据邓云特在《中国救荒史》一书中的数据显示：1912—1937年，全国共发生77起影响较大的自然灾害，平均每年有3次之多(见表1-1)。

表1-1　1912—1937年全国影响较大的自然灾害统计

灾害名称	水灾	旱灾	地震	蝗灾	风灾	疫灾	雹灾	歉饥	霜灾雪灾
次数	24	14	10	9	6	6	4	2	2

连年自然灾难造成的生命财产损失是无法估量的。1935年3月18日的《申报》所记载的资料反映了当时中国农民的悲惨情形：“江苏高淳县有一个地方并无粒米，将近十八万的饥民，以石面果腹，致全部患腹病而死。”句容县97%的人没有饭吃。浙江长兴一姓王的农民，“因田禾枯萎，收成绝望，借洋一元购得砒霜，……一家共食，当晚毒发，一家七口毙命”①。

近代中国危机四起，不但有民族危亡的危机，还有农民生存的危机，内忧外

① 段本洛，单强．近代江南农村[M]．南京：江苏人民出版社，1994：632-633.

患让中国具有先进思想的仁人志士开始思考中国的未来,他们把注意力转向了农村,致力于乡村教育和乡村建设的宏伟事业。在他们看来,只有提高农民素质,发展农业,振兴农村经济,才能达成救国救民的良好愿望。李维汉先生在其晚年所著的《回忆与研究》一书中指出了乡村建设运动形成的原因:“当时由于帝国主义的加紧侵略和连年军阀混战,造成农村破产,不仅贫雇农无法生活,就是富农和中小地主也遭到损害,因而产生资产阶级乃至地主阶级的乡村改良运动。”①

二、中国传统农业的困境与变革

半殖民地半封建社会是西方列强入侵的结果。从当时的社会经济来看,自给自足的小农经济濒临破产,其主要标志是小农业和以家庭作坊为主要形式的手工业破产。换言之,传统农业已经无法适应中国近代化的需要。归纳起来,导致中国传统农业面临危机有两大原因:一是由于国家主权危机引发的政局动荡和民族危亡的特定局势造成的。此类危机的解决是一个复杂工程,它需要外争独立的国家主权,内聚民族之正气,仅仅依靠农业自身优化与发展是无法解决的。二是由于旧中国传统农业致命的弱点导致的。

(一)中国传统农业的困境

何谓“中国传统农业”?在研究这一课题之前,需要对中国传统农业准确定义。目前学术界普遍认同的定义是,中国传统农业是指在自然经济条件下,主要以人力、畜力为农业生产动力,以人工操作铁制农具(犁、耙等)为主要特征的,依赖世代相传积累耕作经验的自给自足的农业生产形态。

集约是中国传统农业的显著特征,它的形成与旧中国特定的社会性质有密切关系,尤其与封建经济制度下小农经济的运作方式分不开,加上中国人口多、耕地少的大格局,就形成了中国特有的集约型农业。集约型农业生产因时、因地制宜,采用精耕细作来提高单位耕地的利用率和产量,同时还利用遴选优质品种、积肥施肥、兴修水利设施、防病防虫等农业技术手段来改造传统农业。归纳起来,传统农业虽然采用了精耕细作的方式,但由于农业结构过于单一、生产规模偏小、经营管理理念和技术应用落后、抵御自然灾难能力不强等,商品经济

① 李维汉.回忆与研究[M].北京:中央党史资料出版社,1986:688.

发展受到严重阻碍,农业生产也没有形成地域分工。

我国传统农业历史悠久,在农业生产中也创造过举世辉煌的成就。尤其是从隋唐时期,一直到清乾隆年间,我国还是世界上农业最发达的国家,但随着以机械化、电气化和农药化肥应用为特色的西方农业科技的发展,我国农业逐渐已被西方资本主义国家赶超。从历史功绩来看,中国传统农业维系亿万人民繁衍生息,对中华民族繁荣与中华文化发展的作用是不可估量的。我国传统农业和手工业的辉煌可以从当时中国经济总量占世界经济的比重中看到,1500年为25个百分点,到了1600年就上升到了29.2个百分点[①]。历史只能说明过去,自第一次鸦片战争之后,中国传统农业就如一个病儿,被众多在当时难以解决的问题所困扰,比如连年增长的人口压力、贪得无厌的殖民掠夺、近代工业发展对原材料的依赖等,这些都让中国传统农业陷入了发展的泥潭。

1. 我国传统农业陷入了人口膨胀、无土地开发的泥潭

纵观我国传统农业发展史,不难发现,其增长主要得益于土地、人口等农业生产要素的增加,以及传统农业技术的发展与应用。自第一次鸦片战争结束后,中国人口增长速度达到了前所未有的水平,人均拥有耕地面积下降至1.64亩,单位耕地产量还维持原有水平,农民从事农业生产无法维持正常的生活所需。当时传统农业技术应用已经达到了最高水平,土地利用率也接近极限,中国传统农业已经到了无力支撑人口压力的地步。当时中国社会饥荒频发,民不聊生。变革传统农业,引进西方先进农业技术的呼声越来越强烈。

2. 传统农业成为制约近代工业发展的一个重要因素

众所周知,工业发展需要大量的工人,而我国传统农业的发展模式中形成了农民对土地的依附关系,很多农民不愿意离开土地远走城市从事工业生产。加上我国传统农业是以人力和畜力为主要动力运作的一种耕作方式,手工播种、除草、施肥、收割等流程需要大量的人力和畜力。从这方面来看,传统农业对近代工业发展具有阻碍作用。而传统农业由于没有应用先进的农业科学技术,农产品的产量不高,这就导致维系近代工业发展的原料得不到满足,影响中国近代工业的发展。换言之,农业发展的速度、规模直接影响着近代工业发展的速度、规模。传统农业的生产能力已经无法满足近代工业快速发展的需要,从这一视角来看,用西方先进的农业技术改造我国传统农业是当时农业发展的

① 彭干梓. 中国古代辉煌的农业教育与“新重农主义”[J]. 职教论坛,2007(9):60-64.

不二选择。

3. 传统农业难以适应商品经济的发展

传统农业的生产与经营模式过于单一，没有形成规模效应，生产的品种没有实现区域特色，而近代工业由于苛求原材料，希望农业不但要在产量上有大幅提升，在品种和质量上也要上升一个档次，只有这样才能满足工业化和城市化发展的要求。近代商品经济在中国发展的速度相对较慢，这主要是由于自给自足经济模式和当时政府奉行闭关自守的管理模式导致的。小农经济意识非常强的农民很难适应市场变化。以家庭为单位的农业生产形式产出的农产品与近代工业所需的原材料存在很大差距，这就导致生产出来的农产品难以卖出去，最终可能导致破产。这些破产的农民由于失去土地，为了生计，便进城谋生，进入工业生产的行列。

国内有些有识之士看到了近代工业巨大的生产力，争相引进西方先进的工业和农业生产技术。社会各界渐渐意识到农业发展不但能为工业生产提供保质保量的原材料，还能在一定程度上提高农民的收入，最终提高占全国人口大多数的农民的购买力，这就能为工业商品提供巨大的市场，进而促进中国近代工业的快速发展，摆脱西方列强在工业生产上的绝对控制。这些人中最杰出的代表当数张謇，他认为："立国之本不在兵也……在乎工与农，而农为尤要。盖农不生则工无所作，工不作则商无所鬻。相因之势，理有固然。"[①]假如说，在19世纪只有少数精英认识到农业的重要性，那么，在甲午战争的重创刺激下，国人对振兴农业已经达成共识，这种认识上的转变虽然付出了惨重的代价，但确实对中国近代农业产生了巨大的促进作用。他们渐渐认识到，要实现工业强国梦想，就一定要先改造中国的传统农业。

（二）中国传统农业的变革

从19世纪中叶到20世纪初，人们对重视农业已经达成共识，在此期间，西方先进的科学技术被引入，既而应用于农业生产中，但由于没有形成一套全新的基于个体观察、内部剖析和科学实验的农学体系，有些技术引进后得不到有效运用。

西方先进的农学体系构建经历了几百年的发展，为西方国家农业生产创造

① 李明勋，尤世玮．张謇全集1公文［M］．上海：上海辞书出版社，2012：27.

了辉煌的成就。18世纪，西方国家确立了一套全新的农学体系，即实验农学体系。相比中国传统农学，实验农学有以下特征：①它不是把农业生产作为一个整体来研究，而是强调对农业生产中的动植物个体进行解剖分析。②它对生物个体的描述不局限于外部性状，而是对生物内部构造以及构成生物的细胞的结构进行研究，以便发现生物个体生命活动的本质。③它不依赖于长期以来积累的生产经验提高农业生产，而是通过人为改变生物个体生长环境（如实验）来模拟农业生产全过程，从中追寻生物生长规律性的东西，用于指导农业生产[①]。实践证明，实验农学优于经验农学，这也是近代西方农学体系能在短时间里霸占主导地位的根本原因。

以康有为、梁启超为代表的维新派于1895年上书光绪帝的第二书中就十分强调学习西方农技的重要性，还列出学习西方农技的具体建议："外国讲求树艺，城邑聚落，皆有农学会，察土质，辨物宜。入会则自百谷花木，果蔬牛羊牧畜，皆比其优劣，而旌其异等。田样各等，机车各式，农夫人人可以讲求。鸟粪可以肥培壅，电气可以速长成，沸汤可以暖地脉，玻罩可以御寒气。刈禾则一人可兼数百工，播种则一日可以三百亩……吾地大物博，但讲之未至。宜命使者择其农书，遍于城镇设为农会，督以农官。农人力薄，国家助之。"[②]由此可知康有为的主张，他认为国家需要大力倡导和扶持农业发展，应不遗余力地开办农业学堂以提高农民应用西方先进农业技术的能力，鼓励组建各种农学会组织，强调集体学习的价值。康有为的观点代表了我国近代知识分子对改革传统农业、发展农民教育、学习并应用西方先进农业科学技术的良好意愿。

三、"西学东渐"与近代救亡图存教育思潮的兴起

第一次鸦片战争敲开了近代中国闭关自守的大门，随着西方列强大肆入侵，西方文化也向中国长期与世隔绝的文化发起了激烈的冲击。在东西文化的碰撞下，一种新的思潮在近代中国兴起，那就是"西学东渐"。我国学者任继愈的文化发展势差理论告诉我们，无论哪两种文化碰撞后，一定会有相对先进、层次高的文化影响落后、层次低的文化[③]。近代中国兴起的教育思潮与"西学东

① 彭干梓．中国古代辉煌的农业教育与"新重农主义"[J]．职教论坛，2007(9)：60-64.

② 杨邓．中国近代史参考资料(第一集)[M]．上海：读书出版社，1947：335.

③ 任继愈认为，不同文化接触后，高层次的、先进的文化必然影响低层次的、落后的文化。这种现象如水之趋下，不可逆转，所以称为"文化势差"。参见任继愈：《中国哲学的过去与未来》，中国哲学史1993年第3期。

渐”有着密切的关系，这些思潮对近代中国的社会改革发挥了不可磨灭的作用[①]。

（一）近代农民教育产生和发展的域外渊源

近代中国农民教育思想是近代中国有志之士在学习、借鉴、消化和融合西方先进教育思想的基础上，深入分析近代中国教育实情，经创新发展而来的，独具特色。在这个特定的历史时期，广大知识分子大量引进西方教育思想，这些思想植入农民教育实践中，深刻影响着近代中国农民教育思想的发展和实践。当时，知识分子引入较多的是美国、丹麦、日本等国家的农民教育思想，这些国家都重视开展农民教育，而他们开展农民教育的成功经验也确实对近代中国农民教育的发展发挥了巨大的促进作用。农民教育思想引入的方式主要包括翻译农业著作、邀请外国学者来华讲学等，同时，也有大量国内农民教育实践家出国考察。这些措施对中国近代农民教育的兴起起到关键作用。

1. 美国乡村运动对中国近代农民教育的影响

20世纪初，对我国教育思想影响最深的是杜威的教育思想和美国教育模式。杜威对中国教育思想发展的贡献主要体现在：帮助近代中国教育思想找到了哲学批判武器，也为近代中国发展教育提供了可供参考的仿效对象。近代中国乡村教育建设者们就是在杜威的教育思想引领下仿效美国进步教育，从中汲取养分，同时确立了把解决广大农民的教育问题作为救国的中心工作来抓。近代乡村建设运动有两大主题，一是解决农民生计，二是解决农民教育。各类运动均号召广大知识分子到农村去，开展扫盲、农业技术培训等一系列的教育改造活动，这也是杜威民本思想的具体体现。杜威哲学理论的引进，为中国教育界指明了一条美式的民主主义教育改革方向[②]。

早在20世纪30年代，中国知识分子就对美国的农民教育与乡村运动倍加关注。美国乡村生活改良最早也始于农村，是从乡村教育具体落实的，具体内容如下：一是对传统的乡村礼拜堂进行改良，让礼拜堂不再是单纯的宗教场所，而是将其改造为能为农民提供各类文化生活的场所，真正做到为乡村人民服务，鼓励青年才俊培养兴趣；二是组建青年乐学组织，帮助青年提高德行修养和服务精神；三是设立乡村图书馆，培养农民乐学的好习惯；四是强化农民团结意

① 栗洪武. 西学东渐与中国近代教育思潮[M]. 北京：高等教育出版社，2002：85-95.

② 夏军. 杜威实用主义理论与中国乡村建设运动[J]. 民国档案，1998(3)：63-68.

识，为了特定的发展目标把农民组织起来，提高发展目标实现的概率；五是改进农业主管部门的服务作风，创造性地设计农业委员会，由它出面加强与农业大学联系，聘请专家为农民讲解农业生产知识和农业生产技能；六是组建政治团体，提高农民参政议政的能力，重视农业政策的制定；等等。美国农业发展起步较晚，但发展快于西欧老牌资本主义国家，主要是因为美国政府重视科教兴农，通过赠地和财政拨款资助农学院，利用农学院在职业技术教育方面的优势开展农民职业技术培训，促进农业科技的推广与应用。

与此同时，近代中国政府派出一批批教育实践家到国外参观、考察、学习，他们遍访欧美和东亚，成为中国汲取西方近代农业科学知识的第三渠道。他们将考察的所见所闻带回国内，到乡村践行自己学到的理论，这对中国乡村教育运动的发展起到了巨大的推动作用。

2. 丹麦民众教育对中国近代农民教育的影响

丹麦是北欧五国之一，是君主立宪制国家，也是迄今为止农业发达的国家之一。世界各国为了发展本国的农业，争相学习丹麦的经验。丹麦农业发展也经历了长期摸索的过程。早在19世纪初，丹麦因与英国连续七年战争不断，使本国经济濒临破产，人民的疾苦难以用语言形容。为了改变国内经济惨状，丹麦人励精图治，从普及国民教育入手，通过提高国民素养来实现救国兴邦，这也是丹麦唯一可行的出路。事实证明，丹麦人的选择是对的，丹麦经过多年的努力，现已成为让世界惊叹的农业强国。丹麦的国民普及教育实质是一种乡村教育、农民教育。丹麦政府非常重视教育事业的发展，在他们看来，教育就是一种只赚不赔的智力开发[①]。整个19世纪，格伦特维提倡的民众教育思想不但帮助丹麦走成了救国兴邦之路，而且让我国乡村建设找到了一个很好的榜样。

(1)格伦特维的民众教育思想。

乡村改造是丹麦出奇制胜的法宝。丹麦人认真研究了本国的地理位置、经济状况以及航海事业受阻等多种因素后得出一个结论：丹麦之所以会被英国打败，就是因为国民素养不高。为此，丹麦在战后推行了由下而上的乡村改造运动，通过国民普及教育(主要是农民教育)来实现富国强民的目标。以格伦特维、柯尔德和施洛特为代表的丹麦教育实践家，一向重视对农民的职业技能培训，珍视与农业有关的知识传授。农作物培育、田间管理、农机驾驶与维护、农

① 王星飞. 丹麦农民教育的成功经验与借鉴价值[J]. 世界农业，2016(6)：194–198.

业生产与经营以及农事知识等是丹麦农民教育的重要内容。1844年，丹麦建立了第一所民众中学，是由格伦特维发起，在丹麦的罗定村成立的。学校在格伦特维的指导下，强调对农民个人新生思想的培育。所谓个人新生思想，就是要让成人学员通过对民众中学各科目的学习获得新生的能力。19世纪中叶，丹麦青年知识贫乏，甚至可以说是狭隘无知，他们有世俗偏见，存在责任心和义务感缺失等问题。通过在民众中学的学习，丹麦民众的综合素养得到了普遍提高，回到原工作岗位后，他们用崭新的视角去看待社会的进步和人生的发展，以新的态度对待自己所从事的工作和服务的群体，以新的心态和独特见解去直面现实，并从容地破解各种问题。丹麦的崛起得益于民众中学培育成人学员的新生思想，民众中学在引导丹麦人的精神生活方面，在缔造高度发达的丹麦"教育社会"方面，作出了重大贡献[①]。从民众中学的教育目的来看，他们要把民众培养成为"爱上帝、爱邻人、爱丹麦"的新型农民，教诲他们要有信仰，要懂得与人和睦共处，还要以祖国为荣；从学校的教育理念来看，学校重视教育者的人格熏陶和榜样的力量；从学校的课程设置来看，民众中学重视语文、历史、音乐、诗歌和体操等课程；在教学方法上，学校特别强调教师在学与教互动中的"活的语言"。师生亲如一家，共同生活起居，几个月之后，成人学员便能有所感悟，带着新生的灵感各自回村，通过努力改善自己的生活，以示范的形式感染村中其他人，达到教育其他农民的目的。事实上，民众中学毕业的学员在学成之后，都成为了各试验农校的创立者和教师，有些还成为了一个地区各类农村合作制度的制定者、组织者和经营者。

(2)格伦特维的民众教育思想在中国的传播。

正是因为丹麦在乡村改造之前的国情与近代中国的国情很相似，所以丹麦乡村改造运动的成功经验才备受我国近代知识分子的关注。因此，格伦特维的教育理念和民众中学对我国乡村教育事业产生了巨大影响。20世纪30年代，我国民众教育家俞庆棠远赴西欧七国，主要考察各国在成人教育方面的成功经验。在西欧七国当中，她认为丹麦的成功经验最值得我国学习和借鉴。在回国后，她以极大的热忱投入我国的农民教育事业中，由于在我国农民教育上所做的贡献，她被后世誉为"民众教育的保姆"。她强调，丹麦农民教育是最务实的，也是世界上最为典型的，丹麦的民众中学是针对农民的，有学期的，可为农民学

① 周利利. 丹麦民众中学对我国农村成人教育的启示[J]. 世界教育信息，2008(5)：55-57.

习提供食宿的学校，学校以文化陶冶、精神感悟为主旨，培养农民具有复兴丹麦农业的坚定信念和必胜信心，这是丹麦农业发达的原动力，也是世界成人教育史上的一个成功特例。鉴于丹麦在乡村改造之前的国情与当时中国的国情十分相近，因此俞庆棠希望能学习丹麦，实现与丹麦一样的农村复兴事业，为民族繁荣与昌盛尽一些绵薄之力。

三年后，雷沛鸿去欧洲进行学术考察后发现，近代中国就是要走丹麦道路。他的主要思想是格伦特维教育思想在中国的发展，他尊崇格伦特维的办学精神，认为丹麦是一个好榜样，给摸索中的中国以无穷的希望，即教育之能事足以改造社会，也足以改造整个国家，通过丹麦式的乡村改造，一定能建成一个"人人有工可做""人人有学可上""人人有学问可做"的新型社会。我国学者孔雪雄在其著作《中国今日之农村运动》的绪言中也强调：丹麦"之有今日的成功，实在受这种运动（农村运动）的所赐不少。此种运动，起初往往是由少数有志者的倡导与笃志实行；久之，渐渐对于社会、对于政治发生了影响，成就不可磨灭的功绩"。

丹麦的民众教育也引起了梁漱溟先生的注意和敬仰，他先后多次举丹麦复兴之例，要求中国要以丹麦为榜样。他说："我因忖思中国经济问题的解决，而注意到农业与农民合作；因留心农业与农民合作的事，而注意到丹麦这个国家，并听得丹麦农业之发达、合作之隆盛，皆以其教育为原动力。"①他还希望国人在修炼理性、组建农学组织、维系农人感情与生产合作等方面以丹麦为样板，以此法来救中国。

3. 日本的新村主义对中国近代农民教育的影响

在历史上，日本受中国文化影响颇深。自明治维新以来，日本近代化进程明显快于我国，至19世纪末，日本已经跻身世界强国之列。近代中国知识分子多数选择去日本留学，因而日本新村教育运动的成功经验被他们所关注，他们也热切希望从中学到在中国建立理想社会的新经验。新村主义是日本武者小路实笃提出的，其主要思想是采用和平方式改造旧社会，建设理想社会。这种以和平方式改造旧社会、建立新社会的思想对当时中国那些执着追求救亡真理的青年志士产生莫大的吸引力。他们热切希望能在国内建立"平等、友爱、幸福"的新村，以改造现存的社会制度。然而，我国在改造农村中取得的成就并不

① 梁漱溟．梁漱溟全集·第7卷[M]．2版．济南：山东人民教育出版社，2005：654.

很明显，这主要是由于资产阶级知识分子改造农村的理念中空想主义比重较大，脱离了中国国情。随着俄国十月革命的胜利，马克思主义来到了中国，新村主义在中国很快破产了。相比其他社会思潮，新村主义在中国虽然是昙花一现，但在中国乡村建设和乡村教育史上也写下了浓墨重彩的一笔。

（1）新村主义。

日本新村主义思想是武者小路实笃在认真研究文艺复兴时期的人文主义和启蒙运动的基础上提出的。新村主义主张，只要诉诸理性，通过教化，人类所有迷误都能得到有效解决，只有这样，社会才能进步。在武者小路实笃看来，新村主义的主导思想是“反对非人生活”，人应该过上“人的生活”，人，不论富贵贫贱，都是一样的人；由于现有条件，一些人过着“非人的生活”，这只是暂时的，通过教化，提高综合素养，其生活水平会得到质的提升。他在新村主义实践中曾多次强调：“吾辈之愿望是在协同全体人类，使凡是人都能过像人的生活。”[①]我国学者周作人对此做了更深入的诠释，新村的理想就是要让所有人过上人的生活。人的生活包括两个方面，一是物质层面，二是精神层面，物质层面体现为安全的生活，而精神层面则体现为自身的自由发展。周作人曾经在《日本的新村》一文中认为，新村的理想世界就是中国传统的“大同社会”[②]。这里所说的“安全的生活”指的是衣、食、住等保障人基本生存需要的要素的总和。这些要素是可以通过人们通力合作取得的，也就是我们常说的各尽所能、各取所需的生活。而精神层面的生活，武者小路实笃将其描述为通过新村建设的示范作用来启迪人的理性，使全人类都过上“人的生活”。这种人类向往的理想生活无须通过带有血腥味的暴力革命来实现，也不需要生产力的极大提高，只需要提高人们的觉悟，组织并推广共同劳动、共同消费的意识，强化各尽所能、各取所需的观念就能实现。在新村中，普及教育，并将这种思想代代相传，就能战胜资产阶级思想，就能在地球上建成“社会主义天国”，在这个世界中，没有压迫、没有剥削，人人生而平等，互敬互爱互助。

（2）新村主义对中国的影响。

武者小路实笃提倡的新村主义思想影响着大批在日本留学的、寻求救亡图存之路的中国知识分子。首次将新村主义思想引入中国的是学者周作人。“1919年3月，周作人在《新青年》杂志上发表了《日本的新村》一文，对新村主义

① 武者小路实笃．新村［M］．孙百刚，译．上海：光华书局，1926：109．

② 赵泓．中国人的新村梦［M］．贵阳：贵州人民出版社，2014：8．

进行系统介绍，把武者小路实笃的新村主义思潮带进了中国的知识界。”①这是我国学者第一次系统地把日本新村主义介绍到国内，并在中国知识界激起不小的反响。周作人除了在《新青年》上介绍新村主义，同年9月，他亲自到日本新村考察，在新村体验了4天武者小路实笃眼中的“人的生活”。回国后，周作人通过讲座、发论文等形式在国内积极宣传新村主义，倡导中国要学习日本的“新村运动”。当时有很多期刊相继介绍和探索我国新村主义如何推广，如《新青年》《新潮》《每周评论》等。中国新文化运动的先驱陈独秀、李大钊、鲁迅等也非常支持新村主义，还有包括毛泽东在内的早期共产党人也对新村主义产生浓厚的兴趣。他们不但从理论上探讨新村主义在中国推行的可行性，而且自己也参与新村主义的实践，创办了各种“新村生活试验基地”来践行新村主义。在当时，全国范围已经形成了一股新村主义的强流。

1918年春，毛泽东和好友蔡和森等就开始谋划在岳麓山创立工读同志会，提出半工半读改造设想。1919年春，毛泽东等再次合计，希望在岳麓山创建“新村”，他撰写的“新村”创建计划书的序言部分发表在《湖南教育》杂志上，由他自己任主编的《湘江评论》连载了介绍日本新村运动的文章。同年，林育南等在湖北黄冈创办了浚新学校，王光祈在北京创办了工读互助团等组织，作为新村生活试验基地。相比其他介绍新村主义的中国知识分子，王拱璧幸运得多，他青年时期留学于日本名校早稻田大学，曾慕名拜访过武者小路实笃，随后在日本“第一新村”进行了两周的深入考察。归国后，他对武者小路实笃提倡的新村主义根据中国的具体实际进行一定修订，仿效日本新村模式在自己的家乡——河南西华县孝武营村首次进行新村试验，还将这个村的村名改为“自治青年村”，经选举产生村委员会，王拱璧亲任主委。村里还创立了青年自治会、保卫团等维护治安的机构。在教育上，有践行“有教无类”的“青年公学”；在经济上，实行减租减息；在文化上，推行移风易俗，以摆脱愚昧。这次新村试验虽然以失败告终，但对后世乡村运动的借鉴价值是不可估量的②。

（二）国内各种救亡图存的教育思潮

教育思潮是特定社会和时代的产物，是具有广泛影响力的教育思想运动，

① 徐杰舜，海路．从新村主义到新农村建设——中国农村建设思想史发展述略［J］．武汉大学学报（哲学社会科学版），2008，61（2）：270.

② 孙诗锦．20世纪上半期中国乡村建设思潮的域外渊源［J］．经济与社会发展，2007，5（3）：92-94.

它针对的是不同历史时期人们共同关心的教育问题。学者们从不同视角对其进行深入探讨,观点相同或是相近的就形成了同一流派,他们的言论和思想会影响到各个教育层面,甚至还会引发社会变革等。

1840年以后,中国一步步陷入半殖民地半封建社会,中华民族遇到了前所未有的生存危机,救亡图存已经成为近代中国的主题,也是中华民族最为紧迫的历史任务。中国具有先进思想的知识分子从列强重视教育、提高人口素质和发展实业的事实中领悟到:国富需要教育,民强需要提高素养,兴邦需要科技。雷洁琼为《雷沛鸿传》撰写的序言中提到:有另一批人,则漂洋过海,寻求救国救民的真理,这批人后来大多走上了科技兴国、教育救国的道路[①]。无论是丹麦的乡村改造运动,还是日本的新村运动,均是成功的救亡图存的道路,两者均重视教育,因此中国知识分子就将教育视为救国之道,认为其是培养富国兴邦之才的捷径。当时,诸如职业教育思潮、平民教育思潮和科学教育思潮迅速涌现,这说明当时中国知识界对国家的前途与命运非常关切,同时也表现了他们强烈的爱国情结。不可否认,这些思潮对近代,甚至当代的农民教育产生了深远的影响,是我国农民教育研究与实践不可多得的财富。

1. 职业教育思潮

自魏源在《海国图志》中提出"师夷长技以制夷"的思想后,在这种思想指导下,职业教育思潮迅速发展起来的,也成为近代影响最深、最广泛的一种教育思潮。中国职业教育思潮的兴起首先与欧美国家先进的职业教育思想的传播是分不开的。1917年,在中华职业教育社成立时,黄炎培在《中华职业教育社宣言书》中就强调,职业教育盛行欧洲,渐推于美国,而施于东方。其次是近代工业发展的需要。自鸦片战争以来,随着西方先进的科学技术、军事和民用工业的不断引进,我国民族工业开始迅速发展,需要大量懂专业技术的技术工人、管理人员,这为中国近代职业教育的产生提供了机遇。辛亥革命胜利之后,孙中山先生先后颁布了一系列发展民族工业的政令,鼓励各地创办实业,在这种大背景下,职业教育开始萌芽,在短短的十几年间,就成为影响我国最广泛的一种教育思潮。其代表人物主要有黄炎培、陶行知、王光祈等,这种思潮一直延续到抗日战争全面爆发才有所消减。

那么,何谓"职业教育"呢?简而言之,职业教育就是给予学生从事某种生

① 雷洁琼.雷洁琼文集:1994—2003[M].北京:开明出版社,2004:96.

产或是工作所需的知识和技能的教育。中国职业教育最早称为“实业教育”。在中国知识分子大量引进欧美国家职业教育思想的20世纪20年代，知识界为了与国际职业教育接轨，将“实业教育”更名为“职业教育”。职业教育倡导者黄炎培、陈独秀、陆费逵等人相继在国内较有影响力的期刊撰文，从不同视角诠释了“职业教育内涵”，探讨了“职业教育实施办法”。作为我国近代职业教育先驱的黄炎培先生先后在《教育研究》等国内主流教育期刊上发表介绍美国职业教育的文章，比如《美国教育状况》《职业教育实施之希望》等，在宣传和推行职业教育方面做出了不可磨灭的贡献，他还多次向全国教育联合会提出推行职业教育的议案。在他们的努力下，早期崇尚实用主义教育的人士开始转向倡导职业教育。

中国职业教育发展中具有标志性的事件是中华职业教育社的成立。1917年，黄炎培联合北大校长蔡元培邀请了教育界和实业界的48位知名人士齐聚一堂，共商创新职业教育社之大计，并联名创立中华职业教育社。《中华职业教育社宣言书》对职业教育的具体内容，推行职业教育的具体方法做了详细的阐述。此后，职业教育思潮得到迅速传播，为我国职业教育后来的发展奠定了坚实的思想基础。

职业教育思潮在全国范围迅速普及，为人们接受新的职业教育思想创造了条件，于是便有了20世纪20年代吸收外来教育思想的高潮，其中最为典型的教育理论是杜威的教育理论。当时知识界人士普遍认同的一些合理理论在中国迅速传播开来，为此当时的北京政府还颁布了《学校系统改革案》，第一次以官方的文件形式确定了职业教育制度。

民国初期的职业教育思潮的大致内容主要包括以下几个方面：一是强调教育与生活实际、学校与社会各行各业的联系；二是学校给予学生的教育应是传授职业必备的知识、技能，同时强化职业道德行为的训练；三是职业教育的主旨不仅要帮助学生获得一技之长，解决生存问题，还要着眼于国家与社会的需要，将学生培养成为合格的、爱国的社会公民。从救亡图存的视角来看，职业教育一定要担负起促进生产力发展的历史使命。

近代中国，主权受欺、经济受制、百业凋敝、贫穷落后，要改变这种窘状，职业教育责无旁贷，当时的知识界希望能通过职业教育实现强国富民的良好愿望。早在1922年春，职业教育先驱黄炎培就提出：“吾人更愿郑重声明职业教育之宗旨曰：职业教育，将使受教育者各得一技之长，以从事于社会生产事业，藉获适当之生活；同时更注意于共同之大目标，即养成青年自求知识之能力、巩固之意志、优美之感情，不惟以之应用于职业，且能进而协助社会国家，为其健全优良之分子也。”[①]根据他的论述，我们不难得知，职业教育的目的可从个人和国家两个层面来理解：从个人层面来看，职业教育就是“谋个性之发展”，“为个人谋生之准备”，“为个人服务社会之准备”；从国家层面来看，职业教育是“为国家及世界增进生产力之准备”。后来，他将此种理解提炼为使“无业者有业，有业者乐业”[②]，并将其写入《中华职业教育社宣言书》。在《中华职业教育社宣言书》中，他强调：本社之立，同人鉴于方今吾国最重要最困难问题，无过于生计，根本解决，惟有沟通教育与职业。

近代中国知识分子认为，要让国家走上富强的道路，就需要加强教育与职业的沟通，这也是发展实业，救国于水火的唯一方法。之后，很多仁人志士通过自己的实践，开始了职业教育救亡图存的运动。当时的知识分子普遍认为，未来富国强民的国策，一定要取径于职业教育。职业教育首先要解决的是民众的生计问题。要想解决这些问题，就要把职业教育看成第一要务，这也是当时最实用的教育，最能生利的教育。陆费逵作为我国近代著名的出版家和教育家，是我国教育史上较早提出进行职业教育的少数学者之一，同时，他还是我国近代职业教育理论与实践的先驱。在他看来：“夫教育方针，当与国是一致，尤当合世界之潮流，非可尽超轶夫政治也。”[③]在阐述进行实利主义教育的实践意义时，陆费逵认为，实利主义，非惟药贫，实足以增进国力，高尚人格。他还精心研究如何通过实利主义教育沟通“劳心”与“劳力”两个阶级，使普通人具有生活之知识技能，俊秀之士具备指挥监督之才或研究发明之才。谈及当时的中国在教育方面应注意的问题时，他指出吾国今日，亟宜注意者有三：国民教育一也，职业教育二也，人才教育三也。国民程度之高下，恃国民教育；国民生计之赢绌，恃职业教育；而国势之隆替，教育之盛衰，厥惟人才教育。之后在谈及近代中国的职业教育定位时，陆费逵指出：“职业教育则一技之长可谋生活为主。所以使中人之资者，各尽所长，以期地无弃利，国富民裕也。非职业教育兴盛，实业教育必不能发达，民生必不能富裕。”[④]

---

① 朱宗震，陈伟忠．黄炎培研究文集（二）[M]．上海：文汇出版社，2001：97.

② 董仁忠．论黄炎培“大职业教育主义”思想及其启示[J]．教育与职业，2007(23)：6.

③ 陆费逵．陆费逵谈教育[M]．沈阳：辽宁人民出版社，2015：54.

④ 刘桂林．中国近代职业教育思想研究[M]．北京：高等教育出版社，1997：138.

综合当时多数人对职业教育的观点，黄炎培提出了“大职业教育主义”的思想。所谓“大职业教育主义”是指导全国职业教育事业发展的纲要，“职业教育，以广义言之，凡教育皆含职业之意味。盖教育云者，固授人以学识、技能而使之能生存于世界也。若以狭义言，则仅以讲求实用之知识者为限，亦犹实业教育也。惟实业教育，兼含研究学说之意味，而职业教育，则专重实用，纯为生活起见”①。实际上，黄炎培提出的“大职业教育主义”就是教育社会化问题，简而言之，就是拓宽职业教育的受众范围，把职业教育办成一个开放的、全方位的、对全社会具有强有力的辐射功能的教育。黄炎培认为，近代中国的问题首先是农民问题，应将职业教育扩大到农村，以农民作为职业教育的对象，这对中国近代农民教育的发展产生了巨大的推动作用。

2. 平民教育思潮

由于黄炎培将职业教育的范围拓宽到农村，在这种思想的影响下，平民教育思想开始萌芽。五四运动前后，平民教育思潮是一种影响中国教育界、思想界的较为重要的思潮。20世纪初，由于电力和内燃机的广泛应用，西方发达国家正经历第二次工业革命，资本主义经济得到了迅速发展，这些国家正面临着高素质技术工人严重短缺的问题，于是提高国民综合文化素质问题，尤其是职业素养问题就成为这些国家急需解决的问题。与此同时，殖民地、半殖民地国家期盼民族独立和民族自强，具有强烈的改造国民、提高国民综合文化素质的要求。在这种形势下，西方许多国家的学者开始关注民众教育、农村教育和职业教育等各类教育，提出了不少可供参考的见解与主张，于是在世界范围兴起了一股强劲的平民教育思潮。

平民教育思潮正好切合了资本主义“人人生而平等”的理念，它强调接受教育的权利是平等的，获得教育的机会也应是平等的，其主要标志就是教育内容与方法平民化和通俗化。平民教育思潮有力地抨击了封建“贵族主义”的教育主张，倡导实行平民政治与社会改造，并旗帜鲜明地提出平民的教育权利，这是近代中国第一次希望打破少数人独占教育特权的先声。平民教育思潮还有一个重要职能，那就是让普通平民获得文化知识，启迪广大平民爱国、民主的自觉心，为此必须对旧的教育进行改革②。

近代中国的教育受西方教育思潮影响颇深，民国初年，蔡元培先生极力推

① 吴洪成．中国近代教育思潮新论[M]．北京：知识产权出版社，2016：157.

② 田正平．中国教育思想通史（第六卷）[M]．长沙：湖南教育出版社，1994：286.

崇平民教育，在他看来，人人都有接受相同教育的权利。尤其是他在平民夜校的演讲中强调，“平民”的意思，是“人人都是平等的”。从前接受大学教育的人只有大学生，其他人则没有这个权利，现在要让平民有接受大学教育的权利。创办平民夜校的宗旨就是要让平民也有机会走进大学课堂，接受现代教育。

美国著名教育家杜威来华演讲也指出：平民教育的根本宗旨就是要每个人受到适合自己的教育，平民教育的实施方法要让学校生活真正是社会生活。从社会进步的视角来看，平民教育是人类社会在教育领域上“质”的飞跃，同时它也是新文化运动所推崇的“民主”思想的真实反映。

晏阳初，作为近代中国最有影响力的平民教育家，他的理论和实践经验都是后世研究农民教育的瑰宝。1920年，他从美国学成归国后，就创立了中华平民教育促进总会，从此，掀起了席卷全国范围的平民教育运动。平民教育运动最初只是在城市里开办平民教育学校，但晏阳初和知识界的各位同仁很快就认识到中国的具体国情，那就是中国是以农立国，中国大多数的人民是农民，农村是中国85%以上人民的着落地，要想普及中国平民教育，应当到农村里去[①]。并提出，占中国人口绝大多数的农民接受的教育才算是真正的平民教育。与此同时，晏阳初在其中华平民教育促进总会下添设了乡村教育部，专门协理乡村农民教育各项事宜。从此，平民教育向农村转移，在众多爱国知识分子的共同努力下，发展成为风起云涌的中国乡村教育和乡村建设运动。

3. 科学教育思潮

中国近代一些思想开放、爱国情切的知识分子认识到，传统教育只是被国人当成获得功名利禄的手段，这样的教育达不到削弱封建思想的目的，更谈不上改造人、改造社会。在他们看来，西方列强之所以强大，是得益于科学的发展和技术的广泛应用，为此，他们认为科学的发展和科学教育才是中国屹立于世界东方的基础。时任北大校长的蔡元培先生指出：“一个民族或国家要在世界上立得住脚——而且要光荣的（地）立住——是要以学术为基础的。尤其是，在这竞争剧烈的二十世纪，更要依靠学术。”[②]

科学教育思潮里程碑式的事件是1915年任鸿隽倡导并主持的中国科学社成立，与此同时，《科学》杂志的创刊推动了科学教育思潮的发展。这两大事件标志着近代中国科学教育思潮的正式形成。任鸿隽指出：“科学于教育上之重

① 宋恩荣．晏阳初全集（第1卷）[M]．长沙：湖南教育出版社，1988：245.
② 蔡元培．学养[M]．苏州：古吴轩出版社，2016：66.

要，不在于物质上之知识，而在其研究事物上之方法，尤不在研究事物之方法，而在其所与心能之训练。”[①]五四时期，科学教育思潮发展如此之迅速，主要得益于当时国内教育界、知识界和民主革命家的支持，他们从介绍科学教育思潮的主张开始，进而建议政府和社会各界给予科学教育思潮以物质方面的资助。当然，还有一股新的力量不容忽视，那就是一批批从欧美留学归来的学生和来华讲学的美国进步教育家。他们讲学的内容，用一句现在流行话来形容，可谓是“接地气”的教育思想。美国进步教育家的思想通过影响一大批中国知识分子而在中国扎根下来，影响着中国教育事业的发展。以陶行知、胡适等为代表的留学欧美的学子学成回国，不但为中国的科学教育发展注入新生力量，还为科学教育在中国发展带来了新思想与新视角。“而杜威和麦柯尔则更强调‘教育的科学化’”[②]。

近代中国，科学教育的力推者们不但重视将最新的科学内容引入教育，还特别强调科学精神和研究方法在科学教育发展中的重要性，尤其是科学精神，它是凝聚国人共同尊崇科学、践行科学教育的内在动力源。胡适曾认为科学精神能让人在观察一个事件时不仅会采用批判与客观的态度，还会以恰当的知识学问为凭据，不让世俗偏见和个人利益来左右他的判断。虽然具备科学精神的人一直保持对任何事物的好奇心，但他们并不盲信他人，从不轻易下结论，更不会轻易附和别人，宁愿多花些时间自己查考事实和依据，最后才下结论。在重视科学方法上，胡明复曾这样表述：“科学方法之唯一精神，曰‘求真’。取广义言之，凡方法之可以致真者，皆得谓之科学的方法，凡理说之合于事变者，皆得谓之科学的理说。凡理论之不根据于事实者，或根据于事实而未尽精切者，皆科学所欲去，概言之，曰“立真去伪”。”[③]

在科学教育的观念广泛传播并深入人心之时，科学研究方法（实验方法）也开始在教育领域里发挥着积极作用，同时，教育实验也在中国应运而生。近代中国问题，实质就是农民问题，为了实现农民教育理想，改变中国落后的面貌，以陶行知、晏阳初、梁漱溟等人为代表的中国知识分子选择并划定特定的区域，创立教育试验区，开展了轰轰烈烈的农民教育实验，形成了“晓庄模式”“定县模式”“邹平模式”等。晏阳初曾认为，中国的大患是民众的贫、愚、弱、私“四大

① 孙培青．中国教育史[M]．上海：华东师范大学出版社，2000：389.

② 曲铁华．五四时期科学教育思潮及对当代教育的启示[J]．齐鲁学刊，2005(6)：51.

③ 田晓青．民国思潮读本(第一卷)[M]．北京：作家出版社，2013：538.

病”，主张通过办平民学校对民众进行教育，首先是农民，先教识字，再实施生计、文艺、卫生和公民“四大教育”。在实验中，他们将西方社会学研究方法应用于中国农民教育领域，先做社会调查，了解当时农民生存状态和对教育的需求，根据调查结果制定适合当时中国农村实情的农民教育实施方案。最终，晏阳初主持的定县调查成为中国农村社会调查的开山之作。一般来说，近代农民教育实验的步骤如下：一是选择教育试验区，二是进行社会调查，三是确定教育实验的指导思想，四是开展教育实验研究。这个时期的农民教育实验为后世在此方面的研究与实践提供了宝贵的经验。

第二节　近代农民教育发展历程

两千多年的封建制度，可以说，禁锢了近代中国人民的思想，从某程度来看，西方先进的资本主义生产方式开启了近代中国接受新思想、新理念的闸门。近代中国农民教育的发展是在迷茫、困惑和挫折中不断前行的。随着近代中国小农经济的解体，适应小农经济的传统农民教育也迎来一个重要的历史时刻，那就是要顺应经济模式的变革而改革。在这个特殊时期，各类教育思潮在西方农业技术及先进的农民教育思想的共同作用下发展起来。近代中国农民教育大致经历了三大阶段：第一阶段是以推广应用西方现代农业科学技术为主要内容的萌芽阶段，时间跨度大致为1898—1919年；第二阶段是以乡村建设改造中国农村社会为目的的蓬勃发展阶段，时间跨度大致在1919—1937年；第三阶段是以抗日救国为典型特征的艰难推进阶段，时间跨度为1938—1949年。

一、萌芽时期（1898—1919）

中国近代农民教育发端于戊戌变法。1898年6月11日，光绪帝颁布《明定国是诏》，表变法之决心。中国首个官方兴办的农民试验研究机构——育蚕试验场成立，这标志着近代中国农民教育开始起步。在洋务运动和维新变法的共同影响下，学习西方农业科学技术已经成为农民教育发展的一大趋势，培养了大批农业人才，这批人才成为改造落后农业和推广西方农业科学技术的生力军。这一阶段，清政府以及后来的民国政府推行的以学习并推广应用西方农业科学技术为主要内容的近代中国农民教育就如破土的新芽，开始在艰辛的环境中一路前行。

(一)西方农业科学技术的引进

1. 早期西方农业科学技术的引进

西方农业科学技术传入中国,最早可以追溯到明末清初,那时便有传教士将西方农业科学技术零星地传入中国,比如熊三拔和徐光启合译的《泰西水法》一书,就系统地介绍了西方水利学。1837年,美国传教士崔理时编写了一部介绍新加坡农业生产技术的书——《新加坡栽种会告诉中国做产之人》,书中主要论述了有关栽培的知识和技术。此外,《美理哥合省国志略》以专门章节详细向中国介绍美国农业科学技术。这一时期,学习西方科学技术的思想在中国影响力有限,封建统治阶级并未认识到科学技术对国家发展的重要性,甚至还有意地排斥这种思想,这也是近代中国之所以落后的根源。

鸦片战争让封建统治阶级认识到科学技术的重要性,也让这些高傲的旧式士大夫开始"睁眼看世界"。他们渐渐感受到中国农业的落后和西方农业的先进。被誉为"睁眼看世界第一人"的林则徐在两广总督任上,就大力鼓励翻译西方科学技术著作,引入中国。此外,还有一位在"睁眼看世界"上享有盛誉的思想家魏源,也于1843年撰写了不朽之作《海国图志》。书中,他多用赞叹的口吻描述西方农业之先进,如"农器便利,不用耒耜,灌水皆设机关,有如骤雨。"尔后,早期维新派的代表人物王韬、陈炽、郑观应等思想家也力主引进西方农业科技,以改变当时中国落后颓废的农业状况。王韬在致时任江苏督抚的李宫保的信中这样写道:"要购买和仿制西式'火机之纺器织具'和'犁耙播刈诸器'。"陈炽深刻认识到普及农业科学技术对中国农业发展的重要性,他认为:"同此人民,同此土地,而今之于古,腴瘠不同、贫富不同者,教不教之分耳。"[①]与前两位学者不同,郑观应从"商战之本在学战"的研讨视角出发,全面而系统地阐述了西方农业发展与农民教育之间的关系。他认为,西洋各国"兴学校,广书院,重技艺,别考课,使人尽其才",人人读书各专一艺,或算、化、光、电,或矿、医、农、律及一切制造各务,既以之谋生,亦以之富国。他对西方国家的先进农业生产方式极为推崇,赞其"讲农学,利水道,化瘠土为良田,使地尽其利"[②]。我们也不能忽视晚清政府在普及农民教育方面所做的贡献。晚清时期,政府选派了一批担负外交使命的使臣,漂洋过海,到欧美各国进行外交活动。同治五年(1866

① 钟祥财. 中国土地思想史稿[M]. 上海:上海人民出版社,2014:191.

② 钟祥财. 中国土地思想史稿[M]. 上海:上海人民出版社,2014:196.

年)，清政府就组团考察欧洲，随行的官员便有同文馆学生张德彝；两年后，同治帝再次钦派美国的前驻华公使蒲安臣为团长，出使美国；光绪六年(1880年)，晚清著名外交官黎庶昌，以参赞身份出访西班牙；等等。这些外交官踏上欧美各国土地后，无不感叹西方农业之先进，如以蒸汽机为动力的耕作工具，化肥、各类化学杀虫剂，近代温室和显微镜，等等。这些让他们对西方农业科技产生了浓厚的兴趣，也激发起他们对改造中国农业的决心。在这些使臣的出使见闻和随记中，记载了很多关于当时欧美各国农业方面的内容，主要集中在耕作方法、农机、农业博览会、作物品种、畜牧业、农业经营、农业教育等方面。这也是近代中国人第一次亲眼所见的西方农业科学技术。当然，他们介绍的西方农业科学技术具有一定的局限性，这主要是因为他们是中国知识分子的特殊群体(官员)，这些农学启蒙思想家从未接受过西方近代教育，尤其是近代农学系统教育，不具备近代学素养的他们只是从来源不同的零散信息中感知到西方农学之先进，他们介绍的西方农学是表象化的，是被物化的农业技术，比如农机、作物选种等。“晚清政府在农学启蒙中所确立的发展近代农业科学技术的兴农措施，促进了从经验农学向实验农学的历史性转变”[①]。

2. 西方农业科学技术的全面引进

近代中国真正意义上引进西方农业科学技术，还是1897年之后。随着洋务运动和维新运动的发展，西方具有现代意义的农业科学技术才通过不同渠道和形式开始传入中国，并在中国沿海地区得到系统的传播与推广。

近代中国引进西方农业科学技术得益于民间社会和学术团体。这些组织的创办者多是积极投身于救亡图存的爱国知识分子，他们积极创办学术期刊，翻译国外农学著作，为国人开阔视野。1897年成立的上海务农会创办了中国具有现代意义的第一本农业学术刊物《农学报》。这本学术刊物是中国最早的系统介绍西方农业生产技术的刊物，它对近代中国农业的影响是其他刊物所不能及的。但此刊物创办9年后，迫于经费短缺停刊了，先后共发行了315期。统计一下，该刊物刊发外国农业科学技术的译文、农学教材、近代西方农学著作等共计170余种，约770篇。它在转变近代中国农业观念中所起的作用是无法估量的。清朝末年，各省无有不知《农学报》者，各地以《农学报》为标杆，纷纷仿效，使其在很短的时间里便闻名全国。当时时任湖广总督的张之洞以行政命令要

① 曹幸穗. 启蒙与体制化：晚清近代农学的兴起[J]. 古今农业，2003(2)：41.

求全省各州县从1897年起，均要订阅《农学报》。行政命令的大致内容为，除发给两湖书院5份，经心书院2份外，所有中等以上的州县均要订阅10份，小县为3份，并要求各地官吏辗转传阅，专心研读，以此储人才而兴地利。张之洞认为，查自强之策，以教育人才为先，教育之方，以设立学堂为本①。林迪臣在多个场合指出："新出农学报，讨论农田水利，数艺牧畜，并取中外良法，最为切实有用。"要求各属县"各书院，各绅士，并各乡分购善书之处，均劝令广阅"②。1903年，由晚清政府主导的《农报》问世，其主管部门是北洋官报局，该机构仿效《农学报》办刊。它在上奏清政府的呈文上写道："近数年来，东西各国农书农报，多已由上海《农学报》翻译，该报自丙申创设至今，业经发行多册，其已出之报，并已辑为农学专书数十卷。新理、新法搜采无遗，流布极为广远。"③

单从《农学报》的办刊宗旨来看，它是一本近代农业思想启蒙的刊物，提倡农学，以引进西方先进的农业知识和技术为己任，其读者群体多为地方官绅和思想开明的知识分子，希望通过让这些人阅读《农学报》，开阔其视野，增强其应用农业科学技术的意识，再通过他们进一步向农民宣传和推广农业技术，最终实现改造近代中国农业的目的。

在《农学报》创刊7年后，上海另一组织江南总农会编辑出版了旨在介绍欧美各国农科技术的读物——《农学丛书》。这套丛书共收录了自1897年至1904年编译的各类农学文献235篇，内容丰富，门类非常齐全。单从内容上来看，《农学丛书》涵盖了西方发展农业的各项政策法规以及农业科技、教育方面的内容，其译著作品多来自当时农业发达国家，比如英、美、日、德、法等；从历史视角来看，《农学丛书》中收录的文献代表了当时世界最先进的农学著作。

除此之外，还有一些组织在引进西方农业科学技术方面做出了不可磨灭的贡献。比如江南机器制造局以及广学会、新学会等社会团体，均从不同视角编撰了各种旨在介绍西方农学的著作和供农民学习的教材。

"百日维新"虽然以失败告终，但也留下了不少遗产，比如仿效西方教育的新式学堂等。近代中国的农业学校在传授西方农业科学技术和培养专门的农业人才方面做出了巨大贡献，它极大地促进了西方近代农业科技在中国的传播。农业学校在一定程度上改变了近代中国"农者不学"的局面，这也迎合了以

① 徐凯希．晚清末年湖北农业改良述略[J]．中国农史，2004，23(1)：27-33.

② 肖克之．农业古籍版本丛谈[M]．北京：中国农业出版社，2007：222.

③ 曾雄生．中国农学史[M]．福州：福建人民出版社，2008：736.

官方为主导的洋务运动的要求，洋务派热切希望中国大力发展农业教育。正如湖广总督张之洞1897年曾指出，自强之策以教育人才为先①。“近年工商皆间有进益，惟农事最疲，有退无进，大凡农家率皆谨愿愚拙，不读书识字之人。其所种之物，种植之法，止系本乡所见，故老所传，断不能考究物产，别悟新理新法，惰陋自甘，积成贫困。今日欲图本富，首在修农政；欲修农政，必先兴农学。”②

与此同时，杭州知府林迪臣也于1897年在杭州西湖金沙港建立了官方第一所具有近代意义的农业学校——浙江蚕学馆，开创了近代中国农业学校教育的先河。同年，清政府颁布政令：要求各省府、州、县将书院全改为学堂，实行中西兼学的育人方针。此后，涉及农、牧、渔、茶、蚕桑等方面的农业学堂如雨后春笋般创办起来。其中，最为有名的是湖广总督在湖北创立的农务学堂。该学堂的教学内容几乎涵盖了现代农业学校开设的所有课程，比如植物学、农业机械学、农业化学、种植学、水利学、畜牧学以及与农业生产关系非常密切的其他学科。1902年，在清政府颁布《钦定学堂章程》之后，农业学堂正式列入中国近代学制。1897—1902年，各地创办农业学校的标准不一、名称各异，不便于国家统一规划培养农业人才。当时各类学堂的名称很繁杂，比如有农务学堂、农政学堂、农务实业学堂、蚕桑公社、蚕桑公学、蚕桑公院等。为了便于对全国农业学校进行统一管理，1903年，清政府又颁布了《奏定学堂章程》，将农业学堂分三等，即农业初等学堂、农业中等学堂和农业高等学堂，并规定了三类农业学校的创办条件和方法，开设的学科和课程安排，以及招收对象。最重要的是规定了不同种类农业学堂的培养目标。章程规定：农业初等学堂招收13岁以上的初等小学堂的毕业生，对他们的教育只是授予农业最浅显的知识和生产技能，让其毕业后能胜任简单的农业生产，“以全国有恒产人民皆能服田力穑，可以自存为成效”；农业中等学堂大致与普通中学堂相当，招收对象包括农业初等学堂和高等小学堂的毕业生，传授他们农业生产所需的知识和技能，使之将来能更好地从事农业生产；农业高等学堂招收农业中等学堂和普通中学堂的毕业生，授其高等农艺，使其在将来能经营公私农务产业，也可以为农业学堂提供优质的师资和管理人员。

在晚清政府的各项鼓励政策和当时需要大力发展农业的双重推动下，重农

① 陈景磐，吕达．张之洞的教育活动及其基本的教育思想——“中学为体，西学为用”[J]．教育研究与实验，1982(2)：1-14.

② 陈钧，张元俊，方辉亚．湖北农业开发史[M]．北京：中国文史出版社，1992：181.

主义在很多官绅中的影响力非常大，这是19世纪末至20世纪初中国农业学堂快速发展的重要原因。据当时官方不完全统计，到1909年，全国农业高等学堂已达5所，在校接受高等农业教育的学生有530人，农业中等学堂也达31所，有3 226人在校学习，农业初等学堂44所，接受这类教育的人有2 272人[①]。在当时，这种办学规模已经相当不错了。据记载：在1907—1909年，农业中等学堂数和在校生数均占全国中等实业学堂总数和在校生数的50%以上，农业高等学堂和农业初等学堂略低，只占33%以上。

在推翻清政府后，农业教育得到长足的发展，尤其是农业高等教育。当时，西北大学、金陵大学、岭南大学和东南大学，根据当时农业发展的需要，先后设立农科，开设旨在传授先进农业科学技术和农业经营管理知识的课程。后来，它们相继发展成为各大学的农学院。此外，还有很多专科学校创立，比如农业专科学校、农业职业学校等。如果这些属于学校教育的话，那么半工半读的农业职业训练班和讲习所就属于短期速成农业教育，它们的教育对象是劳动在农业生产一线的农民，对农业生产具有直接指导作用。这些正规的农业院校和非正规的速成班在民国初年得到迅速发展，为中国的农业改造发挥了巨大作用。

西方先进的农业科学技术和农业生产管理知识绝大多数是由中国农科留学生引入国内的。在19世纪末到20世纪初，晚清政府为了摆脱落后的面貌，希望靠发展农业来振兴经济、增强国力，于是以培养农业专业人才为目标，先后选派了不少中国学生到国外学习农业科学。这部分学生在学习之余，以自己的所见所感，翻译了大量的农学新著，尤其是留学日本的学生，译书活动非常活跃。据当时的统计，自中日甲午战争之后5年的时间，就有近100种翻译日、美、英、德等国农业专著的图书问世，它们涉及农业原理、农作物育种技术、土壤、气候、肥料、农机、水利、蚕桑、畜牧、家禽、虫害、林业等领域。

3. 西方农业科学技术全面引进的意义

由于地域不同，气候特征也不相同，西方先进的农业科学技术并非都能适应中国。当时中国在学习和翻译西方农业科学专著时，并没有意识到这一点，简而言之，这个阶段的学习停留在“照搬照抄”层次。比如，在1897年创办的各类农业学校，均是原封不动地照搬他国模式，无论是学制还是教学内容，国外特征非常明显。如京师大学堂的农科大学，在创办之初，完全是日本农科高等教

① 杨士谋，彭干梓，王金昌．中国农业教育发展史略[M]．北京：北京农业大学出版社，1994：42．

育的翻版，连专业教师也全是日本人。此时模仿他国的农业教育，是西方农业科学技术知识中国化的必经过程。客观地讲，虽然西方农业科学技术在国内传播存在诸多问题，但确实加速了中国农业、农业教育和农民教育现代化进程，其历史意义是无须赘述的。单单从农民教育视角来看，其历史意义主要表现在它推动了农业教育的兴起，在教育观念、教育内容和教育方法等方面为近代农民教育的发展奠定了思想基础。

首先，近代中国引进西方农业科学技术并在国内广泛传播，对国内农业科技应用发挥了“开广风气，维新耳”的作用。它从多视角强化了国人对国外先进的农业科学技术的学习，使国人看到了传统农业之外的现代农业，近代中国传统的农业科学技术和农民教育思想受到了猛烈的冲击和挑战。

其次，近代中国引进西方农业科学技术并在国内广泛传播，为我国农业发展培养了大量专门人才，尤其是为近代农民教育提供了大量优质师资。从人力资源开发视角来看，为中国开启了从“无学之农”向“有学之农”的转变通途，也从实践上解决了农民教育由谁来施教的问题。

最后，西方农业科学技术在国内的广泛传播与应用，为国内农业科学技术引进与研究走向专业化和系统化道路奠定了基础，使农民教育的内容不断中国化，在实践中解决了近代农民教育“教什么”的问题。

（二）近代农业推广教育的兴起

1. 近代农业推广教育的实践

新的农业技术的推广无外乎宣传、教育、示范和咨询等手段，只有这样，才能有效地让农民掌握先进的农业技术和农业生产与管理经验。由于社会历史条件不同，农业推广的目标也不尽相同。在介绍近代农业推广教育之前，我们有必要对农业推广的概念做一番论述。一般来说，农业推广有狭义和广义之分。对此，我国学者章之汉和李醒愚是这样界定的：狭义的农业推广是“指以农业学术机关——农科大学与农事实验所研究改良之结果，用适当方法，介绍给农民，使农民获得农业上之新知能，从而采用与仿效，以增益其收入”；而广义的农业推广，“则除将农事方面之改良成绩推广于农民外，且教育农民、组织农民、培养领袖及改善整个的实际生活，至一切农业政策之实施，皆属之”①。

① 张以山．农业推广理论与方法[M]．北京：中国农业出版社，2008：3.

近代中国农业推广的主要内容就是将西方先进的农业科学技术介绍给农民，让农民掌握新的农业生产知识，提高应用农业技术的技能，用于改进农业生产，达到提效增收的目的。从这个层面来看，近代中国农业推广实质就是一种非正式农民教育实践。在知识界争相学习和传播西方农业科学知识的实践中，有些有识之士认识到，知识分子不是直接从事农业生产的人，他们也不可能直接从事农业生产，因此需要将西方先进的农业科学技术推广到农村去，让农民真正受益。在以张之洞、张謇、康有为、梁启超和严复等为代表的有识之士的强力支持下，中国近代意义的农业推广教育得以快速发展。

作为中国近代农业推广教育第一人的张之洞，他接纳国外的农业思想对中国农业的影响比一般知识分子所起的作用大得多。1898年，湖广总督任上的张之洞曾电请驻美大臣代购陆地棉种，并分发给湖北棉农试种，因初种方法不对，收成并未达到理想的效果。第二年，再购美国陆地棉种，同时聘请专家研究美国陆地棉种植要领，编成《植棉章程》，将新编的《植棉章程》与种子一起分发给棉农试种，获得巨大成功。从此，美棉开始在国内各大棉区推广。在引种美棉和兴办丝茶的实践中，张之洞深切感受到国内农学不精和人才不济之苦恼，于是，便萌动了兴办农业学校以解决农业专门人才之短缺，用他自己的话来说："设立农业学校以求精理，又立农业试验场以资实习，采集各处土质，各种棉花，加以化析之用，择其土地之宜，收成佳种，售之民间。"[①]

中国的丝绸水平当时位居世界顶尖水平，但也遇到不少阻碍其快速走上规模化发展道路的诸多问题，如蚕丝质劣量少等。于是在1898年，中国第一个具有农业科学研究机构性质的育蚕试验场在上海创立，该场主要引进日本育蚕种的先进技术，聘请日本养蚕专家采用新法改良蚕种，提供给当地蚕农使用。1901年，张謇继张之洞在湖北推广美国陆地棉之后，在南通试种并推广陆地棉，并于第二年春又在河北保定创办农事试验场（从性质上看，此机构具有教学与研究之职能）。同年年底，在借鉴保定创办农事试验场的经验的基础上，又在山东济南建立山东省第一所农业试验场，根据山东的气候特征，开始鼓励当地农民试种引进的谷类、瓜菜和棉花等，收效显著。1904年，清政府的工商部从美国购入大量陆地棉种子，分发给江苏、湖北、湖南、四川、山东、山西、直隶、河南和陕西等省种植。自此，陆地棉种植已经在全国范围得到普及。为了提高农业管

① 冯天瑜，徐凯希，杨立志．汉水文化研究[M]．北京：中国国际广播音像出版社，2006：319.

理的效率，清政府开始进行机构架构设计，设农工商部职掌全国实业，农工商部内设四司，以农务司居首，足见当时政府对农业的重视程度。自此，清政府纵向的农业管理体系逐渐形成，这为政府驱动下的农业革新顺利开展奠定了管理基础。上述由中央到地方设立的机构通饬各省筹办农业学堂和农事试验场，大力推动农业推广事业的发展，这开启了近代中国政府采用行政手法推广农业科学技术的先河。1906年，清政府农工商部在西直门外创立的农业试验场由晚清状元刘春霖任场长，因为是清政府中央设立的，所以是国家级农业试验机构。该机构设立的学科较为齐全，主要包括树艺、园艺、蚕丝、化验和病虫五科，每科又分若干试验项目。在化肥使用方面，1906年，在济南成立的"济农公司"是专门从事美洲化肥贸易的，但当时中国传统农业没有施化肥的意识，因而化肥在当时并不畅销。该公司刚开始以购种赠肥的方式，推广应用化肥，但很多农户购了种子，并没有认真使用化肥，直到1907年，购麦种施化肥取得丰收后，化肥才得以迅速在全国范围推广开来。同年，直隶保定首创了农会，制定具有23条内容的农会章程。该章程规定在省设农会总会，在州县设分会，农会的具体活动涉及调查土地物产、研究改良方法、出刊推介农业技术、巡回宣传农科技术、交换种子和举办农产品展览等。直到1912年，全国已拥有各级农事机构共40多个，这些机构有官办、有民营，规模、建制和经济来源各异。

综上所述，我们不难归纳出早期近代农业推广教育的成效。主要表现在以下两个方面：

一是引进、推广和改良国外品种，在很大程度上丰富我国农作物的品种资源。总体来看，中国近代引进和改良国外农作物品种的工作起步较早，成果颇丰，成绩斐然。张之洞引进美国陆地棉的成功，对全国引进农作物新品种起到了非常大的示范作用，对我国农业生产和社会经济发展起到了促进作用。除引进陆地棉之外，1899年，江苏扬州农业试验场将引进的美国小麦良种与本地小麦品种做了比对实验，结果发现，美国小麦良种无论是在产量上，还是在质量上，均优于本地小麦品种。1914年，由金陵大学农学院美籍教授芮思娄主导从美国引进"双恩小麦"项目，也取得了巨大成功。

二是引进推广的农业技术，在很大程度上提升了近代中国农业科技水平。前面已经论述了我国近代最初引进西方先进的农科技术主要是以翻译和出版西方农书、聘请外国教员和派遣留学生等形式进行的，与此同时，还根据当时的农业需要引进了不少农业器械、先进的育种技术和防治病虫的技术等。这对我国近代农业和农业教育的发展也具有促进作用。

2. 近代农业推广教育的体制

洋务运动期间，很多开明的官吏看到了农业对国之根本的重要性，力求以兴农强民达到国家强盛的目的。在这些官员的共同努力下，清末还为推广农业教育建立了一整套教育体制。晚清时期，农业推广教育体制化的重要标志主要有三个：一是中央建立了专司农业推广教育的专门机构，其职责主要是规划、管理和指导农业推广教育；二是建立集农业科研与教育两大职能的机构，由中央财政拨款兴办，受国家行政节制；三是有了专门从事农业科研和教育的专门人才，他们领取国家薪俸，为国家农业发展服务。虽然晚清农业推广教育体制存在诸多缺陷，但这是由光绪帝在1898年颁布上谕主导的，它对开启中国近代农业推广教育制度化产生了深远的影响。

1898年，光绪帝在颁布《明定国是诏》后，决心变法图强。变法中有关实行农业革新的主要内容大致有六点：一是“劝谕绅民兼采中西各法”，兴办农业，这是历史上官方第一次公开提出和号召采用西方农业技术来发展中国的农业；二是编印“外洋农学诸书”，引进西方近代农学；三是“于京师设立农工商总局，……各直省即由各该督抚设立分局”，从中央到地方建立各级农业行政机构；四是“设立农务学堂”，兴办农业教育；五是“广开农会、刊农报、购农器，由绅富之有田业者试办以为之率”，采用各种措施，引进与推广西方近代的农业科学技术；六是“在通商口岸及出丝茶省份设立茶务学堂及蚕桑公院”，用近代农业科技振兴丝茶生产①。

清政府开明的官吏看到了新政的优越性，于是在1903年，再次倡导新政，复设商部，其内设机构——平准司主管“开垦、农务、蚕桑、山利、水利、树艺、畜牧一切生殖之事”。平准司实质是一个署理农事的行政机关。此后，为名实相符，改平准司为农工部。农工部的设立使农业科技体制化得到了行政管理上的保证。刘坤一一直是清政府规划农业科技事业框架的第一负责人，他在奏折中提出四大农业推广教育措施：一是选派留学生到国外学习先进的农业科学技术。这主要是为了培养国内近代农业专门人才和农业院校的师资。被选派的学生，赴日学农者，学成获得毕业证书后，视其学业等差授予官职；赴欧美学农者，因路远日久，给予较为丰厚的奖励；而对于自己出资学习者，则在前面的基

① 梁中美.晚清民国时期贵州留日学生与贵州近代化[M].成都：西南交通大学出版社，2014：128.

础上再加优厚待遇。二是译刻欧美和日本的农书。要求各省将农学诸书广为翻印，分发至各州县。三是设立农业学堂和集研教为一体的试验场。要求各省应优先创立农业学堂，选农业学堂毕业生从事农业生产、科研和教育，并择地设立试验场，开展农业科学研究。四是开垦荒地。"今宜查明（荒地）实数，除已报垦纳粮者不计外，亦造册给照，宽期升科，即以此田作为试验农学新法之地。"①

民国初年，北洋政府也设立了农林部，在全国建立了30多个试验场，以美国教师为专家开展美棉示范种植推广工作。1913年，张謇首次任农工商部部长，重奖从事美棉示范种植户。

3. 近代农业推广教育的意义

客观地讲，清末民初的农业推广教育虽对我国农业发展具有进步意义，但还是没有真正摆脱传统的"劝农"模式，行政督导还是农业推广教育的根本动力。当时的农业推广教育既没有培养出一支通晓农业科学技术业务的队伍，也没能建立专门的推广机构。这种农业推广教育没有考虑中国的具体实际，完全采用照搬和仿效，不加选择地将西方农业科学技术引入国内。按教育的基本性质来看，清末民初的农业推广教育是传统农业教育向近代农业教育过渡阶段的教育，它既不同于传统意义上的农业教育的延续，也非近代意义的新型农民教育。

清末民初的农业推广教育有两个特点：一是农业推广教育彻底改变了"重道轻艺"的教育观。传统农业知识和技术对我国农业发展的作用，我们不能全盘否定，但从根本上来看，以"重道轻艺"为主要特征的传统农民教育，重视人伦教化之作用，把农业生产技能教育归结于从属地位。从观念更新的视角来看，它确实解除了小农经济时代的农业思想的束缚，无论是官吏，还是知识分子，均认识到农业科学技术在农业生产中的重要性，甚至在农业相对发达的地区，比如江浙一带，这里有近四成农民明白农业科学技术对自己增收创收的作用。从这层意义上来说，清末民初农业推广教育具有一定的社会价值。二是清末民初的农业推广教育传授给农民近代农业科学技术知识和成果。单从传授的内容上来分析，清末民初的农业推广教育传授的不再是传统的农学知识与技术，而是具有近代意义的农业科学技术知识与成果。因此可以说，这是我国农业史上的一次革命，是一次促使中国由以民族传统文化为核心的封闭型发展模式向以

① 曹幸穗，柏云，张苏，等. 大众农学史[M]. 济南：山东科学技术出版社，2015：130.

世界文化为主流的开放型发展模式的变革。

二、蓬勃发展期(1919—1937)

从五四运动到抗日战争全面爆发,国内一些开明之士开始反思中国落后之原因,得出一个结论:中国之问题,实则是农民问题,一旦农民问题得到妥善解决,国将强,民将富。于是这些人开始将目光转向农村,并积极探索,寻求一种适合我国国情的农民教育发展道路。在这一时期,以研究和实践农村教育和农民教育为主要内容的民间组织得到蓬勃发展,中国近代农民教育实验在此阶段得到长足发展,最后演绎成为一场轰轰烈烈的社会改良运动,在中国近代教育史上写下了浓墨重彩的一笔。

(一)近代农民教育运动的快速发展

中国农业生产受到鸦片战争的严重影响,这种内忧外患和天灾人祸均给本就相当脆弱的中国近代农业以当头一棒,以自给自足为特征的小农经济彻底被打破,取而代之的是不受我国政府控制的、具有殖民特色的市场经济。这是一种被迫的经济模式。单从国家利益上来看,这算不得什么进步,但从社会历史发展角度来看,它也算一种进步。农村经济日益衰落,农民生活状况不断恶化,中国农村经济挣扎在破产的边缘。这样的状态一直延续到1927年。风起云涌的大革命和北伐战争即将胜利,中国日益恶化的农村问题已经到了不得不解决的地步,加上20世纪30年代的世界经济危机影响不断扩大,中国农村遭遇了前所未有的生存危机,“乡村毁灭”的警告一次比一次沉重地直击国人。1931年的“九·一八”事变和1932年的“一·二八”事变,将中国推到民族危亡的生死关头。

梁漱溟根据当时的现状,全面总结了农村受到的破坏力的来源:首先是政府破坏力。国内军阀混战,土匪横行,苛税沉重,民不聊生。其次是经济破坏力。破坏农村的罪魁祸首是西方列强的经济入侵,并且国内的洋行买办充当了西方列强破坏中国农村的马前卒。最后是文化破坏力。西方文化与中国传统文化碰撞,有很多不和谐的地方,由于国力不济的事实,很多思潮都是以西方文化为主轴在发展。西方文化在礼俗、制度、学术和思想上深刻影响了中国传统文化。

直面近代中国局势,以黄炎培、陶行知、晏阳初和梁漱溟为代表的中国教育家渐渐认识到：在农民占绝大多数的国度里，国势渐弱在农村表现尤为突出，也就是国运取决于农村社会的发展。他们一致认为，只有通过农村教育，才能彻底改变农村愚昧落后的面貌，才能推动整个社会进步。要救国于危亡，必先救占全国大多数人口的农村，一定要先解决长期困扰中国农村的贫困问题，中国才有希望。这些教育家们，怀着对祖国的无比热爱和救亡图存的美好愿望，由城市走向农村，开始了这个历史时期独具特色的乡村教育和乡村社会改良运动。他们开展乡村教育实验，掀起了声势浩大的乡村教育运动。

据《第二次中国教育年鉴》的相关统计数字：1925—1935年的10年间，全国共建有乡村教育、乡村改进和乡村试验区共计193处。从南京国民政府实业部的统计数据来看，1934年全国有600个从事乡村教育的团体，这些团体先后在全国各地选择了1 000多个地方作为乡村试验区。在这当中，不乏影响力颇大的团体，比如徐公桥乡村改进试验区、晓庄学校、定县平民教育试验区以及邹平乡村建设试验区等。此外，也有一些高等农业院校创办的试验区，比如北平师范大学乡村试验区、北平大学农学院农村建设试验区等。上述试验区只是800多个试验区中较有名的，它们均对农民教育做出了非凡的贡献①。

有些试验区只是昙花一现，有些则在艰苦的条件下坚持下来，对我国近代农民教育发展起到了奠基作用。一般来说，实验方案明确、坚持实验时间较长，对国内外产生较大影响的有由黄炎培发起创办的中华职业教育社在江苏、浙江两地开展的乡村改进实验，陶行知的教育即生活实验，晏阳初主导的中华平民促进会的定县平民乡村平民教育实验和梁漱溟领导的邹平乡村建设实验。

1. 徐公桥乡村改进试验区

早在五四运动之前，黄炎培就联系当时教育界较有威望的学者加盟，希望能创办一个旨在推动中国农村职业教育发展的团体。在他多方呼吁和长达一年努力下，终于在1917年，成立了中华职业教育社。黄炎培以此组织为依托，进行“划区施教”实验，形成并发展了以职业教育为改造农村手段的乡村教育

① 其实，当时也有一些教会和基督教团体在进行乡村教育运动，如清和社会试验区、乌江农业推广试验区等，并且在抗战爆发之前，基督教乡建也达到了高潮。如淳化镇的乡村牧区实验从1932年一直持续到抗战爆发，引起了全国乃至海外教会人士的注意，淳化镇这个名字从此和金陵神学院就密不可分了。但是，基督教乡建运动的理念与实践之间存在着很大差距，如果以乡建运动所取得的实际成绩与所宣称的目标相比，可以说基督教乡建运动是失败的，即使在小范围区域内的实验，其成功的例子也不多见，尤其是在“基督化乡村社会”的目标方面。因此，本书对基督教团体所进行的乡村建设运动不做研究。

理念。

1926年，中华职业教育社联合中华教育改进社、中华平民教育促进会、东南大学试办“划区施教”试验区。该组织成立了以黄炎培为会长，陶行知为副会长的合作机构——联合改进农村生活董事会和以赵叔愚为主任的调查设计委员会。要求调查设计委员会从事实地调查研究，选择出较好的地点来推行“划区施教”。经反复调研，最终确定江苏昆山县的徐公桥作为第一试验区的最佳地点。

徐公桥试验区的农民教育主要包括五项工作：一是将当地农民组织起来成立乡村改进会，这是徐公桥乡村改进的管理机构。该会以区里所有农民为管理对象，并规定徐公桥的成年男女要满足了解乡村改进会的宗旨、有志改进乡村生活和热心社会事业三个条件才能加入该会。该会成立后对徐公桥乡村自治、农业教育普及、生产、娱乐等方面起到了积极的推动作用①。二是以扫盲教育和普及教育来提升民众的综合素养，这是乡村改进的根本。三是加强乡村改进的合作交流，成立借贷合作社，实行流通农村经济，增加生产效能，通过贷款解决农业生产中遇到的各类困难。四是变革传统的耕作习惯，设立试验场，推广优质品种，倡导使用先进的农具，鼓励农副产品的生产，帮助农民增产创收。五是建立公共医疗制度，即建立公共诊所，为农民看病治病。诊所除了看病治病职能外，还有一个职能就是向农民宣传公共卫生知识，负责试验区里的疾病防控工作。

徐公桥试验区历时6年，至1934年7月，中华职业教育社按原定的计划将试验区交由地方管理。总的来说，黄炎培等在徐公桥试验区里做了大量工作，尤其是践行“富教合一”思想。在黄炎培及其同仁的共同努力下，徐公桥试验区为农民教育发展做出了巨大贡献，也为其他试验区树立了一个好的标杆。

2. 晓庄学校的农民教育

与黄炎培不同，陶行知起初主要是在城镇进行平民教育。1921年，陶行知在杜威“教育即生活”的教育思想的影响下，开始将视线转向农民和乡村。1925年，陶行知聘请了留美归国后在东南大学担任乡村教育教授的赵叔愚兼任中华教育改进社的教育研究部主任。他们俩一起深入农村调研，于次年11月，在中华教育改进社框架里创立了研究组织——中华教育改进社特约乡村教师研究

① 祝彦. 中华职业教育社及徐公桥试验[N]. 学习时报，2006-05-22.

会。根据陶行知的观点，乡村学校和教师是改进乡村的主力军，因为乡村教师生于乡村，熟知乡村，也愿意为改进乡村努力工作。此外，他还提出“要筹募一百万元基金，征集一百万位同志，提倡一百万所学校，改造一百万个乡村”[①]，让乡村学校成为改进乡村的主阵地，让乡村教师成为乡村改进的生力军。为了践行生活教育的理想，他于1927年3月，在南京北郊的晓庄创办了试验乡村师范学校，次年将其更名为晓庄学校。

晓庄学校确实成为改造农村生活的主阵地，它重视农民教育，通过提高农民文化素养，培养新型农民等手段来提升农民的自治能力。晓庄学校在改造农村生活的实践中主要做了五件事：一是成立大众学校，以扫盲为己任。除了校本部有识字教育的夜校外，在南京的神策门、三元庵和万寿庵也设有扫盲夜校教学点，学习的农民有数百名之多。二是设立中心茶园，在丰富农民休闲时光的同时，强化对农民的休闲教育。具体来说，中心茶园与其他茶馆相差无几，只是在壁间挂了一些浅显易懂的蕴含休闲教育内容的图表，在桌上摆放一些象棋、乒乓球等娱乐用品，此外，还进行说书、平弹等艺术形式的表演。中心茶园严禁赌博、吸大烟（鸦片），只准许进行有益于身心的娱乐活动。三是创立晓庄医院。晓庄医院免费为附近15里范围内的40多个村庄的村民看病治病，此外，还为这些村民普遍接种牛痘预防天花，开展公共卫生教育。虽然医院的规模不大，设备简陋，医务人员仅有院长、主任医生和一名助手，但工作非常出色，得到了附近农民的一致好评。四是为了丰富农民的文化生活，成立晓庄剧社。晓庄学校师生自编自演节目，在破除封建思想、加速思想转变上发挥了重要的作用，同时还丰富了农民的业余文化生活。

晓庄学校一直办到了1930年。这年4月，晓庄学校师生因举行了反对英日舰入侵长江，支援工厂工人反对帝国主义的罢工示威游行，而被当时的南京国民政府关闭，陶行知也因此被通缉被迫逃往日本。

风声渐弱，陶行知于1931年春秘密回国，在上海任《申报》管理处顾问。1932年，他在大场乡创办山海工学团，这是陶行知继晓庄学校之后又一个践行生活教育理念的阵地。山海工学团自1932年创办起到1937年抗日战争全面爆发的五年间，在山海地区成立各种工学团，如儿童工学团、妇女工学团、棉花工学团和养鱼工学团等，推行的教育理念就是为工农服务，采用“工学结合”法推

① 周洪宇，鲍成中．全球视野下的陶行知研究（第二卷）[M]．北京：北京师范大学出版社，2015：179.

进平民教育。工学团与传统学校根本不同,如儿童工学团采用“小先生制”,把失学儿童组织起来,大的教小的,会的教不会的[①]。“小先生制”不但影响了全国的平民教育运动,还对东南亚等国的教育产生了一定影响。山海工学团体现了当时普及教育发展的新动向、新方案,对学校教育改造的意义深远。由于山海工学团的办学模式充分体现了“一村读书者,尽是种田人”的理念,所以得到了广大农民的一致欢迎,后因抗日战争爆发,被迫停办。

3. 定县乡村平民教育试验区

晏阳初在担任中华平民教育促进会总干事时,一直致力于将平民教育与乡村教育有机地结合起来,在乡村改进实践中,达到“扫除文盲,塑造新民”的目的。经过多次调研,1926年,中华平民教育促进会终于选定在河北定县创办华北试验区。华北试验区首从翟村入手,推行平民教育,改造传统农业,进行社会调查。至1929年,中华平民教育促进会开始在定县全面实施平民教育实验,将募集到的所有财力用于以村庄为单位的平民教育实验并加大人手全力扫盲,提高农民的基本素养。在农民教育领域,该试验区的主要做法如下:

一是“农民化”。在晏阳初看来,唯有农民化,教育才能有效地被农民接受。他多次表示:“我们欲‘化农民’,我们须先‘农民化’。”[②]除了通过农民化拉近与农民的心理距离之外,试验区在晏阳初的倡导下,还要求“农民科学化”和“科学通俗化”,这样就能有效地拉近农民与科学之间的距离。他呼吁知识分子在教授农民知识的同时,要与农民一起劳动、一起生活,要克服一切困难在农村当学徒,只有与广大农民打成一片,农民才能信任你,才能接纳你向他们传授知识;此外,还要深入调查农民最需要什么,并着力满足他们的需求。他自己也身体力行,为广大有志于改进乡村的知识分子树立一个良好的标杆。1929年秋,他举家搬迁到定县,在乡村定居,和农民一起劳动、一起生活,带领农民共同进步。在他的感召下,一批批学成回归的博士、硕士和高校教授、学者放弃大都市生活,以拳拳报国心来到了天地广阔的农村,为改进农村办教育,为提升农民素养服务。

二是采用“三大方式”推行“四大教育”。在河北定县试验区的实践中,“农民化”取得了喜人的成绩。为此,晏阳初总结出一整套在乡村开展平民教育的成功经验,这些成功经验集中表现在八个字上,即“三大方式”和“四大教育”。

① 曹书杰. 晓庄师范和山海工学团[J]. 教育与职业,1990(1):48.

② 赵锋. 民国教育[M]. 太原:山西教育出版社,2015:90.

近代中国的农村问题可谓千头万绪，归结起来，无外乎四个字，即“愚”“穷”“弱”“私”①。要想彻底改变这种现状，解决这四大问题，就要全面推行针对上述四大问题的“四大教育”。“四大教育”的具体内容是：以文艺教育破除愚昧，培养农民的知识力；以生计教育解决贫困，培养农民的生产力；以卫生教育攻克体弱，培养农民的强健力；以公民教育打击私欲，培养农民的团结力②。针对近代中国农民的四大问题提出的“四大教育”应如何实施呢？对此，晏阳初指出，要重视教育的整体效应，教育不能与社会脱节，不能与现实生活相背离，即晏阳初提出的以“三大方式”推行“四大教育”。这三大方式就是学校式教育、社会式教育和家庭式教育。

1937年7月7日卢沟桥事变后，定县被日军占领，实验工作因此被迫停止，但是定县乡村平民教育实验的经验值得后世教育试验参考。成功的经验主要包括导生传习制、国民精神研究、平民读物编辑出版、平民科学教育研究、农民剧团和生计巡回训练学校等。

4. 邹平乡村建设试验区

梁漱溟在考察了徐公桥试验区、晓庄学校、定县试验区之后，于1931年在山东邹平创立了山东乡村建设研究院，该院研究的中心课题就是乡村建设问题。根据梁漱溟的设想，邹平乡村建设试验区设有三个中心，即乡村建设问题研究中心、乡村建设干部训练中心和吸收青年从事乡村工作的指导中心。为了提高研究的针对性，山东乡村建设研究院由三个内设机构组成，一是乡村建设研究部，其职责是研究乡村建设的理论，制定、修订乡村建设的计划、方案和政策；二是乡村服务人员训练部，其职责是培养从事乡村建设的干部；三是乡村建设试验区，实施乡村建设计划，使研究理论与实际相结合。

1931年6月，山东乡村建设研究院获山东省政府批复，划邹平县为乡村建设试验区。由于试验区成绩斐然，1933年春，经第二次全国内政会议审议通过，改邹平乡村建设试验区为县政建设第一试验区，同时将试验拓展到相邻的菏泽县，作为县政建设第二试验区。到1935年，试验区已经发展到以济宁为中心的14个县。

邹平乡村建设试验区在梁漱溟的指导下，以“辟造正常形态的人类文明，要使经济上的‘富’、政治上的‘权’，综操于社会，分操于人人”为基本构想，以“如

① 章宁，俞青．民国初期平民教育对新型职业农民培养的启示[J]．成人教育，2017，37(7)：49-52.

② 史振厚．论晏阳初的“四大教育”及其现实意义[J]．成人教育，2001，21(11)：5-8.

何使社会重心从都市移植于乡村”为纲领,分阶段进行乡村建设。邹平乡村建设试验区开展农民教育的主要做法如下:

一是将“政教合一”的乡学和村学作为乡村建设与治理的管理机构,融“学”“政”为一体,尝试将乡村知识精英与政治精英有机联动,共同建设乡村。试验区的两级管理机构“乡学”和“村学”均由四部分人组成,即校董、学长、教员和学员。

二是重视以兴办民众学校(试验初期称乡农学校)、组建农业合作社、改良传统农业三大手段推进农民教育,这充分体现了梁漱溟培养合格农民的教育思路。山东乡村建设研究院实施农民教育的主要形式是兴办民众学校,这类学校在研究院的指导下进行工作,训练部培养出来的乡村干部出任学校的辅导员。农民参与学习为期三个月,学习的课程包括三民主义、精神陶冶、识字、历史与地理、乡村自卫、农业科学技术等。试验区里除了民众学校之外,还在一些人口较多的村庄设有民众夜校,其主要目的是为扫盲,同时还兼授时事和农业知识。

三是开展农民自卫运动,维护试验区里的治安环境。乡村自卫以成年男性为主,通过成人教育授自卫知识,训自卫技能,依地段建制乡村自卫组织,改变了以往治安环境恶劣之现状,达到整治社会治安的目的。

四是移风易俗,树立健康的乡村风气。这一时期,在农村,还有很多人蓄辫,保留清朝的发式,仍有针对女孩的不人道的缠足陋习,乡间赌博成风,早婚盛行。为了破除这些陋习,试验区开展树立健康生活新风气的运动,主要是针对各类陋习开展的一次彻底的思想改造活动。在试验区里,开展剪头发、禁缠足、戒早婚、取缔赌博等移风易俗工作。为更好地维护良好的社会风气,有些乡村还建立移风易俗监督组织。在移风易俗运动的同时,试验区为了丰富农民的业余生活,还以当地的人与事为素材编排节目,娱乐农民,并采购了当时最贵的放映设备,为农民放电影。为了强健农民的体魄,增强农民的集体荣誉感,试验区里还定期举办运动会。令人遗憾的是,创办不到6年的邹平乡村建设试验区因抗日战争爆发而中断。

1919—1937年,近代中国的农民教育整体处于蓬勃发展态势,虽然带有很大的区域性,但对我国农民教育的促进作用是有目共睹的。

(二)以乡村建设为目的的农民教育

20世纪二三十年代,中国农民教育得到了快速发展,其直接目的是乡村建设。在研究与实践中，绝大多数乡村教育家们都认为乡村教育和乡村建设的主要内容是农民教育，他们把乡村建设与乡村教育作为同一问题的不同方面来理解，在他们看来，乡村建设需要乡村教育达成，乡村教育又是以乡村建设为目标的，两者是有机结合在一起的，不可能分开。

1. 乡村建设是解决中国社会危机的出路

近代中国无数有识之士在救亡图存的实践中，渐渐意识到错综复杂的中国问题实质就是农村问题。要想摆脱当时中国的社会危机，唯有建设好乡村才有出路。梁漱溟一再强调中国的建设应当是乡村建设。支持他的这一观点的论据有三个：一是近代中国社会实际是乡村社会，中国有近九成的人口住在农村；二是中国传统文化发端于农村，伦理道德和理性源于农村，因此保存中国传统文化应从乡村入手；三是自 1840 年以来，中国社会已遭到西方列强的严重破坏，乡村经济彻底破产，中国要想重构经济，也应从乡村建起。梁漱溟认为："只有乡村安定，乃可以安辑流亡；只有乡村产业兴起，可以广收过剩的劳力；只有农产增加，可以增进国富；只有乡村自治当真树立，中国政治才算有基础；只有乡村一般的文化能提高，才算中国社会有进步。总之，只有乡村有办法，中国才算有办法，无论在经济上、政治上、教育上都是如此。"①

自五四运动后，在有着拳拳爱国心的乡村教育家们的共同宣传和努力下，已经形成自发走向农村的救国运动高潮，有很多高校和社会团体在乡村设立试验区，进行了对后世有重大影响的乡村教育与乡村建设运动，这些运动都是基于同一观点发起的，这个观点便是"中国的问题实质是农村问题"。

2. 农民教育是乡村建设的基础

乡村建设要想有成效，首先要提高广大农民的基本素养，而提高人的基本素养关键在教育，因此乡村建设一定要依托农民教育，这也是乡村建设的基础与根本手段。梁漱溟认为，导致中国乡村处于"精神破产"的原因是近代中国文化受到外来文化的猛烈冲击和社会生活急变后的价值观混乱与丧失。所谓精神破产，是指社会上许多旧信仰、观念、风尚、习惯的动摇摧毁，而新的信仰、观念、风尚、习惯又没有树立，以致广大农民都陷于窘闷无主、意志消沉之中。要有效解决近代中国"乡村精神破产"问题，农民教育是重点。梁漱溟强调，农民自觉，乡村自救，乡村的事情才有办法，所以说乡村建设最要紧的一点便是农民

① 孙培青. 中国教育史[M]. 3版. 上海：华东师范大学出版社，2009：459.

自觉。农民要养成自觉提升自身素质的习惯，乡村才能实现“自救”的目标，习惯的养成需要加强农民教育，要让农民深入认识到“天下事无论什么都要靠他本身有生机、有活力，本身有生机、有活力，才能吸收外边的养料”。只有让农民悟透上述道理，其自救的热情才能被激发，才会有自发的自救行为。这是教育培养农民自救意识的意义之所在，也是为什么梁漱溟特别重视农民教育的真正原因。在他看来，解决“乡村精神破产”，就一定离不开农民教育，要让农民“活”起来，就少不了教育的支持。

梁漱溟这方面的论著都基于一个重要的论点，那就是近代中国社会是一个乡村社会。解决近代中国问题一定要到乡村去，要以教育为武器，直击乡民的“愚”“穷”“弱”“私”，建立起一个崭新的，具有现代意义的乡村社会。让教育往乡村跑的是中国的社会问题，让地方自治往教育上跑的也是中国的社会问题，大家都被社会问题所拘管[①]。因为大家是中国人，中国社会是乡村社会，在社会上做一件事情，不往前则已，要往前，必定有方向或路线的探索，有此探求，则不能不归结到乡村。

像大多数乡村改造者一样，梁漱溟也十分重视乡村教育的作用，他认为乡村教育是改造乡村建设最得力的武器。没有乡村教育，尤其是农民教育，乡村建设无从下手，乡村教育与乡村建设的关系是手段、方法与目标方向的关系。从事乡村建设的工作者，除非不欲其工作之切实，欲其工作之切实，只有归之于教育；教育者在寻找方向目标时，也只有归之于乡村建设。

从广义上来看，乡村教育就是乡村建设，也就是说，乡村建设不仅是物质上的，也是精神上的，农民一点一滴地进步，就离乡村建设的成功近了一步，只有从点滴做起，才能让建设圆满。

三、艰难推进期（1937—1949）

1937年，日本全面侵华，处于蓬勃发展中的农民教育遭受到毁灭性打击，很多试验区被迫停办。河北定县和山东邹平试验区是因为被日军侵占而不得不停止，其他试验区虽然受到战争的间接影响步履维艰，但还在艰难中前行。这一时期的农民教育还增加了反对日本帝国主义侵略的爱国主义教育内容和抗日救国的军事训练课目。

① 胥仕元. 教育：梁漱溟乡村建设之途径[J]. 当代世界社会主义问题，2005(3)：46-52.

（一）抗战时期艰难推进的农民教育

近代中国知识分子早就意识到日本发动全面侵华战争只是时间问题，民族危亡就在眼前。面对如此严峻的局势，乡村教育家们未雨绸缪，采取一系列有效应对战争的策略。比如定县试验区位于河北境内，华北局势紧张直接危及其试验工作，于是经妥善考量，从1936年上半年起，中华平民教育促进会决定转场继续进行试验，在定县只留下小部分人继续开展工作，多数人转移到当时的广西、湖南和四川，还将中华平民教育促进会总部迁至长沙。在晏阳初的领导下，部分中华平民教育促进会成员先后在湖南、湖北和四川开展试验实践，并在湖南和四川创办了衡山乡村师范学校和重庆中国乡村建设育才院，这些学校都是为农民教育培养日益短缺的师资服务的。其他试验区也做了应对战争的工作调整，比如邹平试验区和无锡试验区把农民教育的工作重心放在训练民众御敌技能上。

1937年7月7日，卢沟桥事变后，硝烟很快就波及华北、华东地区，大片国土沦陷，这些地区的乡村教育和乡村建设试验实践从此中断，各类从事乡村教育、乡村建设的社会团体和工作人员撤退至贵州、四川和广西。定县沦陷前夕，留守的中华平民教育促进会工作人员中止了实验活动，他们当中，有些人留在敌后从事抗战，有些人奔赴延安抗日军政大学学习，还有些人几经辗转来到长沙，继续从事试验实践活动。

1937年冬，日军大举进犯山东，山东省主席韩复榘不做任何抵抗就撤离山东，邹平和济南相继沦陷，山东乡村建设研究院的工作人员有的随韩部撤退，有的回了老家，也有不少留下坚持抗战。从此，长达7年的邹平乡村建设试验就此结束。虽然乡村教育和乡村建设试验因战争而终止，但仍有一些试验的领导者还坚守试验的第一线，从事各项乡村教育和乡村建设工作。

1. 继续开展乡村教育试验工作

抗战时期，所有的物资均优先支援前线，这让乡村教育和乡村建设试验异常艰难，但试验仍在向前艰难推进。归纳一下，大致有中华平民教育促进会主导的衡山试验区、新都试验区和华西试验区，有卧爽秋民生思想指导下的四川巴县民生建设试验区，有雷沛鸿在广西倡导的国民基础教育，等等。

（1）衡山试验区。

中华平民教育促进会为了应对战争，率先从定县试验区撤出大部分人员，分批进入湖南、广西和四川，在晏阳初的主持下，于1936年7月1日在衡山创立试验区。中华平民教育促进会推举本会的重量级人物彭一湖为衡山试验县的县长，继续践行乡村建设理论。该试验县的其他干部大多由平民教育促进会的工作人员担任或是由该会推荐的知名人士担任。衡山试验的主要任务是推广定县试验的成功经验，即"四大教育"和县政改革。衡山试验的主要依据是中华平民教育促进会探索出来的地方建设模式。试验区农民教育的主要工作包括以下几个方面：

一是重视有志于改造乡村的知识分子培训，以解决因战争导致的师资短缺问题。中华平民教育促进会的专员晏阳初和瞿菊农十分重视衡山试验，他们亲自来衡山设计试验方案，主持试验人员的培训。与此同时，还加强对本地学校的改造与本地教师的培训。在衡山试验县创立后一个月，县政府就通过选考，录用小学教员600人，地方自治人才70人，对这些人的培训是在县立中学进行的。1937—1939年，共举办了3期培训班，参训人员达208人。培训的内容因时局之改变有所调整，主要课程有户籍法要义、现行地方政令、地方财政学要义、自治纲要、自治法规、道路水利、土木工程、教育行政、劝业、公共事业与慈善行政等。参训人员的年龄大致在25—27岁，并具备中等学堂文化水平。

二是借鉴定县试验之成功经验，继续进行县政改革，力求理顺农民教育责权，以便农民教育事务得到高效推进。中华平民教育促进会经深入调查和认真考量，制定了符合抗战时期的县政改革方案，即"裁局设科"和"撤区并乡"，前者是针对县政府相关职能部门的改革，后者是针对基层政权的建设方案。

抗战时期，物资相当奇缺，裁减闲余的工作人员是县政改革的方针。1937年初，衡山县政府设秘书、统计和督导三室以及第一、二、三、四科，全县官员减至62人。在县政改革的同时，试验县还十分重视能人选拔，如县政府之科长为当权士绅的，婉言劝退，新任的科长多为省内知名学者和名牌大学的毕业生。这是"撤局改科"之改革，而"撤区并乡"的建设方案是要在衡山县内废除区一级行政单位，采用县乡两级自治制。1937年5月，全县55个乡2个镇进行乡镇体制改革，缩编为26个乡2个镇，下辖495保，8 387个甲。乡镇置乡镇长一人，总务、教育干事各1人，公丁2人①。从此，乡、镇成为县的基层政权。

三是强化地方财政审计，整顿教育乱象。衡山试验县行政经费预算，每个

① 李在全，游海华．抗战时期的乡村建设运动——以平教会为中心的考察[J]．抗日战争研究，2008(3)：139-160.

月为4 738元，除去原有经费2 000元之外，不敷2 738元，由省政府补助[1]。县政委员会决定“地方财政统收统支”，这样做的优势在于能有效减少征收成本，易于统筹及调剂盈亏，此外，还便于稽查与统计。

为了向前线输送具有强健体魄和一定战争技能的兵源，中华平民教育促进会开始重视对农民的军事技能训练，这样做既可以为前线输送合格兵源，也可以在敌来犯时有效自卫。为此，衡山试验县选拔干部到军校进行军事训练，结业后分派到各乡镇工作，试验至1939年2月1日结束。由于此时抗战到了危急关头，湖南省政府经综合考量后，决定停止衡山试验区的工作。

(2)新都试验区。

由定县辗转到四川的中华平民教育促进会的工作人员在晏阳初的倡导下，决定在四川继续进行平民教育试验，并于1937年4月得到了四川省政府的批文，准许四川省新都县作为试验县，将该县设为省直管县，陈开泗任试验县首任县长。试验县的干部由中华平民教育促进会的工作人员或是由该会推荐的人员担当。实验的内容与衡山试验一致，也是推广定县已经推广过的“四大教育”和县政改革。新都实验县成立后，首先清查户口，扩大保甲范围，减少单位，规定以5至15户为1甲，5甲至15甲为1保，按自然环境、历史关系、姓氏习惯编组，各保均以地名为保名，这样将原来的351保缩编为164保[2]。试验区的主要工作有以下几个方面：

一是通过改革县议事机关，理顺农民教育体制，使农民教育的开展更加顺畅。将原县政府的18个委员会改组为县政咨询委员会，主办教育和建设的干部以中华平民教育促进会中的骨干为主。对县以下行政机构，裁撤5个区署，设5个县政指导员，巡视各乡镇。基层保甲方面，改原10进制编组为以自然环境、历史关系、姓氏习惯编组，整编后，较之前减少187保，1 297甲，各保的议事机构由原来的保民大会改为户长会议，各乡(镇)的议事机构由每保户长保荐1个代表参加。

二是改革税收财政制度，稳定农民教育经费来源。新都县进行乡村建设试验之前，田赋征收乱象环生，县政府的经费收支、审核由县长全权负责，实行的是办一事报销一次，全县一年收支无账可查。试验县建立县金库，其职责是统

① 李在全，游海华．抗战时期的乡村建设运动——以平教会为中心的考察[J]．抗日战争研究，2008(3)：139-160.

② 丁小珊．中国城市与社会史专题研究[M]．青岛：中国海洋大学出版社，2013：147.

计全县的收支情况，根据季度编制预算，并提请县政咨询委员会审议，通过后再报省核准施行。

三是全力推行教育卫生改革，提高农民基本人文素养和身体素质。根据新都县小学的分布现状，试验县为了彻底改变小学只有县城和各乡镇才设置的格局，方便学龄儿童入学，要求在保内设初级小学，在乡镇设高级小学，在县城设中学，同时还规定，适龄儿童必须上学，学校不收学费，免费提供课本和文具等。这一政策使该县的适龄儿童入学率达到了百分之九十以上。这一做法后被国民政府推广到全国。

在公共卫生方面，试验县为提高民众的健康水平，建立了公共卫生制度。在乡村卫生保健制度改革中，县政府与华西大学医学院合作，创设卫生院，分设卫生所，各保设卫生员，置保健箱，贫苦农民住院治疗费由县救济院支付。其他如学校卫生、家庭卫生、预防注射、水井改良等都按定县先例推行。县政府每年卫生经费支出计3万元，仅次于公安与教育经费。新都实验县诸项建设事业中，人民普遍感到满意的，当数卫生保健设施的改进和完善。此外，试验在改良农业品种、普遍设立农民讲习班等方面，也做了大量的工作。

四是积极改良农业生产模式，促进增产创收，改善人民的生活。为促进新都县农业和畜牧业的发展，试验县设立了县农场和家畜保育场，同时加强与金陵大学农学院、四川大学农业改进所的合作，积极在试验县里推广优质品种，提高农业产量，提高农民收入。新都试验县的各项工作都在一定程度上促进了社会经济的发展，实现了“人才既美满，经费又充足，而权力又复集中，当时之新政，颇觉可观”。

(3)巴县民生建设试验区。

邰爽秋(1896—1976)，江苏东台人，中国近现代著名的教育家，是我国民生本位教育的杰出代表。20世纪三四十年代，邰爽秋竭力推行民生本位教育思想，相继在上海、重庆等地的农村创办民生本位教育实验基地，践行其理论长达10年，取得了不俗的成绩，对中国农民教育的发展产生了深远影响。他和晏阳初、陶行知、梁漱溟被后世并称为“中国近现代教育界的四大怪杰”。

1939年9月，邰爽秋在四川巴中县创办“中国民生建设实验院”。该院在巴中推行的实验分两期进行，第一期实验是以国民教育为基础，开设具有民生性质的国民学校；第二期创办各种实验学校，将民生本位教育理念融入其中，建立民生教育制度。该院的宗旨是“借教育之力量，行民生建设之宏图”。实验院的内设机构包括研究、实验和推广三部，紧密围绕农民教育推行民生教育和民生建设。实验院所做的工作主要有以下几点：

一是在巴中县建立民生建设实验指导区，利用教育、卫生和管理三个手段推行民生建设工作。具体工作就是借经济合作社、兼办合作所等机构，和国民学校的师生一起与当地农民亲密合作，共同推进国民经济建设运动，实现“休养生息”的目标。在“教”的建设上，把民生建设服务区失学的成人与年纪稍长的学生结成对子，互帮互学，学生教失学成人识字和农业科学技术知识，失学成人则通过实际操作，教会学生耕种等技艺，教师的作用就是巡回督导。教师率领学生与民众打成一片，在劳动实践中指导民众自教自学、互教互学，以便在缺乏师资的情况下不降质地推动“教”的建设。在“卫”建设上，对民生建设服务区的壮丁进行爱国主义教育和兵役宣传，加强对本区里的公共卫生宣传，兼行简单的医疗服务等。在“管”的建设上，对民生建设服务区进行社会调查，比如调查人口数，农产品种类和产量，土地面积及具体的荒芜田地的面积，等等。小到邻里纠纷调解，大到改良田地、开垦荒地、优化品种，均是“管”的建设中的重要内容。

二是在第一期实验的基础上创立实验国民学校。学校的施教原则以“经济”原则为首要原则，一切以节俭为重，深入贯彻因应、自动、互助①三大原则，坚持弹性学制，随时随地施教，这一灵活的办学模式切合了农民自身的实际。

三是为了提高实验的成效，建立实验巡回教育站和实验教育团，满足山区开展农民教育的需求。巴中县位于四川盆地北端的大巴山麓，境内山丘连绵，气候温和，林木葱郁，稻、麦、棉、蚕桑和芦笋是该县的主要农作物。当地农民散居在大巴山内，不便于集中授课。于是，在邰爽秋的提议下，成立了实验巡回教育站和实验教育团，满足大山深处的农民接受教育的需要。

四是创建实验教育合作社，同时为提高农民的工业生产技能，开办工厂。合作社将农业科学技术传授给国民学校高年级的学生，并指导他们如何将学到的新知识、新技能向其家长宣传。这是为了散居在大山深处的农民接受教育而设计的做法。与此同时，中国民生建设实验院为支援抗战需要，还创办了一些涉及民生的工厂，如化工厂、藤工艺厂、织布厂、制袜厂等。中国民生建设实验院推行工读交替进行的教学模式，农民可以将学到的工农业生产知识与技能应

① 因应，指的是因人、因时、因地、因物而施教；自动，指的是自己动脑、动手、动脚、动口、动耳和动目；互助，指的是指导互教互学。

用于实践。这些工厂成了农民从事工业生产的实训基地，另外，工厂生产的物资一可以满足巴中县以及周边县的需求，二可以确保实验院正常运转的经费，三可以支援抗战。

五是编写适合当地农民学力水平的民生本位课程。编写的课程有四大特点，即强调技术中心、注重生产劳动、突出文字应用、采用口语教材。这些特点刚好迎合了当地农民的学习要求。

综上所述，我们可以看出：邰爽秋的民生本位教育思想在巴中实验中取得了较好的效果，相比其他试验区，有其独特之处。民生本位教育实验坚持教育民生同建设相结合，重视教与生产劳动的有机融合，并为生产实际服务，以劳苦大众为教育对象，坚持为劳苦工农服务的方向。课程实验重视以经济活动为基础，以技术应用为抓手，强化教材的实用性、通俗性。中国民生建设实验院推行的教育是与当时中国农村经济文化教育发展水平相适应的，刚好满足了工农劳苦大众改变生活困境的需要，可谓是一种全新的教育。

2. 培养乡村建设和乡村教育人才

中华平民教育促进会在抗战时期非常重视乡村教师和乡村建设人才的培养，为此，在湖南创办了省立衡山乡村师范学校和乡村建设育才院。

(1)创办湖南省立衡山乡村师范学校。

抗战期间，中华平民教育促进会从河北撤到湖南、四川、广西各地后，有不少工作人员投身于抗战，同样也有不少工作人员仍坚守在实验第一线。由于分散在三省，试验区中的教师和管理人员严重不足，在晏阳初等主要领导人的倡议下，1936年又在湖南创办省立衡山乡村师范学校，以培养乡村小学教师和乡村领袖，并聘请该会的核心成员汪德亮为校长。学校把培养既能担任乡村教师，又能胜任乡村建设的复合型人才作为首要任务。这种复合型人才，在课堂上是一位优秀的教师，在村务会议上是一位有能力的领导人。学校还对招生对象进行了限定，一般是高小毕业生和具有同等学力的社会青年，学生多为来学一技之长[①]。

在衡山乡村师范学校创办初期，晏阳初曾到校演讲："今华北紧急，全国动

① 湖南省教育史志编纂委员会. 湖南近现代名校史料(二)[M]. 长沙：湖南教育出版社，2012：1 565.

摇，中国为什么到如此田地？根本原因是‘误教[①]’与‘无教[②]’。”[③]

省立衡山乡村师范学校是紧紧围绕为乡村建设培养教育人才和管理人才开展工作的。

首先，确定了学校招生要求和课程设置。课程设置围绕乡村改造这个主题，是与衡山试验县的乡村改造工作密切关联的。学校内设机构包括社会调查、军事训练与自卫技能、民众教育与民众组织、乡村教育、农业、乡村改造[④]六个部门。开设的课程遵循因地制宜的原则谨慎开设，所有课程要以乡村建设为目的而设置，这也是该校的特色之一。学校首次在湖南全省招收学生共98人。

其次，确定了施教方法和校风。学校的施教方法体现了做中求认知、做中求经验。学校所授知识均由教员亲自动手“做”，要求学生在模仿教员“做”的过程中理解知识，在“做”的过程中获取经验，最终在“做”中形成技能，通过“做”来验证课堂所学的知识。强调学生在饮食、衣着、起居上与农民一致。此外，学校每天早晨六时举行升旗仪式，强化爱国主义教育。

最后，为应对抗战需要，学校非常重视学生的军事管理和技能训练。学校仿效军校编制，全校编为一个大队，每班为一区队，每区队又由三个小队组成。区队长和小队长由学生轮流担当，学校的军事教官任大队长，这种编组一直执行于学生日常生活之中。学习生活军事化、纪律严明是衡山乡村师范学校又一大特色。

1937年，国民政府将湖南衡山县确定为乡村建设试验县，对县政进行了较为开明的经济与政治改革。同年，县政府在中华平民教育促进会的指导下，先后颁布旨在推广农作物新品种，鼓励农民学习并应用新的栽培技术的相关政策，业务具体由县农事试验场主持。次年，全县的稻谷产量有了较大提高，亩产量达206公斤，是历史最高水平。平民教育进展较顺利，成绩斐然，基本上实现了一保一国民小学、一乡一中心小学的平民教育构架，另外，还对成年人进行扫盲教育，全县共办民众夜校班300多个，衡山县县立民众图书馆1座，体育场1个，阅报处1个，民众夜校54所。

中华平民教育促进会所做的工作对中国的抗战起到了强有力的支持。在

① 误教，指的是受教育的人很少，而所受教育又多是不切实用。

② 无教，指的是当时全国没有接受教育的人占全国总人口的百分之八十。

③ 李澥．都梁文钞今编[M]．长沙：湖南出版社，1992：1 239.

④ 乡村改造包括合作社改造、乡村卫生改造、村民居所改造等。

国统区，中华平民教育促进会扫除文盲2 700万人，仅在四川的45个区县中，就有45万人接受了免费的扫盲教育。1939—1942年的4年间，日军三攻长沙，均以失败告终，这与中华平民教育促进会在湖南施行的抗战教育和乡村建设有着密切关系。当时事件的亲历者吴相湘和谢扶雅教授认为，长沙三次大捷与中华平民教育促进会在湖南农村开展军事训练教育，训练农民的军事技能等教育活动有着必然的联系。

(2)雷沛鸿领导的广西国民基础教育。

由雷沛鸿领导的广西国民基础教育对抗战产生的积极影响主要表现在以下两个方面：一是民众接受抗战教育后，爱国热情高涨。国家需要杀敌保国时，广西这个人口不足1 300万的小省，在很短时间内就有六七十万壮丁应征入伍，奔赴抗日各条战线，建立了不朽的功勋。相比国统区其他省份补充兵源多采用绳捆索绑押上前线，广西的壮丁是自发地奔赴前线，逃兵率极低。他们在战场上视死如归、剽悍善战，我们从台儿庄大捷中就可见广西兵是多么骁勇善战。此外，在桂南会战中，他们在家门口一雪前仇。这不能不说是广西的国民基础教育在提高国民素质方面取得了巨大成功。二是广西后方民众支持抗战的热情也很高涨。因战事需要，在征用民工建造新机场，修筑公路和湘桂铁路时，广西也能在非常短的时间里动员1万～2万人进行义务劳动，有时甚至可聚齐20万～30万人。据统计，抗战时期，因战事需要，征用民工总数大约为3 000万，广西就贡献了10%的民工，这是广西民众爱国主义情怀的具体体现。广西国民基础教育运动的出现和发展，与教育家雷沛鸿的大力倡导分不开①。

① 刘文俊. 广西新民团研究(1930—1940)[M]. 合肥：合肥工业大学出版社，2007：265.

第二章　新中国农民教育

自新中国成立以来，党和政府一直重视农业、农村和农民工作，尤其是事关农村经济与社会发展的农民教育。新中国成立后，鉴于农村文盲率较高，为了提高农民学习先进的农业科学技术和科学地组织农业生产的能力，开展了大规模的扫盲识字运动和小农思想的改造运动，这对后来的农业快速发展发挥了不可磨灭的作用。在全国范围的扫盲识字运动和农民思想改造运动中，既有值得当代农民教育借鉴的成功经验，也有引以为戒的教训。

第一节　新中国成立初期文化扫盲教育与农民思想改造运动

灾难深重的中国，在不到一百年的时间里经历了两次鸦片战争、太平天国运动、辛亥革命、二次革命、北伐战争、中原大战、抗日战争、解放战争，可谓千疮百孔，破败不堪，终于在1949年迎来了新中国。百废待兴的新中国，开始加快了经济建设的步伐。考虑到当时农民的基本素质非常低，党和政府决定农民教育从扫盲识字开始。

一、20世纪五六十年代扫盲识字运动全面展开

20世纪50年代，新中国成立之初，经济建设已经全面展开，尤其是农业。1952年，土地改革基本完成，发展农业生产，解决人民的温饱问题，成为新中国经济建设的中心任务。民国时期的乡村建设运动在一定程度上扫除了一些文盲，但由于战争等原因，并未从根本上扫除文盲。新中国为了发展农业，解决人们的温饱问题，需要大量懂农业科学技术的人从事农业生产，但是当时的农民文盲率极高，农业科普资料印发下去根本起不到任何作用。为了提高农民的学习能力，摆脱封建传统思想的束缚，党和政府在全国范围内开展了长达10年之久的扫盲识字运动，近六成处于文盲、半文盲状态的农民在这次运动中受益，农

民不识字、文化低的尴尬局面得到有效缓解。相比民国时期的乡村建设运动，新中国成立后的扫文盲识字运动效果更好，这主要是因为民国时期的农民教育是由民间团体发起的，虽然得到政府的支持，但支持力度不够，只是在局部范围扫除了一些文盲，而新中国成立后的扫盲识字教育，目标明确，由中央政府主导，各地执行彻底，因而效果甚好。

(一)扫盲识字运动

近代中国知识分子早就意识到中国的问题实质是就是农民问题。只有提高农民的文化水平，才能改造他们的思想，提升他们的综合素质，他们才能应用从西方引进的先进农业科学技术和科学的农业生产管理知识，提高农业产量和产值。为此，民国时期的乡村教育家们在当时艰苦的条件下进行了农民教育的深入探索。

20世纪二三十年代，中国具有进步思想的知识分子，在拳拳报国心的驱动下，在城市和农村积极参与扫盲运动，他们把平民教育理论与农村社会教育有机地结合起来，开创了中国共产党领导的以“扫盲识字运动”为主要内容的农民教育先河。在日军疯狂施虐的艰难岁月里，各个抗日根据地响应党中央、毛主席的号召，开展了以开启民智、救亡图存为特色的扫盲识字运动，这为新中国成立后的冬学运动识字和扫盲识字运动奠定了基础，积累了不少成功经验。

1. 新中国成立前国民政府识字运动的经验

东北易帜标志着国民党建立的政权完成了全国形式上的统一，但新军阀割据依然存在，地盘意识在新军阀中还很强烈，各地政府很少将心思花在提高国民素质上。随着以蒋介石为代表的国民党政权的建立，中国开始推行“军政、训政和宪政”，这就要求民众要有较高的素质，然而，当时民众的素质并未达到这个水平，尤其是占全国大多数人口的农民，文盲率高达百分之九十多。国民党政府建立初期，为了改善民风，增强民族自信心，开展了包括识字运动在内的七大运动。由于识字是民众提高基本素质的基础，具有启蒙意义，因此当时的国民政府把识字运动作为推行“军政、训政和宪政”的首要任务来抓。

训政初期，国家要务均开始建设，政局稳定了就需要加快经济建设，确保“民生”。所有建设要务需从启迪民众智慧入手，为此，国民政府要求各级地方政府，以此纲领，认真执行。“考全国现时不识字者，虽乏确切统计，要不能少于百分之七十，若以全国人口四万万论，则不识字者应有二万万八千万之多，此大多数不识字之国民，欲求其具有知识，固当以实行义务教育为根本办法，而救济之道则宜从事于识字运动及民众教育之宣传。”[①]

由于国民政府的提倡和相关支持政策的颁布，识字运动成为当时七大运动中规模最大的，效果也是相对较好的。比如广州，当地政府就明确要求凡12岁以上50岁以下的民众，均可以接受免费的识字教育，教育的形式是创建民众学校。考虑到绝大多数成年人白天要做工，只有晚上才有时间接受识字教育，政府还在文盲人口相对集中的市区创办了民众夜校。为了提高识字运动的效果，国民政府还颁布“注音识字”政策，开发了注意识字教材，极大地提高了民众识字的效率，民众学会了注音，就可以在家自学，这可以大大节省培养师资的费用，因此“注音识字”被誉为识字运动中“最犀利的工具”。

虽然国民政府为了推行“军政、训政和宪政”，强力推行识字运动，也一再强调扫盲对中华民族复兴的重要意义，但是在实际执行效果上，也不是尽善尽美，最终的效果与国民政府预期的效果相差甚远。全国很多地方为扫盲创建的民众学校有名无实。当时有些民众学校的办学情况是这样的：全县民众学校百余所，实际除城内二三所外，其余民众学校十之八九徒拥其名，有校无生，或有生不办，且民众学校招收的学生多是十岁左右的儿童，学习两三个月，完全谈不上“年长失学，授以简易技能与知识”[②]。国民政府推行的识字运动除了政策执行不力，实施时流于形式之外，识字运动的经费不充裕也是运动收益没有达到预期效果的重要原因。国民政府建立初期，财政状况可谓捉襟见肘，当时国家没有财力实施大规模的扫盲运动。以当年的江苏省为例，根据1931年的统计数据，全省需要用于江苏实施义务教育的经费为23 635 596元，师资培训费为22 158 360元，开办费为49 240 053元，三批款项共计95 034 009元，而江苏省政府用于义务教育的财政支出只有48 906 079元，缺口达48.54%[③]。中央政府财力不济，导致地方政府在扫盲政策执行上大打折扣，民众学校和需要接受识字教育的平民没有足够的资金维持识字运动的良性发展。民国时期的识字运动虽然并未达到预期的效果，但此项运动启蒙教育的理念已深入人心，以识字入手的平民教育模式一直延续到了新中国成立。

① 储诚炜．破解“三农”难题：农民教育发展研究[M]．北京：光明日报出版社，2013：50.

② 于锦恩．民国注音字母政策史论[M]．北京：中华书局，2007：283.

③ 此数据参照国民政府教育部有关公报第一卷至第十一卷，数字来源于华南师范大学于锦恩教授关于民国时期识字运动和语言学研究相关学术成果。

2. 建党初期和抗战时期中国共产党领导的扫盲识字运动的经验

中国共产党的群众基础是工人和农民，而这两个群体的受教育程度普遍较低。中国共产党要向他们宣传救国真理，就需要提高工人和农民的基本素质，而提高人的基本素质，应从识字教育开始。1921—1923年，建党初期，一些初步具有马克思主义思想的知识分子发起并组织开展了扫盲识字运动；抗日战争时期，各根据地根据抗战需要，结合农时特点，开展了冬学运动。这些运动是新中国成立初期扫盲识字运动的序曲，为扫盲识字运动和农民教育工作的开展提供了宝贵的经验。重视农民教育是中国共产党一贯的教育政策，党采用的策略就是相信农民，发动农民，依靠农民，教育农民。

(1)建党初期的扫盲识字运动和农民教育工作。

中国共产党建立初期，在认真研究我国社会现状的基础上认识到农民是中国革命的依靠力量，原因很简单，农民占全国人口的绝大多数，长期受“三座大山”的压迫，他们有强烈的革命意愿。因此，党极为重视发展农民在革命上的作用。首先要提高农民的觉悟，而提高他们觉悟的前提就是要提高他们的基本素质，由此得出，只有加强对农民的教育，积极发动农民，革命目标才能早日达成。在《共产党》第三号上发表的《告中国的农民》一文中，就明确了农民在中国革命中的作用和地位。文章指出：中国社会是农民占绝大多数的社会，革命不管是在准备期，还是在实行期，他们的力量都不可小视，我们只有教育他们，提高他们的阶级觉悟，发动他们起来进行阶级斗争，我们进行的革命事业和共产主义事业就有了很大胜算。建党初期，以陈独秀、李大钊、邓中夏、毛泽东等为代表的中国共产党人，深受民国时期的平民教育运动和西方先进的教育思潮影响，更为重要的是，他们在看待中国农民教育问题时，不仅仅是停留在改良性质的平民教育上，他们虽然受到平民教育的影响，但又超脱平民教育思潮的束缚，希望从以农民为主要对象的平民教育实践中探索出一条以土地制度变革为中心内容的革命发展路径。因此，他们在参与平民教育的实践中更有开拓意义。邓中夏在天津创办的农民夜校，毛泽东在长沙创立的农民补习学校，彭湃在广东海丰办的农民学校，均是我党早期开展的教育农民、发动农民的实践活动。1924年12月月底和次年年初，邓中夏在《中国青年》发表了《论农民运动》等文章，通过具体事实的分析，澄清所谓中国农民受地主的压迫不如外国“厉害”和农民“散漫”“不易集中”“落后”“苟安”“难以加入革命”等言论[①]。1922年7月，彭湃在海丰县赤山创办了中国第一个农会，于第二年元旦，主持成立了海丰县总农会，并任总会长；他还提出了总农会的奋斗纲领：“图农民生活之改造，图农业之发展，图农民之自治，图农民教育之普及。”[②]大革命期间，澎湃在广州创办农民运动讲习所。

早期共产党人通过对中国社会进行深入的调查发现，中国普通民众，尤其是农民，文化水平低，思想觉悟不高，这是一个不争的事实，要达到教育农民的目的，应从扫盲识字开始。中国共产党人通过讲故事、读小说、看图画和聊天访谈等形式提高民众的认识能力，在识字教育的同时，逐渐渗透共产主义思想，以提高他们的思想觉悟，为以后发动农民运动做好思想准备。形式多样的识字教育方法深受广大工人和农民的欢迎，取得了良好的教学效果。早期共产党人进行的农民教育实践活动是中国共产党进行农民运动的开端，一些较为有效的方法和经验为以后的扫盲识字运动和农民教育奠定了坚实的基础。

（2）抗战时期根据地的冬学运动。

“冬学”是根据农民农时特点，选择农民较为闲暇的时间段进行农民教育的实践活动。一般来说，农时最清闲的时段是冬天，在这个时段实施民众补习教育，是切合实际的，收益也是很理想的。这种形式的教育不是中国共产党人的首创，它在我国有着悠久的历史。中国农村社会，尤其是北方，漫长的冬季是民众用来识字读书的好时节，最早的教育模式是口口相传，互助互学，形式不拘一律，寓教于乐。这种教育模式简便易行，见效快，深受农民欢迎。“冬学”一词的渊源最早至少可以追溯到南宋时期，陆游在《秋日郊居》一诗中曰：“儿童冬学闹比邻，据案愚儒却自珍。授罢村书闭门睡，终年不著面看人。”其自注：“农家十月乃遣子入学，谓之‘冬学’；所读《杂字》《百家姓》之类，谓之‘村书。”[③]

抗战时期，陕甘宁边区政府和全国各个根据地在中国共产党领导下，一边坚持敌后抗日，一边针对当时根据地地瘠民贫、农民文化水平偏低的现实，延用“冬学”这一传统教育模式，在不耽误农事的情况，广泛开展扫盲教育与社会教育，并将这种教育作为国防教育的重要形式。“冬学”这种教育模式在发动农民抗日救国方面，取得了非常大的成绩。“冬学”在抗战期间成为陕甘宁边区政府

① 范忠程．近代湖南与近代中国文史论集［M］．长沙：湖南师范大学出版社，2012：200.
② 广东省地方史志办公室编．父辈的足迹［M］．广州：岭南美术出版社，2009：368.
③ 行龙．回望集体化—山西农村社会研究［M］．北京：商务印书馆，2014：374.

和各根据地"最大量、最经常、最有效"的一种教育组织形式。陕甘宁边区通过开展冬学运动，在不影响生产的前提下使广大干部群众提高了政治觉悟，有许多人摘掉了文盲帽子。有历史资料记载：1940年，陕甘宁边区政府开办的"冬学"机构就有965处之多，登记在册的受教育人数就有21 689人。1939年年底，晋察冀边区开办的"冬学"机构更多，高达5 379处，受教育的人数超过39万人。1941年，山东泰山区，有1 879处"冬学"机构，参加"冬学"的人数也达到了82 139人①。

"冬学"在提高农民抗战意识和抗战必胜的信念上，发挥了重要作用。中国共产党领导的"冬学"运动有其深刻的社会背景和历史原因，也是当时客观条件下我党主动采取的一种应对策略。抗战到了相持阶段，各根据地遭到日军反复的疯狂的"大扫荡"，国民党反动派也对抗日根据地进行封锁包围，根据地的抗战条件尤为艰难，为了争取抗战的胜利，不破坏抗日统一战线，中国共产党采取了一系列应对政策，其中包括要求全党加强对人民群众的教育动员，鼓励广大人民群众积极参与"冬学"运动，提高人民群众的思想觉悟，等等。这也是中国共产党克服困难，发动群众，自力更生的一种新尝试。

中国共产党领导的各根据地的"冬学"运动是经过精心计划的，其最典型的特色就是长期有序进行。根据"冬学"的规模和学习任务来看，"冬学"的中心任务就是选拔师资，宣传发动群众，组建"冬学"组织，选编"冬学"教材等。在这些中心任务中，唯有选拔师资尤为重要。这主要是因为当时根据地的知识分子较少，为此，各根据地发动群众寻找当地的知识分子，经过短期培训之后，充当"冬学"的师资，但仅用这一个渠道搜寻师资是非常不够的。为此，各根据地发动干部和在校学生担任"冬学"的教师。此外，还创立了"小先生与集体学习制"来缓解当时师资缺乏之困。在推行"冬学"的实践中，根据"冬学"政策和相关文件的精神，各根据地在充分考虑当地的生产和生活等具体实际，量力推行。在学习内容上，严格遵守学用一致，将教育与生产实践密切结合起来，以扫盲识字、文化普及为主要内容引导农民加强自我素质的提升。在编写文化普及教材时，融入抗战战时政策与法令、抗战教育、卫生防疫、农业生产技能常识、土地改革、军

① 以上资料原始数据前两项分别来自延安《新华日报》在1944年6月6日和1940年6月11日的文章，具体是吕良的文章《陕甘宁边区的社会教育》和中共晋察冀边区党委《关于边区冬学运动总结摘要》；第三项数据参考皇甫束玉的著作《中国革命根据地教育纪事（1927.8—1949.9）》（教育科学出版社1989年版）第195页。

事知识与技能、国际国内形势等内容，能有效地将扫盲识字、文化普及、思想觉悟提升和生产实践紧密联系起来。以陕甘宁边区为例，边区教育厅规定：星期一至星期六的课程中，军事、政治、国语各占25%，唱歌、抗战常识和珠算各占8%，余下的1%的课时均安排在星期日，一般是上午开会，邀请干部做时事政治报告，让广大群众了解国内外抗战形势，下午多执行野外演习或其他活动。“冬学”的方式多样，且灵活多变，在教学方法上选择了适合当时根据地民众学力水平的简单通俗、新颖直白的方法，比如陕北的信天游、漫话、木刻、秧歌、戏剧等民间艺术表现形式，深受群众的欢迎。这些艺术形式经“冬学”委员会和艺术工作者的改造，成为当时各根据地最重要、最有效的教育方式。除此之外，还在学员中开展学习竞赛，广泛利用榜样来调动学员学习的积极性，“冬学”的效果基本达到了预想的效果。

“冬学”还有一套考核体系，一是可以检验“冬学”的效果，二是可以发现“冬学”存在的问题，为下一年度“冬学”运动的开展提供可借鉴的经验，避免同样的问题发生，影响到“冬学”运动的效果。

“冬学”的意义在于在艰苦的抗战时期，使民众学习的热情高涨，这在很大程度上提高各根据地人民群众的文化水平。农民参加“冬学”运动，无论是从人数上，还是效果上，都是历史上“冬学”运动无法比拟的，以陕甘宁边区为例，1940年共开办965处“冬学”，有21 689人参加学习①。不仅如此，“冬学”运动由于实施的是全面抗战教育，各根据地民众的民族意识普遍得到激发，政治觉悟也得到普遍提高，他们无论是在学力水平上，还是在思想上，均达到了可以完全理解党的政策和方针的水平，这为加强抗战力量，争取抗战的最终胜利提供了巨大的助力。同时，“冬学”运动中，中国共产党人已经与人民群众建立了良好的情感，他们与人民群众同吃同住，在群众中树立了良好的威信，这也极大地提高了党在人民群众中的号召力，为根据地的政权建设、地方支援抗战等工作提供了坚实的保障。更为重要的意义还表现在，“冬学”运动通过社会教育让农民摆脱了旧习俗的束缚。

从中华民族整体素养提升的视角来看，各根据地开展的“冬学”运动实质是中国共产党领导的，依靠广大农民的一次乡村革命。当然，这次“冬学”运动的经验也为新中国成立后开展的全国性扫盲运动提供了宝贵经验。

① 关保英．陕甘宁边区行政法概论[M]．北京：中国政法大学出版社，2010：393.

3. 新中国成立初期扫盲识字运动的现实要求

1949年，新中国成立后，据不完全统计，当时中国文盲率为70%~80%，农村的文盲率还要高一些，学龄儿童毛入学率不足20%，全国大约有3亿文盲，占全国总人口的80%以上[①]。这严重制约了新民主主义发展和国家工业化的实现。

中国共产党向来是重视农民的，共产党取得政权的重要依靠力量就是农民。在革命实践中，中国共产党人以群众路线为指导，教育农民、发动农民。严峻的社会现实告诉广大农民群众，一定要提高自己的文化素质，为百废待兴的新中国各项事业提供人力资源上的保障。人民群众一定要掌握具有现代意义的先进知识与工农业生产技能，而学习先进知识与工农业生产技能需要提高农民文化水平。因此，在这种形势下，识字率就成了衡量一个国家发展水平的标准体系中的一个指标，虽然并不是关键指标，但可以从一个侧面看出一个国家的发展水平。原因很简单，一个国家的国民识字能力不高，是无法实现现代化目标的。

比较国外新生政府的经验，大规模的扫盲识字运动是各个发展中国家在成立初期的普遍做法，是经济、文化迎头赶上发达国家的超越式发展模式的举措之一。自民族独立、国家解放后，许多国家的政府都在极力提升国民的基本素质。20世纪50年代的中国，吸取了诸如印度、巴基斯坦、泰国等国在扫盲教育中的经验，开展扫盲识字运动，取得了不俗的成绩。

新中国成立后，教育部就于1949年12月5日颁布了《关于开展1949年冬学工作的指示》，明确规定，1949年"冬学"的中心内容包括政治和文化两方面，并对"冬学"的内容、教材、师资等提出了具体要求。不久，教育部于1949年12月23日至31日，在京召开了第一次全国教育工作会议，会议提出，争取在1951年前筹划好开展全国性扫盲运动。1950年秋，教育部联合中华全国总工会召开第一次全国工农教育会议，会议一致同意，推行识字教育，分步、分批减少文盲数量。

1950年12月14日，经政务院批准，并向各地转发的《关于开展农民业余教育的指示》中明确规定了扫盲的对象和脱盲的标准。该文件指出，扫盲的重点在农村，扫盲的路径是从农村干部推广到一般农民；要求在三年间，每个人识字的个数超过一千个。1951年国庆，政务院颁布《关于改革学制的决定》，该文件

---

① 中央教育科学研究所. 中华人民共和国教育大事记(1949—1982)[M]. 北京：教育科学出版社，1983：76.

指出:扫盲学校的教育对象就是失学青年和成年人。这实质上是把扫盲教育纳入正规学制,此后的扫盲教育制度均是在这个基础上不断健全的。这一时期政府出台一系列的政策,使农民识字运动和农民教育运动得到空前的发展。

(二)扫盲识字运动的具体措施

新中国成立伊始,为了巩固新生政权和发展经济,开展了我国历史上规模最大、时间最长、最系统化、针对性最强的扫盲识字运动。这次扫盲识字运动持续时间达十年之久,共形成了四次扫盲识字高潮。

最早的一次扫盲识字运动高潮于1952年开始,《人民日报》发表社论号召各地积极推行速成识字法。同年9月,教育部与中华全国总工会在京联合召开了全国扫盲工作座谈会,会议一致认为:在人民群众和广大工农干部中扫清文盲是新生的共和国经济建设与文化建设中的一件大事,更是一件紧迫的政治任务。根据党中央、中央人民政府委员会的提议,1952年11月5日设立专门负责规划发展扫盲识字运动的领导机构——中央扫除文盲工作委员会。

第二次高潮发生在1955年。在中国共产党七届六中全会中,毛泽东同志明确提出:“扫盲运动,我看要扫起来才好。有些地方把扫盲运动扫掉了,这不好。要在合作化中间把文盲扫掉,不是把扫盲运动扫掉,不是扫扫盲,而是扫盲。”[①]为此,毛泽东同志作为中国共产党第一代领导集体的核心,从日理万机的情形下挤出时间,亲自主持并制定了“每人必须认识1 500到2 000个字”的扫盲标准,这足见党中央是多么重视扫盲工作。在这种大好形势下,教育部、团中央也积极响应,组织实施扫盲工作,《人民日报》等多家国家级新闻媒体和各地方媒体形成全方位的宣传框架,大力宣传扫盲识字运动,由此,第二次扫盲识字运动自上而下积极展开。

1956年,社会主义三大改造完成,中共中央、国务院认为,当前的中心工作除了经济建设之外,就是提高农民的基本素质,于是,扫盲工作又一次被提出来。3月29日,党中央、国务院颁布了《关于扫除文盲的决定》,这一决定将扫盲工作提到了前所未有的高度,首次将扫盲定为国家发展的大计。

1958年,“大跃进”使国家在经济建设和社会发展方面遭到巨大损失,脱离事实依据的事频繁发生。第三次扫盲教育的高潮也在这种大环境下应运而

① 朱小玲.中国共产党民生思想研究[M].南京:南京师范大学出版社,2015:215.

生。其间，扫盲工作的成绩不可避免地具有浮夸问题和形式主义。

第四次扫盲识字运动高潮大致发生在60年代初。经过前三次的扫盲识字运动，从客观上来看，农村文盲较新中国成立初期有大幅度减少，但由于中国农村人口基数大，文盲数量还很庞大，加上没有及时巩固扫盲成果，“复盲”的现象尤为突出。随着山西万荣县“注音识字”经验在全国范围推广后，新一轮扫盲识字运动高潮被掀起。此阶段的扫盲成果可以归纳为十二字，即“加快扫盲速度，巩固扫盲成果”。

党中央和中央人民政府领导的扫盲识字运动，受益范围广，参与人数大，成效好，影响大。由于处于历史关键节点，它既有自己的特色，又有过去扫盲运动和“冬学”的成功经验，是当时结合实际情况创新的扫盲模式。

表2-1　20世纪五六十年代的四次扫盲识字运动高潮

	时间	标志性事件	具体内容
第一次扫盲高潮	1952—1955	全国扫除文盲工作座谈会召开	号召各地普遍推行速成识字法；教育部与中华全国总工会在北京联合召开了全国扫盲工作座谈会，号召在广大劳动人民及工农干部中扫除文盲；1952年11月5日，中央人民政府委员会成立中央扫除文盲工作委员会，为扫盲运动的开展设立了领导机构。
第二次扫盲高潮	1955—1958	七届六中全会	制定了“每人必须认识1 500到2 000个字”的扫盲标准；教育部、团中央等积极组织实施扫盲工作，《人民日报》等新闻媒体也极力宣传；1956年3月29日，中共中央和国务院发布《扫除文盲的决定》，将扫盲提到了空前的高度，第一次把扫盲作为国家发展大计。
第三次扫盲高潮	1958—1960		“大跃进”期间出现了第三次扫盲教育的高潮，其间不可避免地出现了一些浮夸和形式主义的现象。
第四次扫盲高潮	20世纪60年代初	“注音识字”运动	“复盲”现象比较严重；山西省万荣县的“注音识字”经验普遍推广。

1. 规章制度的健全和机构保障

没有规矩不成方圆，没有保障机制，任何事情也不可能做得尽善尽美。党和政府在扫盲识字运动一开始就重视规章制度的建设，并在扫盲识字运动推进的实践中不断完善相关机构和各项规章制度，确保扫盲识字运动有序、有节地进行。

1951年10月1日，由政务院颁布的《关于改革学制的决定》中就指出：扫盲的对象是失学的青年和成年人，同时将扫盲学校纳入正式学制。这就意味着扫盲教育已经成为党的教育事业的重要组成部分，此后，各种有关扫盲的规章制度和机构均在此文件的基础上不断完善和发展。新中国成立以前的扫盲运动创造了很多行之有效的方法，这是新中国成立后扫盲识字运动的宝贵财富。新中国成立前的扫盲领导机构，由于缺乏一整套确保扫盲工作顺利开展的规章制度，开展扫盲工作时受到很大阻力，甚至在一些地区寸步难行。为此，新中国成立后，在开展扫盲识字运动之前，教育部就制定了扫盲目的、施行标准、阶段学制、经费保障、考核验收办法，并编写了教材。“如在教育制度方面，规定各地要制订相应的学习纪律和学习方式。采取分班、分级、考试、测验、记分、升级、留级、结业、毕业等教学制度，平常进行测验，最后进行考试，成绩合格者，由政府统一发给识字课学习的毕业文凭或单科文凭以示脱盲。”①

1949年，中央人民政府下设的社会教育司、识字运动委员会是专门负责扫盲识字运动的最高领导机构。1952年11月5日，中央人民政府委员会第十九次会议通过决议：中央成立扫除文盲工作委员会，该委员会的首任主任是楚图南，副主任由李昌、林汉达、祁建华三位同志担任。委员会下设办公厅、农村扫盲工作司、城市扫盲工作司、编审司、研究室。因为农村文盲数量最大，所以农村扫盲工作司的任务最重。为了减轻农村扫盲工作司的负担，教育部在1952年又设立工农业余教育司，共同领导扫盲识字运动。1954年，国务院职能部门改革，中央扫除文盲工作委员会并入教育部，到此，全国的扫盲工作由教育部统一领导。

光凭政府的力量，完成扫盲的任务还是很艰巨的。为了发动知识分子、社会人士和所有识字的人参与到扫盲工作中来，1956年，党中央、国务院决定成立中华人民共和国全国扫除文盲协会（简称扫盲协会），陈毅任会长。扫盲协会的主要职责就是广泛动员和组织知识分子、所有识字的人参与到扫盲中，积极动员不识字的人走出家门，参加识字教育。扫盲协会在最大限度内帮助政府落实扫盲政策，与其相配套的是，各省份也相继设立了地方性扫盲协会。这些机构在贯彻有关扫盲的国家方针上发挥了重要作用，它们根据各地的具体实际，制定适合本地特点的扫盲计划，饱含热情地参与到全国性扫盲工作中来。

2. 汉字的简化和扫盲识字运动的开展

新中国成立后，政府开始着手提高人民群众的综合素质，鉴于当时人民群

① 储诚炜．破解“三农”难题：农民教育发展研究[M]．北京：光明日报出版社，2013：60.

众的基本素质现状，这项工作首先要从扫盲开始，为此，政府经过精心准备、周密计划，开始发动大规模的扫盲识字运动。1950年9月20日，在由教育部和中华全国总工会联合发起召开的第一次全国教育工作会议上，时任教育部部长的马叙伦在大会开幕时就提出，鉴于当前工人和农民的文化程度，工农教育开展要以扫盲识字教育为主。在扫盲运动中发挥重要作用的是识字教材。在扫盲教育实践中创新的"注音识字"和"汉字简化"，也在一定程度上促进了扫盲识字运动的顺利开展，推动了扫盲进程，同时它们在防止新文盲的产生，提高全民族的素质上发挥了积极的作用。

1952年，政务院文化教育委员会在党中央的指示下着手创建一个旨在管理文字改革的专门机构——中国文字改革研究委员会，来统筹、规划和实施汉字简化改革，其目的是提高农民脱盲的速度。该机构并不直接参与扫盲识字运动，而是为扫盲识字运动提供技术上的支持，因此它的主要职能就是调研、实施汉字简化问题。次年，毛泽东同志强调，简化汉字要多研究草体，从中找到简化之规律，在保证基本形体不变的前提下，遵循规律简化。

为了满足文化水平较低的人民大众提高识字的速度，首先要将汉字的数量缩减，但光数量上的缩减是不够的，因为在书面语表达上会出现很多问题，为此，中国文字改革研究委员会经过调查研究得出，只有从形体和数量上同时精减，才能算得上真正的汉字简化。1954年年底，国务院机构改革，进行调整的机构就有中国文字改革研究委员会，它被改组为国务院直属机构，名称改为中国文字改革委员会。1955年1月，该委员会在前期调研的基础上，初拟了《汉字简化方案草案》，并于次年1月提请国务院常务会议审议，月底正式公布，广泛征求各方意见。到了1964年5月，经过近十年的汉字简化研究，中国文字改革委员会才编印出《简化字总表》。

在汉字改革和扫盲识字运动如火如荼进行的大前提下，解放军某部一名叫祁建华的战士，经过长时间钻研文字规律，创造了一种"速成识字法"，并在中国文字改革委员会的指导下，将其推广到全国，使扫盲识字运动达到了高潮。他以一千多个常用字为研究对象，以表列的方式，将每个字和它对应拼音一一对应起来，制成了两大张生字表，这两大张生字表的目的就是让识字者借助拼音这一辅助识字工具提高他们的识字速度与效率。识字者在学会拼音符号和拼音之后，可以利用它知道字的读音，并实现从会读到会讲，最后通过一定的阅读、写字、造句训练等形式对所学的字进行巩固。这种做法既实用，又有效，因此，在全国范围得到了迅速推广，取得了轰动性效果。为此，毛泽东同志还在特意将祁建华誉为“名副其实的识字专家”，刘少奇同志更是称赞他为“当代仓颉”。因此，祁建华被中央任命为中央扫除文盲工作委员会副主任。据不完全统计，仅1951—1952年，全国就建立了4 368个“工厂速成识字实验班”。由于祁建华创新的“识字速成法”效果显著，不少地方也希望能加速扫盲的步伐，在编写识字教材时都以追求速成为原则。

3. 扫盲识字运动与农村干部教育

客观地说，新中国成立之初，国民的整体文化水平比较低，当时一些党员干部的文化水平也普遍不高，高小文化水平占了绝大部分。根据1950年3月中共中央组织部部长陆定一接见苏联驻华代办谢巴耶夫时通报的材料，当时华北有150万党员，其中130万是文盲或半文盲。在区委以上领导干部中，近50%没有文化或文化不高[①]。在农村里，党员的文化水平就更不乐观，农村党员干部不识字率达85%，他们不仅不能读书看报，还奇缺科普知识和政策理论水平。在农村，封建迷信思想泛滥，影响了农村经济与社会的发展，也给党的各项政策的落实带来不少困难。这在一定程度上增加了新中国建设与发展的负担。因此可以说，农村党员干部的扫盲是扫盲识字运动达到预定目标的关键。

1949年，由中国共产党倡议的政协会议在京召开，当时具有宪法效力的《中国人民政治协商会议共同纲领》明文规定：加强劳动者的业余教育和在职干部教育……以应革命工作和国家建设工作的广泛需要。1953年9月，由于认识到干部教育（尤其是农村基层干部）的重要性，由政务院文化教育委员会发起的第一次全国干部文化教育工作会议在京召开，会议讨论并通过了干部文化教育的目的、方法、步骤、管理等问题，会议的一个核心议题是农村干部的扫盲问题。1955年7月，第一届全国人民代表大会第二次会议决定，“一五”计划中正式把干部教育纳入其中，并提出：“训练培养各项建设人才，提高在职干部的理论、政策、业务、文化、技术的水平。”[②]

党中央、政务院为提高农村干部扫盲效果，除了要求干部要和农民一起参加扫盲识字运动之外，还要参加不定期或定期的工农速成班和农村干部文化补习学校的学习。考虑到农村干部既要从事农业生产，又要管理好农村各项具体事务，党中央和政务院要求农村干部文化学习要与解决实际问题相结合，在干

① 沈志华．苏联专家在中国（1948—1960）[M]．2版．北京：社会科学文献出版社，2015：89.

② 吴林根．中国共产党干部教育九十年[M]．上海：东方出版中心，2011：216.

中学,在学中干。1950年12月14日,由政务院发出的《关于举办工农速成中学和工农干部文化补习学校的指示》中指出:提高工农干部的文化水平对新中国的经济建设意义非凡,因此,他们的文化水平一定要与经济建设相适应,人民政府要给予广大党员干部以专门的教育,把他们培养成为新时代的知识分子。在该文件的促进下,全国各地开始有计划,有步骤,根据各地的实际情况创办工农速成小学和工农干部文化补习学校,并根据他们的学历水平,将他们分配到相应的班级学习,给予他们恰当的文化教育。据当时的统计,仅在1950—1955年,全国创立的干部文化补习学校(班)、工农速成中学和大学预科,帮助3万多名干部、劳模、产业工人提高了文化水平,他们成为全国各地农民扫盲识字运动的主力军。他们的示范作用在广大人民群众当中形成了较好的榜样作用,已经"脱盲"的农民转而也成为扫盲识字运动中的施教者,随着运动时间的延长,施教者越来越多,受教者也越来越少,在整个扫盲运动中形成了良性循环,其扫盲的效果在不断扩大。

4. 效果的实用性和形式的多样性

农民群体识字时间、学力水平上的特殊性决定了他们在扫盲识字运动中也有一定的特殊性,考虑到这一特殊性,扫盲识字运动一开始就选择在农闲时间强化扫盲识字教育,采用新颖灵活的教学方式,激发他们的兴趣和积极性,在实践中逐渐摸索出非常有效的教育模式和教法,扫盲效果也非常显著。这些经验性的做法主要表现在以下几个方面:一是编写识字课本时,以提高实用性为原则,在总结归纳各地成功的识字教学经验的基础上采用了很多通俗易懂的插图、民谣等形式,课本重视形象思维,农民学起来非常轻松。1955年,中央发出了《关于编写三种识字课本的指示》,再次重申了编写识字教材的重要性,要求各地扫盲识字运动的领导机关重视本地风土民情,将其融入教材,编出切合当地农民使用的识字课本。比如湖南常德市业余教育办公室20世纪50年代编写的《速成扫盲课本》就是比较实用的一本教材,在当地扫盲运动中所起的作用很大。二是重视农业生产和农民生活的实际在扫盲识字运动中的作用。比如,教材中纳入农民的名字、村庄的名字、家庭成员的名字、生产生活物品的名称、农活名、作物名、年月日、数字及用于记账的文字和语言等,均与生产生活有着密切的关系,这种编写风格,既切合了农村的具体实际,又让农民习得文化,效果显著。三是在扫盲识字教育中采取紧中松,松中紧,松紧适度的教学模式。将居民小组编成一个班级,由于居住地址相近,他们便于互助学习,让学得快的帮助学得慢的，先学者帮助后学者，既识了字，又和谐了邻里关系。四是建立相对灵活的学习机制。即“不忙多学，少忙少学，大忙放学”，充分考虑到农民群体在生产劳动中的特殊性。五是在学习进度上不强求统一，在内容安排上强调先易后难，循序而进，重视复习旧知识的作用。在识字初期，课程门类不宜过多，教学内容也不能太重，让农民在学习过程中充分体验成就感，以激发他们继续学下去的热情；随着他们文化水平的不断提高，学习速度可以适时加快，学习难度也应适时加大。另外，巩固识字成果也是扫盲识字学习的又一重点。六是在教学手段上，将扫盲识字与普通教育的课堂教学区分开来，强调采用多种形式，尝试不同的方法来扫除文盲。当时除了使用新颖的识字课本之外，还经常通过电影、广播、演戏等方式来提高农民识字的热情。

5. 差异性特点下施教模式的多元化

中央政府主导的扫盲识字运动，因为政策相同，所以在全国各地推行时有共同特点，但是我国幅员辽阔，地大物博，各地风土民情的多样性也是客观存在的。因此，新中国成立初期的扫盲识字运动呈现出地方特色，各地进行扫盲的教学方式也是多元化的。这种地方差异主要表现为新区、老区的差别和经济、生产上的差异。此外，学习个体自身也存在差异性，比如性别、年龄、兴趣、性格、能力等，当然，也包括各地政府执行力度的差异。除了以上罗列的，还有各地农村干部和普通农民的关系差异，运动高潮期间和一般时期的差异等。相比来说，农村干部的文化水平普遍高于普通农民，学习积极性也普遍高于普通农民，正因为如此，他们的学习效果也优于农民。农村干部是首批扫盲对象，他们进步较快，使他们在后半期成了辅导其他人学习的施教者。

（三）扫盲运动中农民的心理与运动式扫盲的优劣分析

1. 扫盲运动中农民的心理误区与动力分析

新中国成立之后，轰轰烈烈的土地改革让农民分得了土地，他们的生产积极性空前高涨，尤其是在“翻身当主人”的观念影响下，主人翁意识与民族自豪感得到了极大的加强，农民的思想觉悟有了质的飞跃，生产和学习的积极性也比以往任何时候都要高。这一时期开展的扫盲运动，可以被认为是农民在政治上“当家作主”的需求，这也是为什么农民生产与学习热情高涨的重要原因。但不可否认，这一时期的扫盲也有些消极心理，主要体现在以下几个方面：

首先，在扫盲识字运动初期，农民学习的热情较高，但随着扫盲识字运动时间的延长，由于时间惯性和学习难度，有不少农民产生了畏难情绪，学习的积极性有所减弱，逃学、减学和懒学率在扫盲识字运动后期有所上升。

其次，一些农民在对学习文化的重要性的认识上存在差异，对扫盲识字运动产生了抵触心理，在他们看来，与其花那么多时间学习，还不如将时间用到生产中去。还有一些农民认为学习是干部的专利，农民不学习文化，对农业生产没有什么妨碍。1952年湖北省武汉市惠济区的“冬学”会议总结中就提到，农民中普遍存在“十二不学”的思想：吃不饱肚子不学，要出钱不学，寒天冷冻不学，年老的快进棺材不学，壮年要顾生活不学，青年没有文娱不学，民办教师上课不学，妇女要带小孩不学，记不住不学，没有电灯不学，没有书笔本子不学，老师不教不学。

再次，在农村中，很多老年人和妇女均认为，学习文化只是年轻人和男人的事情。在他们看来，妇女的主要工作就是在家操持好家务，抚养好子女，加上“女子无才便是德”的封建思想的禁锢，农村妇女参加扫盲识字运动的积极性不高，甚至还有些人对妇女参加扫盲识字运动持嘲讽态度。老年人自认为年龄大了，学不学习对自己的意义不大，加上记忆力不比年轻人，这边学了那边忘，瞎耽误功夫，他们参加扫盲识字运动的积极性也不高。

最后，在最初的学习热情逐步丧失后，农民对扫盲识字开始带有功利主义色彩。有不少农民认为识字、学文化不能带来物质方面的改善，于是他们的学习动机和动力明显不足。如有些地方的农民要求政府提供免费的学习文化课本，但拿到课本又不好好学习，甚至还有极少数农民要求政府给他“开工钱”扫盲。

总之，在新中国成立之初，农民在扫盲识字运动中的态度总体是端正的、积极的，部分农民有抵触心理也是正常的，虽然这些消极情绪会影响教育效果，但这是不可避免的。

2. 扫盲识字运动的优势和缺陷

分析新中国成立初期开展的扫盲识字运动，我们不难发现：采用运动方式是政府主导、全民参与、强制推行的模式，在意识形态上加强宣传，在资源上强化国家全局调配。采用运动方式是鉴于当时特定的历史条件作出的决定。

在评价采用运动方式推行扫盲识字教育时，由于强制全民参与，调集一切可以利用的资源强力推行，其效率是高的，这比新中国成立前的平民教育运动的效果好得多。新中国成立后，我国共有四次扫盲高潮，实践证明，运动式的扫盲识字教育是符合当时特定的历史条件的。

纵观我国历史，不难发现，“运动式治理”是传统社会常见的一种治理方式，这种国家治理方式以执政党在革命战争年代获取的强大政治合法性为基础和依托，通过国家官僚组织强大的意识形态宣传和严密的组织网络渗透，以发动群众为主要手段，以国家暴力机器为中介手段，在政治动员中组织社会资源以实现国家的各种治理目的，完成各项治理任务①。“运动式治理”，并不是一种常态治理手段，它的应用需要具备一定条件。“运动式治理”之所以在中国具有很大的应用价值，是因为它在中国社会有基础和存在的合理性。人民群众是党执政的基础，为此，在新中国成立初期，党仍然依靠群众运动来推行自己的政策，这有一定的进步意义，但“运动式治理”不是通过法治手段和行政方法来贯彻党的方针、政策，往往会导致“治理失灵”。在常态社会下，国家治理主导模式要求治理程序要合法、制度规范要合理、职能机构职责要分明，重视国家行政机构完善、国家资源有效利用和治理效果最优化。仔细分析“运动式治理”模式，它还有一个显著的特征，那就是以群众参与运动的积极性作为动力之源，以达到治理的目标。在梳理我国历史上“运动式治理”的成功经验之后，可以得出“运动式治理”的效力具有边际界限，负面效应也不小。黄小勇认为政治动员的负面效果主要体现在：动员式的开展方式超越法律规范和组织体系的正常规范，背离行政组织结构的理性化与制度化发展模式，会削弱和破坏正常权威和结构的施行效率，也降低法律控制的效力，破坏法律控制优先于行政控制的正当关系；动员方式的间歇性和局部性特征造成了管理上的间歇性和局部性，影响行政组织常规功能的正常履行，妨碍管理工作的常规化。最后，极端的动员模式所导致的社会秩序的混乱更是一场灾难②。

二、社会主义改造运动过程中的农民思想改造

新中国成立之后，我党就着手开始在全国范围开展社会主义三大改造。社会主义三大改造主要包括农业、资本主义工商业和手工业，其根本目的就是要将私有制改造成公有制。在土地革命时期、抗日战争时期的土地改革经验基础上，新中国成立后，农业社会主义改造首当其冲。伴随着农业社会主义改造的全面展开，对农民思想的社会主义改造也就成了这个时期农民教育的一大特

① 周凯．社会动员与国家治理：基于国家能力的视角[J]．湖北社会科学，2016(2)：51-57.

② 黄小勇．中国行政体制改革研究[M]．北京：中共中央党校出版社，2013：273.

色，更是经济基础对上层建筑的必然要求，它和中国共产党在不同历史时期的土地政策是相关联的，指明了我国农村社会发展的方向，也是毛泽东农民教育思想和农民改造思想的具体体现。

（一）农民思想教育

1. 农民思想改造的历史背景和毛泽东农民教育思想

毛泽东同志早在湖南创办农民讲习所时，就分析得出，中国的问题关键在农民。农民是我国革命的主要依靠力量，中国革命要想早日取得胜利，就要教育农民积极参与到轰轰烈烈的革命中来，发挥他们在中国革命中的主体作用。无论是在战争年代，还是在和平建设时期，毛泽东同志均非常重视农民教育，他在不同的会议上，在各地考察时，都发表了重视农民教育的讲话。毛泽东农民教育思想是毛泽东思想的重要组成部分。他提出的“严重的问题是教育农民”的论断，是对中国国情和农村社会进行深入调查后做出的科学判断，它对当时甚至是现在的农村社会发展和农民教育有着深远的影响。

1840年鸦片战争之后，我国开始沦为半殖民地半封建社会，面对列强的蚕食，中华民族到了最危急的时刻，屈辱的历史让一批批具有先进思想的爱国志士开始了救亡图存的探索。如“实业强国”“改良救国”思想纷纷诞生，年轻的毛泽东也受到维新时期流行的思想的影响，尤其是倾向于梁启超推崇的“教育救国”思想。他在深入分析我国国情和社会结构后得出一个科学的结论：教育救国应从农民教育开始。

毛泽东还是长沙第一师范学校的学生时，于1918年4月创建新民学会，该学会的根本宗旨就是通过教育造就一批批能振兴国家的“新式农民”。他对农民有着天然的亲近和深入的了解，也表达了对农民处于社会最底层的不满，旗帜鲜明地批判了传统文化和旧式教育体系剥夺农民受教育权利的历史事实。毛泽东在1927年3月发表的《湖南农民运动考察报告》一文中，有一段生动的论述：“中国历来只是地主有文化，农民没有文化。可是地主的文化是由农民造成的，因为造成地主文化的东西，不是别的，正是从农民身上掠取的血汗。中国有百分之九十未受文化教育的人民，这个里面，最大多数是农民。农村里地主势力一倒，农民的文化运动便开始了。”[①]

① 吴洪成. 中国近代教育思潮新论[M]. 北京：知识产权出版社，2016：336.

单从社会结构上来看，中国社会最大的群体是农民，且他们都处于社会最底层，物质生活条件极差，希望改善生活窘状的愿望非常强烈，因而他们倾向革命，易于接受革命思想，从事革命事业。在权利严重受损的情况下，农民革命热情最高，革命也最彻底、最坚定，是决定中国革命胜利的关键力量。1936年，毛泽东在延安会见美国作家斯诺时说："谁赢得了农民，谁就会赢得了中国；谁解决土地问题，谁就会赢得农民。"[①]"若无农民从乡村中奋起打倒宗法封建的地主阶级之特权，则军阀与帝国主义势力不会根本倒塌。"[②]虽然农民的革命性较为坚定、彻底，但也存在自身的弱点。毛泽东在革命实践中充分肯定了农民革命性的同时，也分析归纳了农民自身的弱点。具体来说，主要表现在以下几个方面：一是缺乏历史使命感，二是认识狭隘，三是迷信愚昧，四是组织涣散。在革命实践中，只有不断克服上述缺陷，农民革命的纯洁性和先进性才有保障；也只有保障了农民革命的纯洁性和先进性，中国革命才能最终取得胜利。新中国成立前夕，毛泽东在思索中国共产党如何执政的课题时，撰写了《论人民民主专政》，文中强调：中国经济与社会建设的主要问题是农民问题，而农民问题的关键是教育农民，鉴于农村经济是分散的客观现实，我们应借鉴苏联的经验，要对农民进行长期的、细致的工作，实现农业社会化[③]。毛泽东还认识到农民在建设新中国的重要作用和农民长期从事小农经济的局限性，并认为要想发挥农民在新中国建设中的重要作用并避免其局限性，就一定要加强对农民的教育和改造。

2. 毛泽东农民教育和农民改造思想的特点

作为中国共产党人杰出的代表，毛泽东同志在长期的革命实践中深刻地认识到中国农村的特殊性和农民的本质属性，并对如何教育农民提出了自己独到的见解，他对农民的教育与改造思想是我党第一代领导集体的智慧。

第一，在对农民进行教育与改造时，毛泽东同志强调一定要确保思想统一。在对农民进行思想道德教育的实践中，要牢牢将政治教育放在首位，这是实现在思想上和政治上改造农民的有效策略。在教育农民克服自身弱点时，毛泽东同志特别强调无产阶级的思想领导，他认为无产阶级思想领导的问题是一

① 洛易斯·惠勒·斯诺．斯诺眼中的中国[M]．王恩光，申葆青，许邦兴，等译．北京：中国学术出版社，1982：47.

② 汪洪．毛泽东民本思想研究[M]．北京：文化艺术出版社，2006：151.

③ 周建伟，陈金龙．为什么"严重的问题是教育农民"？——毛泽东农民理论的一个解读[J]．现代哲学，2008(1)：59-66.

个非常重要的问题。边区各县的党员,几乎完全是农民成分的党员,若不给以无产阶级的思想领导,其趋向是要犯错误的①。

第二,在对农民进行教育时,国家资源要对农民教育绝对支持,同时还要确保党组织在农民教育中的领导地位。中国的社会结构是农民占绝大多数,且文化程度偏低,在农民教育和培训中,国家资源被党和政府调动起来支持农民教育,全面的物力、财力和人力调配确保了农民教育的顺利推进。毛泽东同志号召:各地政府与党组织,均应将报纸、学校、艺术、卫生四项文教工作,放在自己的日程里面②。毛泽东同志还不止一次地谈及,我们重视农民教育不应仅停留在口号上,各地党和政府要根据各地的实情,采取一切可以采用的措施,切实把农民教育事业搞起来。如开办不用农民投入一分钱的夜校扫盲教育;举行以出勤折算为工分、计为劳动报酬的农民群众大会,激发农民接受教育的热情;不定期地让"宣传车"进村进行法制、国家政策宣传等。这种带有国家意志动员的、政府组织国家资源支持的、大规模的农民教育方式,在新中国成立初期对农民教育起到了非常大的推进作用,使有关农民教育的各项工作真正落到实处,同时还体现了农民教育的快捷性、高效性,其意义非常深远。

第三,强调理论与实践相结合,农民教育与生产劳动相结合,提出农民教育的根本目标就是社会实践。要从中国农村社会环境与农民的自身素质出发,着手研究制定教育的原则、方针和具体措施。我们不能脱离三亿六千万农民去谈扫盲教育、普及教育、大众文艺教育和全民卫生教育,如果是这样,那么这些教育原则、方针和具体措施大半是空话废话。换言之,我们一定要对中国农民社会有详实的调查,对农民自身特点有深入的了解,这样才能制定出适合农民教育的各项方针、政策以及落实的具体措施。农民进行农业生产具有稳定的季节性,对农民的教育也应遵从这一规律,要与生产实际相结合。1958年9月,毛泽东同志曾指出:几千年来,都是教育脱离劳动,现在要与劳动相结合,这是一个基本原则。毛泽东同志根据过去创办农民讲习所的经验和对中国农村社会的深入调查,提出了半工半读、半农半读的教育模式和劳动模式,实行教育与生产实践相结合,并将其制度化。一大批农村中小学和共产主义劳动大学如雨后春笋般发展起来,这在很大程度上解决了当时农业生产缺人才、少技术等紧迫问题。

① 马军,齐爱兰. 毛泽东早期党员教育思想探究[J]. 人民论坛,2014(17):173-175.

② 毛泽东. 毛泽东文艺论集[M]. 北京:中央文献出版社,2002:113.

第四，毛泽东同志在分析革命性质时，就认识到农民教育和农民改造的作用。在长期的革命实践中，中国共产党教育农民，发动农民，依靠农民，取得了中国革命的最终胜利。在新中国建设上，也要教育农民，发动农民，依靠农民，社会主义新中国才能茁壮成长。上述结论，是毛泽东同志基于对中国近代社会的实情和社会性质的深入了解得出的。中国农民是人数最多、生活最贫困的一个群体，他们的经济状况极其艰难，同时还受到了帝国主义、封建主义和官僚资本主义三重大山的压迫，从这层意义上来说，“中国的革命实质上就是农民革命……农民问题，就成了中国革命的基本问题，农民的力量，是中国革命的主要力量”①。

通过研究分析毛泽东同志的农村革命理论和农民教育思想后，我们不难发现：这些理论和思想都是他基于对中国社会现实的深入了解，基于对中国农村和农民的细致分析得出的。在找到了导致农民深重灾难的根源是土地问题后，中国共产党就教育农民，发动农民，依靠农民进行轰轰烈烈的土地革命和土地改革，解决了农民的土地问题，这就将农民——中国革命的主要依靠力量发动起来了。在中国共产党的指引下，农民找到了改变自己命运的道路，并在这条道路上最终取得了新民主主义的伟大胜利。实践证明，毛泽东的农村革命理论和农民自我解放思想是顺应时代潮流的，是值得后世进行农民教育借鉴的。

毛泽东同志紧紧抓住了农民问题和土地问题这两个核心，形成了以土地为手段来动员和发动农民，以革命方式走出了一条与众不同的农民教育与农民改造之路。

（二）思想改造与经济改造互动进行

根据马克思主义哲学原理，我们知道经济基础决定上层建筑，那么思想改造作为上层建筑，它的实施也应建立在经济基础上。新中国成立伊始，我国正在着手开展社会主义三大改造，因为在土地革命和抗日战争时期积累了大量有关土地改革和激励农业生产的成功经验，所以农业的社会主义改造就成了这次社会主义改造的第一步。社会主义改造完成之前，我国还是新民主主义社会，正如毛泽东同志所说，这个社会，是一个过渡性社会，在社会主义三大改造完成之后，我国社会才演变为社会主义社会。社会主义三大改造是经济基础的彻底

① 储诚炜．破解“三农”难题：农民教育发展研究[M]．北京：光明日报出版社，2013：46.

变革，它必然会反映到上层建筑层面上，促进上层建筑的深入调整。同理，农业社会主义改造也会反映到农民思想上的改变，因此可以说，农民思想的改造既是党的政策的必然，又是适应农业改造的思想准备。

学术界一般认为，20世纪50年代初进行的农业社会主义改造的实质就是农业合作化运动，是以合作化道路为抓手来瓦解小农经济，从而为建立社会主义集体经济扫清障碍，是中国共产党在过渡时期总路线的关键内容。农业社会主义改造与当时农村的小农经济自身缺陷和农民的思想现状有着密切的联系。

土地改革后，农民从事农业生产的热情空前高涨，农村社会经济迅速发展，相比旧中国，农民的收入大幅提升。与此同时，小农经济的缺陷也逐步呈现出来，主要表现为以一家一户为生产单位的小农经济和个体手工业受到生产资料限制，生产过于单一，生产工具过于简陋，生产方法过于陈旧，根本形成不了农业生产的规模效应，这是阻碍农业生产力发展的重要因素之一。毛泽东当年指出，"农业的出路在于机械化"，但是小规模经营的农户普遍负担不起大中型机械的投资费用，而且高度分散的小规模土地也不便于开展机械化作业。以黑龙江地区为例，当时黑龙江地区平均每户只有一头耕畜，要完成耕种任务发展农业生产，就必须将农民组织起来，开展劳动互助合作，有组织地调剂人力、畜力，将大多数生产者组成生产互助组，这是非常必要和十分迫切的①。通过合作化可以逐步改变现存手工业中的生产关系，逐步把个体手工业者的生产资料由私有改变为集体所有。

随着农业社会主义改造的全面推进，对农民思想的改造也在同步进行。对于农民的思想的改造，我们可以从两个方面加以理解：一是由于土地改革之后，农村社会中出现了一些不利于新中国农业发展的思想，因此进行农业社会主义改造是相当必要的。农业社会主义改造的实践活动不可避免地受到文化上的、思想上的影响。二是土地改革打破了农村原来的经济基础与上层建筑的平衡，要想重新获得平衡，就需要对农民的思想进行改造。

（三）农民教育与社会和人的改造

新中国成立初期，农民思想改造是农民教育的中心任务，也是核心内容。这是中国共产党的农民教育理论和毛泽东思想中有关农民改造内容的表现。

---

① 中共黑龙江省委党史研究室. 中共黑龙江历史：第一卷（1921—1949）（下册）[M]. 北京：中共党史出版社，2013：670.

根据马克思主义哲学原理，农民思想改造还是农业社会主义改造在上层建筑上的真实反映，是党和政府针对当时农村社会现实进行的一场全国范围的人类改造运动和社会变革。

1. 新中国成立初期的社会改造运动和思想改造运动

新中国成立之初，由于当时经济上百废待兴，思想上一片混乱，开展一系列全国范围的社会改造和思想改造运动有利于统一思想，可以为社会主义建设奠定思想基础。可以说，社会改造的开展有三个立足点：一是历史遗留下来的，并未得到有效解决的社会问题；二是当时混乱的社会局面；三是严峻的国际国内形势。与社会主义三大改造相伴推进的思想改造运动的初衷是利用马克思主义思想与当时社会上流行的非主流意识进行斗争，最终实现对包括工人、农民、知识分子在内的社会各阶层的思想改造，帮助他们在主流意识形态上产生认同感，以此来巩固民众对政权的认同感。

(1)新中国成立初期的社会改造运动的发展历程。新中国成立初期的社会改造运动，其作用主要体现在以下几个方面：一是新中国成立初期混乱的社会局面得到了有效扼制，社会秩序逐步向好。经历了政府频繁更迭和长达百年战争的中国，社会治理异常严峻。生活在社会最底层的人们，由于思想觉悟不高，易受到反革命残余势力的金钱诱惑，成为社会安定的定时炸弹。为了提高这部分人的思想觉悟，将他们改造成为自食其力的合格社会主义公民，各地政府、公安机关在民政机关的通力协助下，将上述人员集中起来，进行以教育为主、以生产为辅的改造，比如劳动教养、收容改造，或是将其送进思想学习班进行教育，对教育中表现积极者，安置合适的生产岗位，使其成为自食其力的劳动者。二是在开展农民思想改造的同时，也在全国范围推行爱国卫生运动，旧社会遗留下来的不良卫生习惯被彻底清除，全民健康水平有明显提高。全民卫生运动的最初目的就是为了消除日军使用细菌武器遗留下来的潜在威胁和改变旧社会不科学的、落后的卫生面貌。这些运动是通过改变民众卫生思想观念达成运动目标的。到了20世纪60年代，爱国卫生运动开始由城市向农村转移，在农村实施爱国卫生运动的主要内容是“两管五改”①和旨在消灭困扰我国人民已久的传染病和寄生虫工作。相比城市居民来说，农民文化程度不仅低，思想还很顽固，卫生观念和习惯转变相对较慢，各种不科学的生活方式和陈规陋习普遍存在，

① “两管五改”是20世纪60年代开展农村爱国卫生工作的重要内容，两管是指管水、管粪，五改是指改良水井、厕所、畜圈、炉灶、环境。

要彻底改变农村这种卫生状态,就需要政府及各职能部门通力合作,动员广大人民群众积极参与到爱国卫生运动中来。三是强力取消娼妓,净化社会环境。娼妓制度在我国封建社会长期存在,它的发展与封建社会制度有着密切的关系。进入近代社会,中国一些城市和偏远农村仍有娼妓存在。新中国成立后,娼妓问题一直是党和政府极为重视的问题,党和政府颁布了一系列政策铲除娼妓制度,发动一切可以利用的资源对从业人员进行思想改造和社会教育。这类教育的主要形式包括学习班、形势政策报告会等,党中央和中央人民政府要求各地党和政府创造条件帮助从业人员学习劳动技能,获得自食其力的能力,让她们在劳动实践中体验到受尊重的成就感。可以说,新中国成立初期取缔娼妓、改造从业人员是成功的,社会风气得到了彻底的净化。政府创造条件为从业者转换职业,重新做人,使包括农民在内的广大人民群众受到了极大的教育,进取、自律、向上的精神风貌已经成为当时社会一道亮丽的风景线。四是加大了对封建残余势力、乡村恶霸等的打击力度。这一系列的社会改造运动对社会每一个角落里的陈淤污垢进行了彻底的清洗,占全国人口绝大多数的农民有了安居乐业的政治局面,同时农村的风气也得到净化,人们在这场社会改造过程增长了见识。

(2)新中国成立初期思想改造运动的发展历程。新中国成立之初,人民群众的思想转变得益于党领导的思想改造运动,以马克思主义思想为指导对包括农民、知识分子在内的人民群众实施思想改造。如政治学习运动、土地改革运动等,这些运动的发起部门、涉及领域、运动重点和方法均不同,对社会发展的作用也不尽相同。

毛泽东指出:“在建设社会主义社会的过程中,人人需要改造,剥削者要改造,劳动者也要改造……”[①]。我们在对不同人群的思想改造中,应用的改造政策和方法是不同的,如对地主阶级等剥削阶级的改造,是采取强制性改造,对领导干部的改造主要体现在反腐上。而对知识分子思想改造的重点是转变观念,要清除一些知识分子的劣根性并非是短时间内能完成的,而是需要长时间进行不懈的努力。在农民的思想改造实践中,毛泽东同志首先抓住了农民思想保守、革命性不彻底、纪律性差、自私自利等弱点,深入剖析了这些弱点导致的孤立、分散、守旧和落后的个体经济是阻碍农业生产力快速发展的最大障碍,只要

① 许俊达,等.马克思主义哲学范畴史述要[M].上海:上海社会科学院出版社,2015:299.

“稍微放松了对农民的政治工作，资本主义倾向就会泛滥起来”，而思想改造的最基本的方法是“向农民群众灌输社会主义思想，批评资本主义倾向”[①]。

2. 社会改造、人的改造和农民教育

根据德国学者鲁曼的观点，社会是差异和同一、分离与重构的统一，是在特定时间的结合体，更是部分与整体的耦合[②]。众所周知，对社会的改造一定要遵循社会原有价值观和政策设计，是改造主体基于特定的目标分步骤对社会进行全面改革的过程。从教育社会学视角来看，改造理论可分为社会传递理论、社会改造理论和解释论三种。社会是由人构成的，人既是社会改造的主体，又是被改造的对象。当然，社会改造的主要对象是人，此外还包括社会制度、政策、法律、风俗、风气等。首先，我们从社会改造的操作面来看，社会改造实践中的人一定会受到改造，因为没有人，社会就不可能存在，社会的改变，实质是多数人的思想观念的转变。其次，我们从社会改造的方式方法来看，如果没有对人改造的成功，社会也不可能有所改观。最后，从社会改造的目标和归宿来看，社会改造一定要达到改造人的根本目的。综合分析新中国成立之初的社会改造运动，大致可以分为经济层面、政治层面、社会层面、社会个体和制度层面的改造。其中，社会层面上的改造多与社会整治有关，比如整顿社会秩序，开展爱国卫生运动，取缔娼妓，扫清地痞无赖、乡村恶霸等。关于人的改造，前文已经论述到社会改造的中心任务是改造人，而对人改造的主要对象是知识分子，兼顾对领导干部、工人、农民等不同社会群体进行思想改造。

第二节　社会主义建设和探索时期的农民政治教育

新中国成立后，我党成为执政党，虽然可以借鉴的经验很少，但对如何将一穷二白、贫困落后的农业大国建设成为社会主义民主国家还需要进行艰苦卓绝的探索。学术界把这一时期称为社会主义建设和探索时期。这一时期的农民教育主要是指1956年社会主义三大改造完成之后人民公社建立至“文化大革命”结束期间的农民教育，其中最为核心的内容就是人民公社体制下的农民管理与农民教育工作。“文化大革命”时期的农民教育主要包括在农村开展的“毛泽东思想”学习运动、社会主义教育运动、知识青年上山下乡接受教育运动等。

① 吴晓林. 现代化进程中的阶层分化与政治整合[M]. 天津：天津人民出版社，2012：152.

② D. 波拉克. 鲁曼的宗教社会学[J]. 天山，译. 国外社会科学，1992(3)：54-60.

一、人民公社体制下农民政治教育的探索

人民公社体制是我国探索社会制度的一次大胆尝试,也是特定历史条件的产物。历史研究学家们对这段历史进行深入分析时发现:人民公社在制度建构与发展上均存在缺陷。这一时期的农民教育也是存在一定局限性的。

我们在正视这段历史之前,一定要明确“人民公社”也是数亿农民参与的一场实践活动。通俗地说,“人民公社”不仅仅是决策者们决策,也是占中国人口绝大多数的农民的辛勤劳作和起早摸黑的实践历练。

(一)人民公社体制下农民教育的发展

人民公社成立初期,十分重视农民教育,尤其重视文化和科技知识的传授,比如,在人民公社设立广播站向农民播送农业节目,设立农技站,手把手地向农民推广农业技术等。一个公社由若干个生产大队组成,而一个生产大队又由若干个生产队构成,每级生产队均创办了对农民进行文化和农业科技教育的培养机构(多数是以夜校的形式开展),这些机构还与城市的农科院所对接,成为人民公社时期农民学习的主要形式。由此,一场在人民公社体制下的科学种田运动在全国展开。

1964年,党中央号召全国农业科技工作者深入农村,以农村研究基地为平台,长期在农村蹲点,为农民提供农业科技指导服务与教育工作。作为我国农业科技研究最高研究机构,中国农业科学院有22个直属研究所,在全国范围内共建立了1 000多个农业科学研究基地和样板实验田,在这些基地里从事科学研究和农民教育的工作人员有2 600多人,是当时从事农业科学研究的全部人马。大批农业科技人员深入田间地头,无论是对农业科学研究,还是对农业技术推广均具有极大的促进作用。与此同时,农民也得到一次全覆盖的农业科技教育。20世纪70年代初期,“朝阳经验”是人民公社最具教育意义的闪光点,辽宁农学院朝阳分院以举办短期培训的形式,为人民公社、生产大队培养近万名各类农业技术人员。当时在全国范围推广的经验有以下几条:一是由人民公社、生产大队选派具有一定学习能力的农民到学校参加培训班学习,毕业后根据需要可以充实到农业技术员队伍,绝大多数回原来的人民公社和原生产大队当农民,他们将自己所学的知识与技能传授给其他农民,实现以点带面提升农民农业生产素养。二是根据农业生产的实际需要开展教学,创立以教学、生产

和科研为一体的农民教育体制。三是强调办学方式的灵活性，以“几上几下”推进农民教育。每年分批组织学员回到自己的社队，参加“农业学大寨”运动，让教育真正走到田间地头，走到农民中间。这里的“上”，就是让农民进入农学院进行较为系统的农业科技学习，“下”就是回到原来的社队，将所学的知识应用到劳动实践中去。在农民健康教育方面，人民公社取得的成绩是喜人的。由于当时农村医务工作者较少，农村看病难是当时最为突出的社会问题。为了解决农民看病难的问题，以“赤脚医生”为代表的中国农民健康教育是人民公社时期较为成功的案例。人民公社看病方便、快捷且医药价低，备受农民的欢迎。人民公社推行的医疗网络由人民公社向生产大队延伸，农民看病不再是问题，农民的健康意识也得到了普遍提高。人民公社作为我国曾经推行的一种治理方式，它最大优点在于对资源分配的超强掌控，保证了资源用于农民教育，确保了农村各项教育的效果。人民公社人多、资源多，能从宏观上进行调配，将资源用到最需要的地方。总的来说，人民公社体制弊大于利是一个不争的事实，虽然农民教育在这种体制下取得了一些成绩，但也改变不了它退出历史舞台的命运。

为了提高农业产量，提高生产队成员的生活水平，很多生产队将工作重心放在农民技能教育上，通过“传、帮、带”的方式，使一批批年轻农民迅速成长起来，成为农业战线的尖兵，但这种农民教育由于没有系统地传授农业理论知识，效果并不理想。推行的技能教育也只是停留在经验推广层面，根本达不到科学意义上的现代农业教育。1962年9月，中国共产党第八次全国代表大会第十次全体会议通过的《农村人民公社工作条例(修正草案)》第三十条规定：“生产队必须努力提高社员的耕作技术。要充分发挥有经验、有技术的老农民的作用，聘请他们当顾问，倾听他们的意见，认真研究他们的建议。要有计划地组织青年人学技术，提倡老手带新手。生产队在检查和总结生产的时候，要进行技术上的检查、评比，对于技术上有贡献的和积极传授技术的社员，应该给以奖励。”[①]客观地说，《农村人民公社工作条例(修正草案)》在实行中，效果并不好。究其原因，无外乎以下几种：一是生产队队员生产积极性并不高，没有农业理论知识支撑的农业生产技能的传授，含金量不高。在推行初期，生产队队员学得较快，但缺乏后劲。二是人民公社过于强调思想政治教育。这种教育在教化农

① 中共中央文献研究室编．建国以来重要文献选编(第十五册)[M]．北京：中央文献出版社，1997：533-534.

民、维护农村稳定中起到了一定作用,但是禁锢了农民创造意识。在人民公社体制里,公社对农民的生产和生活实行"十包",即包吃、穿、住、教、治病、死葬、理发、看戏、烤火和结婚。"十包"的中"教"指的是针对农民的思想政治教育和农业科技教育。

(二)以学习毛泽东著作运动为主要内容的农民教育

20世纪五六十年代,学习毛泽东著作是我国人民政治生活中的一件大事,其影响面之广,影响程度之深,是任何学习运动所不及的。包括农民在内的社会各个群体在党和政府的统一要求下,将所有的精力倾注到学习毛泽东著作运动中来。为了让广大党员干部和广大农民快速提高素质,适应新时代,党中央制定了一系列教育与改造计划,采用运动的形式加以推行,其中教育内容主要是学习毛泽东著作,工农学理论、学哲学的高潮就此掀起。毛泽东著作学习活动在农村开展有着自己的特点,也有一些值得当代人深入思考的地方。

农民学习毛泽东著作的特点之一就是和扫盲识字运动相结合,互相促进,既提高农民的识字水平,又对农民进行思想教育。学习毛泽东著作需要农民具有一定的文化水平,只有这样,学习才有效果。而当时,农民的文化水平非常低,文盲半文盲率高达70%。对于他们来说,学好毛泽东著作,深入领会毛泽东思想的精神实质,显然有较大的困难。因此,在文化普及和扫盲运动中,各地开展学习毛泽东著作工作略微降低了要求,只要求对个别句子进行记诵,重视毛泽东语录的记忆等,学习还是较为肤浅的。第二大特点是农民学习毛泽东著作具有相对滞后性。导致上述情况的原因还是农民的文化水平较低,学习一直处于被动状态,且收效甚微。从学习效果上来看,当时农民学习毛泽东著作硬性要求偏多,而在精神层面进行领会的较少。从学习形式上来看,农民学习毛泽东著作的形式是多样的,比如有现场学习心得交流会、报告会、研讨会、座谈会,还会组织一些学习榜样集中学习,评选"学习毛主席著作先进个人",印刷毛泽东语录口袋书,便于携带,农民可以在田间地头利用休息时间学习。虽然这些鼓励农民学习毛泽东著作的具体措施在一定程度上提高了农民学习的积极性,但农民对著作的精神领会并没有达到预期效果。第三大特点是农民学习毛泽东著作运动推进的方式是政策宣传、基层政府动员组织广大农民参与到学习运动中来,这样就不可避免地将学习推向了形式主义和教条主义。

(三)知识青年上山下乡运动中的农民教育

知识青年上山下乡运动是在特殊的历史背景下发展起来的一次大规模运动,绝大多数知识青年的命运因这次运动而改写。20世纪50年代,知识青年上山下乡运动最早是在农村落后现状得不到一时改变的情况下,党中央做出的战略决策,鼓励知识青年到农村去开展文化普及工作[①]。但到60年代,随着人口的增多,城市已经承载不了这么多人口,加上当时政治因素的介入,知识青年上山下乡的规模比50年代大了很多。运动的最初出发点,是让知识与实践相结合,同时是为了让年轻人迅速成长起来,让他们上山下乡接受"贫下中农再教育"。

知识青年上山下乡最早发生在20世纪50年代中期。当时发动知识青年到农村去的初衷有二:一是城市毕业生越来越多,城市提供不了这么多的就业岗位给他们;二是农业社会主义改造和发展对知识和人才提出更高的要求。农村扫盲教育运动缺乏师资,同时,知识也需要与生产实践相结合。于是,《人民日报》在1955年8月11日发表社论指出:"我国农村将要出现一个社会主义改造的高潮,在完成社会主义改造之后,一个繁荣、幸福的社会主义新农村就会展现在我们面前。青年学生投入到这样伟大的社会主义改造运动中去,前途是无限光明远大的。"[②]作为国家领袖的毛泽东同志,在不同场合反复发出号召:"一切可以到农村中去工作的这样的知识分子,应当高兴地到那里去。农村是一个广阔的天地,在那里是可以大有作为的。"[③]

1956年,社会主义三大改造基本完成,农村更需要有知识的人才来发展农业,解决困扰中国人民已久的温饱问题。鉴于当时的国际国内形势,中央正式颁布了城市知识青年上山下乡的政策,由于政策的刚性要求和政府、学校及社会的大力动员,知识青年上山下乡的热情高涨,这场运动迅速在全国开展起来。客观地说,这次运动的历史价值并不是缓解城市的就业压力,而是解决了城市粮食供不应求的难题。另一个不容忽视的原因就是农村落后的面貌确实需要知识青年去改造,农村缺文化问题是阻碍社会主义建设最大的一块绊脚石。可以说,知识青年上山下乡运动对农民扫盲教育运动的促进作用是巨大

① 郑谦."文化大革命"中知识青年上山下乡运动五题[J].中共党史研究,2013(9):43-58.

② 必须做好动员组织中小学生从事生产劳动的工作[N].人民日报,1955-08-11.

③ 中共中央办公厅.《中国农村的社会主义高潮》序言和按语[M].北京:人民出版社,1974:60.

的，短短几年，就扫除了近亿的文盲和半文盲。

出于对知识分子思想改造的目的，毛泽东同志认为知识分子的理论知识扎实，他们缺乏实践经验，由此，他提出由工农兵，主要是农民对知识青年实施再教育，彻底改造知识分子的思想作风和不良习气。1968年冬，毛泽东同志再次强调，知识青年到农村去，接受贫下中农的再教育，很有必要[①]。在此背景下，知识青年上山下乡运动在全国范围迅速展开。客观地讲，这场运动是"文化大革命"理论误区导致的，它的负面影响对我国社会发展的影响是深远的。从运动发起的初衷来看，知识青年没有得到真正历练，由于大量知识青年上山下乡，在很大程度上加重了农村的负担，同时，使国家人才培养与储备也有不少损失。

对于知识青年上山下乡运动中的农民教育的历史价值，应该纳入农民与知识分子、教育与被教育和改造与被改造三对关系中去考量。这场运动是要让知识青年上山下乡接受"贫下中农民再教育"的，由于知识分子缺乏实践经验的天然缺陷，这种再教育和被改造具有合理性，但是没有考虑到中国农民文化水平不高的制约因素。从人类社会与文明发展的视野来看，知识分子与农民的关系是文化较高群体与文化较低群体的关系，单从文化水平上来看，知识分子充当的应该是教育广大人民群众(其中包括农民)的角色，而农民又是知识青年改造者，因此农民和知识青年在这场运动中的关系是相互学习的关系，知识青年在与农民共同从事农业生产实践的过程中，不但历练了自己，也达到了教育农民的目的。运动中，知识青年应用自己的知识，垦荒造田，修路建场，拓展农业经营范围，开展多种经营，提高了农业产量。他们还在生产中，帮助农民识字，学文化，传授科学知识和推广农业技术等，极大地提高了农民的文化水平，对改变农村落后的面貌做出了贡献，在这一点上，要充分肯定其历史价值。

二、"农业学大寨"运动

20世纪50年代末至60年代初，山西昔阳县大寨公社大寨大队发起了农业合作化运动，取得了一定的成绩。这项运动是在党中央、国务院的宣传与推广下开展的，大寨大队因此成为我国农业战线上的一面旗帜。1964年，毛泽东发出"农业学大寨"的号召后，全国的"农业学大寨"运动从此兴起。客观地说，大寨公社农村建设的模式和成功经验是中国农民对农村建设的新思索、新探索，

① 毛泽东．知识青年到农村去，接受贫下中农的再教育，很有必要[N]．人民日报，1968-12-22.

同时也体现了党中央对农村发展问题的新思维,是社会主义建设积极探索的一部分。但"农业学大寨"运动后期由于受到"左"倾思想的干扰,各地在推广大寨经验时,强求千篇一律,没有遵从农业发展的规律,也出现了不少问题,对农村建设产生了不少负面影响。不过,它对中国农村发展的积极探索是要充分肯定的。

(一)大寨精神

新中国成立之初的一系列运动都是基于我国当时特殊的历史背景,"农业学大寨"运动也不例外。整个20世纪60年代,我国农民一直受到人民公社运动和"大跃进"运动的形式主义和过激的错误影响,再加上自然灾难和以美国为首的西方各国对社会主义阵营的封锁,我国农业遭受到沉重的打击,国家财政对农业的支持力度也非常有限。在这种大背景下,各地农村为了改善当时的生活窘状,进行不同的尝试,其中尤以山西昔阳县大寨公社成绩卓著。该公社的社员在自力更生的精神感召下,将昔阳县特有的"七沟八梁一道坡"改造成了"层层梯田美粮仓"。这一事迹引起了中央的高度重视,这无疑是农村社会建设的一种新路径。毛泽东同志认为,"大寨"是符合我党的优良传统的,与改造农村社会思想的方向是一致的,这也是广大农民迫切希望摆脱贫困的需求,因此他提议要在全国农村开展"农业学大寨"运动。

1964年2月10日,《人民日报》刊发了《大寨之路》,介绍了大寨公社向穷山恶水的宣战,将"七沟八梁一道坡"改造成为"层层梯田美粮仓"的事迹。同日还发表社论指出:学习大寨的革命精神,就要学习他们远大的革命理想和对未来坚定不移的信念,学习他们敢于蔑视困难、敢于同困难做斗争的顽强精神和实干苦干的优良作风,学习他们自力更生、奋发图强的优良作风和严格要求自己、以整体利益为重的共产主义风格,学习他们把革命精神和科学态度结合起来的作风。1964年5月10日,中央在北京召开的一次工作会议上,讨论国家计委关于第三个五年计划的设想时,毛泽东同志在讲话中说,农业主要靠大寨精神,自力更生①。由此,全国开始了轰轰烈烈学习大寨的运动。各省份纷纷到大寨学习经验、培训骨干、参加观摩等,1975年9月,中央还专门组织召开了"全国农业学大寨"会议。

① 郭海霞. 近现代中国"明星村"乡村建设思想研究[M]. 北京:中国农业大学出版社,2014:114.

新中国成立初期的一系列运动,有一个相同的特点,那就是前期运动效果较好,后期出现较多偏颇。“农业学大寨”运动也不例外,在后期,也出了形式主义、冒进主义错误,各地一哄而起,以教条方式进行学习,并没有考虑到本地的具体实际,因此后期的学习产生了很多问题。史实证明:“把先进典型的经验模式化、绝对化、永恒化的做法是错误的,有害的”[①]。简而言之,不管是先进的管理经验,还是技术经验,一定要与农民生产的具体实际结合起来,要与当地自然条件结合起来,同时还要考虑到农民是否愿意接受,只有考虑到这些因素,经验推广才能发挥它应有的作用。

(二)合作精神教育、科技技能教育和大寨经验推广教育

“农业学大寨”最初是一种农业经验推广教育,是科技培训教育,更是一种价值观教育和精神教育。在上述这些领域中,这场教育运动中有可圈可点的地方,值得我们今天从事农民教育借鉴。在20世纪60年代,我国同时开展两大教育运动,是针对我国工农业生产的,一是“工业学大庆”,二是“农业学大寨”。当时,大庆和大寨成为中国工农业生产的两面旗帜,它们展示的“艰苦奋斗、自力更生”的精神在当时特殊的国际国内形势下成为我国的主流价值观。“农业学大寨”并非是出于政治需要而发起的一场运动,而是以毛泽东同志为代表的第一代中央领导集体经过深思熟虑后,才决定开展的,初衷是要在农村开展一次发扬自力更生精神的教育运动,这次运动与中国共产党一贯的方针政策的价值取向是一致的。

在第三届全国人大会议上,周恩来总理做的政府工作报告中特别对大寨经验进行了高度概括,即“政治挂帅、思想领先的原则,自力更生,艰苦奋斗的精神,爱国家、爱集体的共产主义风格”[②]。可以看出,当年的大寨精神就是我国包括农业在内的各行各业的价值观。在这场学习运动中,大寨经验在全国推广的过程实质就是对全国农民进行了一场具有时代特色的价值观教育的过程。

1. 合作精神教育

新中国成立后,毛泽东的农业发展思想有一条主线,那就是他认为中国农业的出路是机械化,而机械化需要工业化来支撑,因此提出工业化是我国农业

① 廖盖隆,庄浦明.中华人民共和国编年史[M].郑州:河南人民出版社,2000:503.

② 周恩来.在第三届全国人民代表大会第一次会议上周恩来总理作政府工作报告[N].人民日报,1964-12-31.

现代化的方向。但是农业机械化发展不单单是机械技术的创新，而是要让农民具有操作机械化农业器械的技能，这就需要农民有较高的文化水平和合作精神。

《资本论》中对资本主义机器大工业做了如下描述："资本主义农业的任何进步，都不仅是掠夺劳动者的技巧的进步，而且是掠夺土地的技巧的进步"[①]。由此，我们可以想象毛泽东的机械化农业发展思路能成为现实，一定要有一个前提，那就是要对农民进行合作精神教育。从这层意义上来看，人民公社的存在意义与毛泽东的农业机械化发展思想有着密切的关系。大寨恶劣的自然条件，却被大寨人的集体主义和合作精神的力量征服了，在党员干部的带领下，把"七沟八梁一道坡"变成了"层层梯田美粮仓"。这种做法刚好与毛泽东对农业发展的思想相吻合，因此，他积极提倡这种做法，并以政策的方式向全国推广普及，让大寨的"合作主义和集体主义"精神教育更多的农民。大寨精神的推广在那个特定历史时期促进了我国农业发展，之后全国掀起的农田水利建设高潮，对改革开放后农业发展的意义也是深远的。单从农村基础建设和水利建设视角来看，这个时期的大寨精神和合作精神具有正面历史价值。

2. 科技技能教育

大寨人在进行农业生产的实践中，在合作精神的感召下，利用集体的智慧探索出一系列行之有效的农业生产方法，农民从事农业生产的技能得到了极大的提高，为高产打下了坚实的基础。这些方法在"农业学大寨"运动中向全国推广，是对全国农民进行的一场全覆盖的农业科技技能教育。其间，全国各地掀起了农业科技知识普及学习和技能创新培训的高潮。20世纪五六十年代，自然灾难频发，给农业发展带来了不少的考验，为了战胜洪灾、雹灾、旱灾和虫灾等自然灾害，确保农业大丰收，大寨人在实践中创造出"农业三法"，即深耕、深刨、深种。有些田地由于缺水缺肥，大寨人还发挥自己的聪明才智，创造性地应用了"保水、保肥"方法将薄田变成了"海绵田"。"农业八字宪法"也是在大寨农业实践的基础上总结出来的。不可否认，大寨精神是难能可贵的，"农业学大寨"运动中的科技教育和农业职业教育的现象在当时是值得肯定的。

3. 大寨经验推广教育

从运动的性质来看，"农业学大寨"是农业生产教育运动，大寨的做法和成

① 许涤新. 生态经济学探索[M]. 上海：上海人民出版社，1985：22.

功经验也是当时农业战线的一个标杆。大寨的做法和经验在全国范围普及与推广后，引来全国各地的人来参观学习，这种教育效应是值得肯定的。根据1975年全国第一次农业学大寨会议的统计数据，全国评出学大寨先进县（市）就达316个，是我国当时县（市）总数的13.4%，粮食亩产量超200公斤的县（市）也超过725个，是我国县（市）总数的31.2%。可以说，“农业学大寨”运动是大寨精神感染全国农民的过程，是一次由中央号召、政策强力推进的农业生产教育运动，对农民心理发展的影响可以波及改革开放之后的家庭联产承包责任制的实施。

三、社会主义建设与探索时期农民教育的反思

（一）制度惯性

我国是在一穷二白的半殖民地半封建社会的基础上建设社会主义的，我国社会主义建设需要自己一步一步摸索前行，在探索社会主义建设方略时，农民教育发展不可能离开当时历史环境。我们要想追踪社会主义建设与探索时期的农民教育，首先要对当时的历史环境进行分析。20世纪50—70年代，我国社会主义建设的显著特色是在曲折中艰难前行。在这个时期，农民教育也在特殊的环境中前行。政策推行离不开特定历史时期的制度环境，假若脱离了时代背景和制度环境，政策只能是乏力的文件。在整个社会主义建设与探索时期，“左”倾思想一直干扰着我国各项政策的制定与实施，有些政策制定时直接打下了“左”倾思想的烙印，结果对社会主义建设产生了巨大的负面效应，有些政策虽然在制定时没有受到“左”倾思想的影响，但在执行中的过激行为与“左”倾思想影响不无关系。农民教育虽然在全国范围开展起来了，但教育目标、执行手段、实际效应均未达到预期目标，这个时期的农民教育工作陷入了僵局。

社会主义建设与探索时期最大的制度环境还是前面提到的人民公社体制。众多学者研究发现，这个时期农民教育的积极做法和在执行中的不足都源于人民公社体制的惯性作用。以“政社合一”为主要特征的人民公社管理体制，通过国家权力调动的资源已经达到中国近代最大的规模，“它单靠人力就使中国的面貌大为改观，全国建起了上万座水库、几千座小型水电站、几百英里的铁路线，在大江大河上建起了一座座桥梁，开拓隧道，修筑马路，开发了更多的矿

藏，灌溉了更多的土地”[①]。人民公社制度打破了我国几千年来传统村落社会自我复制、自我再生、自我循环的封闭运行结构和机制，最终把“一盘散沙”的农民组织起来，似乎展示了一条能避免资本主义弊端，改造传统小农经济，使全体农村居民共同富裕起来的中国式现代化道路。但我们必须注意到，人民公社体制在后期受到错误政策的干预，造成了很多负面影响。从农民的教育效果来看，也有值得肯定的地方，比如由于政策的强势执行，这个时期的社会风气明显好转，农民的精神面貌是积极而充实的。

（二）教育困境

客观地讲，人民公社体制下的农民教育有其积极意义，其经验对当前新农村建设中的农民教育可供借鉴价值是相当高的。但这并不意味着人民公社制度的设计是完善的，它在农民教育工作中也有缺陷。由于高度的强制性，这一时期的农民教育剥夺了农民的兴趣爱好，强求划一的教育并没有照顾到各地、各人的需要。也就是说，没有坚持因地制宜、因人而异的教育原则。这个时期的教育处于徘徊阶段，最大制约就是人民公社体制的不灵活，泛政治化功利政策的影响使人民公社体制的有些职能得不到应有的发挥。

从人民公社体制下的农民教育特点来分析，政治教化和道德宣讲是其鲜明的特点。无可否认，社会需要这种教育。教育规律告诉我们：政治教化和道德宣讲扩大化，甚至将思想政治教育理解成农民教育的全部，这是错误的。这种教育表现在现实生活中，只会是运动式教育，是扼杀了农民创造天性的教育，而且这种教育是冗长的。久而久之，农民对这种教育会产生抵触心理。耐心说服教育的效果是持久的，是改变灵魂的。重视教育手段多样化和教育时间长期化是尊重教育规律的表现。一哄而上、强制性的短期教化效果是暂时的，一旦政策有所放松，就有“复原”现象。

社会主义建设和探索时期的农民教育都是以社会运动的形式加以推行的，农民处于被动接受地位。“四清”运动和“知识青年上山下乡”运动的最初设计并不是教育农民的，两者均是以发动农民为手段达到对其他社会群体教育的目的，农民在实践中得到的教育是由教育力量的相互影响取得的。从这层意义来看，过分夸大上述运动在农民教育中的作用，是有悖于历史史实的。在这些运动和

① 费正清．中国：传统与变迁[M]．张沛，张源，顾思兼，译．长春：吉林出版集团有限责任公司，2013：463.

教育实践中，农民在一定程度上得到了教育，但其本身不是农民教育。即便农民得到教育，其更多体现在文化启蒙（比如扫盲识字）和社会风气得到净化上。这一时期对农民的“新民”意识教育、科技教育、性格教育等更深层次的教育是很少的，乃至完全缺位。过分的政治教化和道德教育在一定程度上压制了农民自我教育和自我发展的欲望，这也是改革开放前中国农村社会蕴藏巨大社会变革欲望的原因之所在。

第三节　改革开放以来农民的技能培训和职业教育

十一届三中全会以独特的方式载入史册，它开启了中国社会发展的一个新时代。这次大会开始改变了“以阶级斗争为纲”的社会主题，将社会发展的主题转移到经济建设上来，解决人民群众的温饱问题，满足人民群众追求美好生活的强烈愿望，占我国人口绝大多数的农民也开始了他们在经济建设中的探索。

安徽省凤阳县小岗村，18户农民在追求美好生活的强烈愿望驱使下，冒着当时有可能坐牢的危险，偷偷地实行联产承包责任制，这种制度让小岗村的农民当年就能吃饱饭。在中国农村发展史上，小岗村的做法揭开了农村改革的序幕，是中国农民追求生存和发展的智慧结晶，这群农民可谓是时代的先锋，充分体现了我国农民的首创精神。

以联产承包责任制为中心内容的农村改革的践行者是农民，正是由于他们对过去农民政治教育和道德教育的异化，才导致这次彻底改变农村社会的大变革。联产承包责任制的成功实践，真正起到了对农民思想的启蒙作用，它唤醒了广大农民认知的体验，鼓起了他们彻底进行农村改革的勇气，客观上对广大农民起到了教育作用。

农村改革的启动是以邓小平同志为核心的中央领导集体站在历史高度做出的一次战略决策转移。随之而来的是各项有助于农村改革的政策颁布，农业生产开始步入正常轨道，农民教育踏上了正轨。党和国家颁布的各项有利于农民教育发展的政策为农民教育健康发展提供了政策上的保障，各类农民培训机构相继建立，各项推动农民教育发展的措施得到强力实施。随着改革开放政策的全面实施，我国经济开始快速复苏，尤其是农业上，对农民的文化程度要求越来越高，因此，党和国家开始将农民教育提到了前所未有的高度。

改革开放初期，我国农民教育的具体现实，一是我国农民基数大，二是农民教育要重视其内在的特殊性。因此，农民教育体系和管理机制应倾向于农民职业教育和职业教育管理机制。从广义上来看，农民教育的特殊性主要体现在农民人口多、流动性强，对他们的教育应在时间安排、教育方式上另做设计。一般来说，要以短时培训、技术应用培训为重点，这样才是受广大农民欢迎的教育。切忌长期以政策刚性要求推行农民教育，这种方式已经在之前已被证明是行不通的。改革开放之初的尝试性实践结果已经告诉我们，应采用依靠社会经济发展、制度环境熏陶、社会结构优化和传统道德力量沿袭等方式推进，虽然效果并不能立竿见影，但其长期效果是显著的。狭义上的农民教育，即农民职业教育，这是基于农民切身利益诉求和相对规范的制度而设计的，操作性和可行性均切合实际，因此我国改革开放初期的农民教育虽然体系和制度并不健全，但效果很明显。随着农民教育的深入推广，农民教育形势向好发展，各项制度必然趋向完善。

一、农民技能培训

自从中央确定要全面实施改革开放政策后，在中央政府的主导和地方各级政府的配合下，农民技能培训依托农业广播电视学校系统、农业技术推广系统和其他技能培训主体，经历了简单初创（20世纪80年代初）、逐步摸索（20世纪80年代末至90年代初）、趋向完善（20世纪90年代中后期）和形成规模（21世纪初）等发展历程。为了让读者大致了解改革开放以来农民教育发展的脉络，本节将主要梳理改革开放以来农民教育工作中探索创新出来的成功经验与实施模式。值得一提的是，有些农民教育工程并非是从改革开放之后发起的，但快速发展时期是处于改革开放之后，因此研究者还是将这些农民教育工程列入改革开放以来农民技能培训和职业教育范畴里来分析。

（一）农民技术资格证书工程

改革开放初期，我国农民教育大多是借鉴农业较为发达的国家的成功经验，比如美国、英国、丹麦等。当时首次提出要建立“农民技术资格证书制度”，通俗地说就是“绿色证书”。由于农业生产的岗位众多，对不同岗位的培训内容也不相同，因此颁发的证书名称也是不同的。当时主要的证书有农民技术资格证书、农村会计证和农机驾驶证等。改革开放初期，我国“绿色证书”制度是通过立法、行政等方式对农民从业的技术资格要求、培训、考核和发证等进行了规定,同时还颁布了与之相配套的政策确保农民技能培训与资格认定,这种制度的施行在当时对农业从业人员的技术素养有极大的促进作用。农业部教育司为此还专门进行了全国范围的抽样调研,总结了农民技术教育的成功经验。在农业部教育司调研的基础上,农业部于1989年5月召开了全国农业成人教育工作会议,以征求各地意见的方式印发了《关于开展农民资格证书制度试点工作的意见(征求意见稿)》。经过一年的广泛征求意见后,农业部于1990年4月29日印发了《关于开展农民技术资格证书制度试点工作的意见》。事实上,这是我国农民技术教育发展史上的一个标志性文件,它促进了我国农民技术教育朝着规范化、制度化发展。农民技术资格证书制度试点工作成果显著,得到了国家主管部门的高度肯定,至此,我国开始全面启动了"绿色证书工程"。该工程的实施分两步进行:第一步,国家调集教育资源重点培养千百万农民技术骨干;第二步,创造条件,充分发挥农民技术骨干带领全民提高科学文化素质的作用,在农业技术推广应用实践中,促进农民科学文化素质的全面提升,最终达到振兴农村经济的目的。这是一个系统工程,需要集全国之力,在中央政府的主导下,各地各级政府通力协作,各农业科研、教育等机构积极全程提供智力支持,农民积极参与才能实现。1992年2月12日,国务院在充分调研的基础上,发出了《关于积极实行农科教结合推动农村经济发展的通知》。该通知对完善农民技术员职称和农民技术资格认定做了明确要求,条件较好的地方,可以率先建立和完善农民技术职称和农民技术资格证书制度,对已经获得农民技术职称和农民技术资格证书的农民,要优先给予他们承包、贷款以及其他相关的政策支持。为了切实落实"绿色证书"制度,国务院办公厅于1994年3月14日特意向农业部转发《农业部〈关于实施"绿色证书工程"的意见〉的通知》。这个通知也是我国"绿色证书"制度得到实质性推进的重要文件。1996年年底,农业部开始着手总结实施"绿色证书工程"的经验,并于次年4月22日以中华人民共和国农业部令的方式向全国发布。这标志着我国"绿色证书"制度已作为一项政府职能进入了实施阶段。农业部还在总结实施绿色证书工程工作经验的基础上,于1997年4月22日印发了《"绿色证书"制度管理办法》,从此,我国"绿色证书"制度已经初具规模,有关制度建设日趋完善。总体来看,推行"绿色证书"制度对农民素质的提升产生了巨大影响,有利于农民脱贫致富。

欧美国家普遍认为实行农民资格证书制度是当代农业发展的必然趋势,因此,加强农民的基础知识和基本技能训练就成了各国农民教育的中心内容。欧美国家的农民资格制度比我国容易推行,因为这些国家农民人口相对较少,而我国的具体国情是农业人口占全国人口的绝大多数,且中国农民具有天然的自生性和正当性,如果照搬他国的模式,显然是不切合实际的。我国应走一条具有中国特色的道路,那就是强化农民职业培训,逐步实现农民资格证书制度,对于一些特殊岗位可以率先实行专业技术资格,比如农业技术员。一刀切的农民职业资格证书认定,是一种拔苗助长、不尊重规律的鲁莽行为。相比国外的"绿色证书"制度,我国实行的"绿色证书"制度主要是培养一支农业技术骨干队伍,对培养对象的文化水平有一定要求,比如接受了高中教育或是初中教育的年轻农民、村干部、专业户和科技示范户。根据我国农业部2000年统计的数据:我国"绿色证书"学员突破2 000万,平均20户就拥有1名骨干农民。农业科技成果转化应用率也由十年前的不足10%提高到2000年的60%,这样的成绩可谓是"中国速度"。

(二)农科教模式和"三教统筹"模式

1. 农科教模式

所谓农科教模式,指的是将农村经济、科技和教育三者有机地整合,通过三者的有效互动,协调发力,共同服务于农业现代化建设。我国农村现代化建设实质就是以振兴农村经济为中心,以科技创新为内驱力,以农民教育与培训为抓手,共同推进农村现代化进程的实践活动。改革开放初期提倡的农科教模式更多是强调农业科学和农民教育对农业、农村和农民的促进作用和引导作用。科学技术是第一生产力,在农业上的成效是非常显著的,它是农业先进生产力的代表,是人类认识自然、改造自然、利用自然的集体智慧的体现,还是农村经济、社会与文化发展的原动力。农科教模式中的"教",既是基础教育,又是专业教育。说它是基础教育,原因是农业科学技术教育和职业技能培训需要农民具有一定的文化水平,只有这样,中等职业技术教育、成人教育和为农村经济与社会发展服务的农业高等教育的效果才能显现。农科教三者结合,是农业发展到一定水平的历史必然,随着农业生产中科学技术含量的不断增加,对从事农业生产的农民的要求也越来越高,如果说农业科技是农业发展的外在助力的话,那么农民自身的现代化就是保证这种外力发挥作用的内因。

1992年2月,国务院办公厅印发的《关于积极实行农科教结合,推动农村经济发展的通知》中明确指出:要建立以农业发展有关部委和各级政府主导的农科教领导机构,健全该机构的工作机制。1993年,党中央、国务院共同颁布的《中国教育改革和发展纲要》中也十分强调农科教模式,文件中明文规定:“积极推进农村教育、城市教育和企业教育综合改革,促进教育同经济、科技的密切结合。县、乡两级政府要把教育纳入当地经济、社会发展的整体规划,分级统筹管理基础教育、职业技术教育、成人教育,统筹规划经济、科技、教育的发展,促进‘燎原计划’与‘星火计划’‘丰收计划’的有机结合,落实科教兴农战略。”①从农科教模式提出的初衷来看,是针对当时农业、科技和教育脱节,无法形成促进农民教育发展的合力等问题提出来的。多年以来,我国的农业、科技和教育在农民培训和农业技术推广中都是条块分割的,农业系统、科技系统和教育系统各自为政,造成了服务于农民教育的机构设置重叠,有限的农民教育资源得不到有效的利用,甚至是资源浪费,这种农民教育模式无法形成人才、技术、资金和资源的综合效益。因此,为了解决农民教育实践中的这种窘状,我国在借鉴欧美各国成功经验的基础上,提出要实行“农科教统筹”。这个发展模式有利于改革长期以来困扰我国农民教育条块分割、各自为政的问题,有利于农科教三者有机组合,实现有限资源充分利用,综合效益充分发挥。在农科教模式中,农民职业教育至关重要,它在农科教模式运行中所起的作用是转换和承接。先进的农业科技知识的推广得益于高效的农民职业教育,最终落实到农业经济上的效果是非常明显的。但是,我们不得不承认,作为农民教育和农村发展的模式,农科教模式在运行了将近三十年中,也存在不少问题,比如缺乏稳定的政策环境、常态运行机制受到干扰等,这些问题一直没有得到有关职能部门的重视。

自国务院1992年2月印发《关于积极实行农科教结合,推动农村经济发展的通知》以来,最初,各级政府和国务院相关部委都非常重视农科教模式的探索与实践,如举行研讨会、培训农业干部、创建示范区等。但是随着时间的推移、机构改革的深入和人员的调整,政策执行受到惯性作用,其效用开始递减,宣传力度也开始弱化,这导致农科教模式中的许多可行方案得不到落实,已经落实的方案在传承性、连续性及持久性方面得不到保证,致使这些方案无法发挥其促进农业发展的预期作用。随着我国改革开放不断深入,一些方案需要根据已经改变了的国情进行修订,需要大量的人力、物力和财力作为后盾,这些问题导致农科教模式难以长期稳定地执行下去。

① 中国教育改革和发展纲要[EB/OL].(1993-02-13)[2017-10-10].http://www.moe.edu.cn/jyb_sjzl/moe_177/tnull_2484.html.

从管理体制上来看,体制中一些不合理的做法使农科教模式的政策制定和执行不能相互呼应,导致效益不能最大化发挥。改革开放前期,由于受计划经济思维的影响,形成了行业、部门之间在人事、财政、投入体制和利益分配上的矛盾,这也是农科教模式有机结合的体制性障碍和结构性矛盾。

农科教模式实施的效用没有达到预期效果的另一个原因是财政经费投入不足,且有限的财政经费在使用过程中还没有得到最优配置。尤其是模式框架里的农业科学研究,它是一项基础性和前提性工作,财政投入对其影响是非常明显的,它直接影响着农科教模式的科技含量。单从农业发展的自身特点来看,我国农业发展与世界各国农业发展有很大差异。在欧美国家,农业科研经费增长速度是高于农业总产值增长速度的,在农业发展到一定程度,两者之间是以同步方式增长的。

2.“三教统筹”模式

“三教统筹”,简而言之就是在市场经济大环境下将农业基础教育(包括九年义务教育在内)、职业教育、成人教育稳健地组合起来,各类教育各司其职,相互对接,共同完成农业人才的培养任务。这种管理模式是20世纪80年代农村教育综合改革时提出来的。1986年,国家教委还在河北省等地进行“三教统筹”的试点工作。随后,又在山东、山西、安徽等地进行拓展性推广,取得了骄人的成绩。“三教统筹”这种具有现代化思维的发展模式是符合我国当时的国情的。农村各类教育分工组合,在“三教统筹”框架下,实现了最大化效用,它既是结合式的又是交叉式的,“一校三教”办学模式在当时是具有一定代表性的模式。

在此,我们有必要说一下“一校三教”办学模式,就是指在“普九”任务前提下,以普通教育为主,职业教育和成人教育为辅,在一个学校里推行三类教育。即一校挂三牌、一长管三教、一师任三教的管理模式。这种管理模式能充分利用“三教”资源,全面提高农民素质。

一种新型教育模式的启用,就有它的优势。“三教统筹”的优势主要体现在三个方面:一是确保“普九”任务的完成,重视文化启蒙和教学的系统性;二是职业教育是针对农民这个职业开展的,是针对农村发展需要设置不同专业的,因此专业设置与农业生产是相适合的,且实用性较高;三是考虑到成人教育流动性大的现实特点,教学内容是根据农民生产需要来编排,教学方式是选用成人较能接受的现场教学。当然,“三教统筹”模式也重视不同教育之间的具体分工。

任何一种教育模式，在施行一段时间后，都会暴露其局限性。“三教统筹”模式的局限性主要体现在以下四个方面：一是“三教统筹”的统筹权在政府，虽然政府能有效为“三教统筹”提供强力支持和保障，但政府行为具有较大的行政性，行政化的教育会强求划一，因而会失去个性发展。二是“三教统筹”的实施是为农村建设服务的，是通过教育提高农民应用农业科学技术的能力，促进农村经济与社会发展。正因为如此，教育资源在整合时具有严重的功利色彩，从而导致忽视人的全面发展和终身教育的顺利推行。三是囿于传统的正规性公办教育的范畴，“三教统筹”对其他农民教育主体（民办教育和公有民办教育）的规范化管理不够。四是由于经济发展水平和其他一些特殊原因，一些地方的“三教”虽然在形式上实现了结合，但其教育合力没有形成。

（三）农业科技入户示范工程

2004年，农业部根据当时农村发展的态势，提出农业科技入户工程的大胆构想，并向全国印发了《关于推进农业科技入户工作的意见》。并在同年的11月份出台了《2005年全国农业科技入户示范工程试点行动方案》，12月初全国农业科技入户示范工程正式启动。那么，何谓农业科技入户示范工程呢？“农业科技入户示范工程的基本概念是根据自愿、公平、公开和公正的原则，选择具有一定条件和基础的农户，采取政府推动、市场引导、项目带动的办法，不断提升主要农产品综合生产能力和劳动者素质，达到建立科技人员直接到户、良种良法直接到田、技术要领直接到人的科技成果快速转化长效机制的示范工程。”①

农业科技入户工程的意义主要体现在解决“三农”问题上，即通过教育精准扶贫，实现农业增资、农民增收和农产品竞争力增强。“由于种种原因，我国农科教分离、产学研脱节、农业科技成果转化‘最后一公里’的问题长期以来一直没有得到根本解决，基层农业技术推广仍然是农业科技工作中最为薄弱、最需要加强的关键环节。”②21世纪，是信息的时代，农业现代化、信息化是当前农业发展的趋势，因此转变农业增长方式，创新农民教育方法，是我国农业现代化必须直面的问题，要解决这些问题，关键要提高农民的素养；就是要通过创新机制和整合资源，探索新时期农业科技推广新机制，解决农业科技推广“最后一道坎”和农业科技成果转化“最后一公里”的问题。

---

① 尹丽辉，夏胜平．农业科技入户示范工程的意义、目标及作用[J]．湖南农业科学，2006(2)：8．

② 罗丹，陈洁．新常态时期的粮食安全战略[M]．上海：上海远东出版社，2016：459．

（四）青年农民培训工程

青年农民，具有现代意识，头脑敏捷，思维缜密，他们接受新生事物的速度远比中年、老年农民要快，而且青年一代也是中国特色社会主义事业建设的主力军。在农业战线上，青年农民是农业发展的重要保障。由农业部牵头，财政部和团中央共同参与实施的青年农民培训工程，是我国政府倡导的一项具有划时代意义的农民培养工程，目的在于提高专业化、产业化水平。这个工程实施后，培养了一大批思想境界高，懂科技，善经营的新型农民，他们成为我国社会主义新农村建设的中坚力量。随着农村产业结构的调整与优化升级，农业专业化和产业化的程度越来越高，对农民的智力要求也提出了更高的要求。

青年农民培训工程分两步进行：第一步为试点阶段，时间跨度为1999—2000年；第二步是全面实施阶段，时间跨度为2001—2005年。这项工程预计用7年的时间培训青年农民500万人，即每个村培训7名左右，也就是说，每个自然村至少要有1名青年农民参加培训。

每年约有600万初中毕业生无法升入高一级学校就读，他们当中有不少人从事农业生产。农村产业结构大调整后，农业机械化普及速度加快，农村劳动力过剩已经到了危及农村社会稳定的程度，于是他们开始向城市转移，既解决了农村的重负，又缓解了城市的“用工荒”等问题。

二、农民教育机构与媒介

改革开放初期，我国农民教育开始依托农业广播电视系统向农民进行农民职业教育培训，这在当时对农民教育发挥了不可替代的作用。随着农业增效、农民增收水平的不断提高，广大农民已经不再为温饱问题而日夜劳碌耕作，他们的生活水平有了极大的提高，半导体收音机已经无法满足农民的需求了，加上电视产量的不断增加，农村电视普及率也不断提高，利用农业电视节目向农民传授农业技术的条件已经成熟。

（一）农业广播电视学校

农村经济改革与经济社会发展需要大量的高素质农民。为此，1980年年底，在国务院的主导下，在10个部委的共同努力下，中央农业广播电视学校正式成立，标志着我国农民职业教育步入正轨。中央农业广播电视学校是一所综合教育机构，它具有职业培训、技术推广、科学普及和农技信息传播等多种功能，是面向农民的，利用现代远程教育技术实施的多形式、多层次和多渠道培训学校。中央农业广播电视学校建立后，各省、自治区、直辖市也相继建立了省级农业广播电视学校，农业广播电视教育体系通过纵向延伸、横向拓展而日趋完善。农业广播电视学校的建设定位是作为农业部门与各级相关部门实现农民教育培训与农村干部教育的主要机构。我国农业广播电视教育体系已经形成中央、省、地级市、县和乡五级办学体系。据农业部的统计数据，截至2007年，全国县级以上的农业广播电视学校达到2 510所，农业科技培训中心有1 810个，乡镇一级的教学点多达1.2万个；从师资上来看，其来源是多元的，有农业院校的教师，有农业科研机构的专家，有行业里的能人，等等，数量超过10万。至此，农业广播电视学校已经成为我国实施农民职业教育、农业科技推广和农村实用人才培训的权威培养机构。1980—2007年，参加农业广播电视学校培训的学员累计高达1.7亿人次，取得“绿色证书”的新型农民约有1 500万人。随着农业生产现代化程度越来越高，农村出现了大量的剩余劳动力。他们进城务工，没有任何职业技能，从事的是一些简单的、科技含量不高的工作，且薪酬待遇不高，成为城市新生的弱势群体。为了提高农村进城务工人员的职业技能，有些农民工输出大省开始为他们谋划提高职场竞争力的职业技能培训。据统计，截至2007年年底，中央农业广播电视学校进行农村剩余劳动力转移培训达320万人次，培养中专生、高职生373万人，通过职业技能鉴定的超过80万人，参加大专以后的继续教育与合作高等教育的有62万人。我国实施的“三大工程”（世纪青年农民培训工程、绿色证书工程、农业科技电波入户工程）都是由中央农业广播电视学校具体落实的，“三大工程”在提高我国农民基本素质上发挥了重要作用，并加速了我国农业现代化的进程。在实施“三大工程”的同时还实施了“科技兴农宣讲团教育活动”，活动的主要内容包括巡回宣传培训，农村剩余劳动力培训，农科教相结合和新农村建设相配套的“村官培训”。上述这些教育模式是我国在改革开放之后农民教育上的大胆尝试和实践探索，为后继的农民教育发展积累了宝贵的经验。

在肯定成绩的同时，我们需要反思农业广播电视学校在发展中遇到的问题。一是师资问题。困扰农业广播电视学校发展的是师资严重不足，师资结构也不合理。2006年的统计数据显示：全国农业广播电视学校办学人员只有54 103人，师生比为1∶500，比例严重偏低，几乎是各级各类教育中比例最低的[①]。结构不合理,体现在学历结构、职称结构和双师型结构上,高学历、高职称和双师型的比例不高,不利于专业教学的有效进行。当前,我国农民教育发展正处于蓬勃发展时期,新形势下,农民教育培训对师资提出更高的要求,现有的师资明显不能适应农民教育的需要。二是,农业广播电视学校生源越来越少,且质量呈逐年下降的趋势。导致农业广播电视学校生源减少、质量降低的原因是各高等院校和职业院校的扩招,使农业广播电视学校的生存空间受到严重的挤压。由于人们选择受教育方式的自由度拓宽,他们会比较各个学校,择其优者。而农业广播电视学校的基础设施、教学设备、师资配备、教学环境等均要落后于其他院校,选择农业广播电视学校的人也越来越少。进入21世纪以来,农村基层干部均已取得了中专文凭,加上种植业和养殖业的周期较长,效益至少一到两年才能显现,很多农民争相选择见效快的工商企业和服务行业,这也是农业广播电视学校生源锐减的一个重要原因。三是农业广播电视学校的专业设置与社会需求脱节,专业形成不了吸引人的特色。由于没有准确把握农村的实际需求,设置课程与农民的需求不对应,尤其是实用技术课程开设较少,而理论课程开设相对较多。四是财政支持捉襟见肘。由于缺乏项目支持,学校的硬软件建设严重滞后于社会发展现实,这就严重影响到农业广播电视学校的发展。

(二)电视普及状态下的农民职业教育

在十一届三中全会之前,农村发挥信息传递作用的载体是广播,农民可以通过广播了解国家方针政策以及社会发展的态势。当时,每天固定时间的广播节目已经成为农村文化生活的重要组成部分。虽然有报纸、书刊等,但数量少,信息相对滞后,质量也不高,远没有广播发挥的作用大。改革开放后,电视媒体以声像同步的优势备受农民欢迎,到2001年,全国电视普及率达99.3%[②],通过电视对农民进行教育的作用越来越大。电视是声像同步的,农民可以通过观看电视直观地了解各种种植和养殖的操作规程,这比广播、报刊的教育效果要好得多,因此,探讨电视媒体普及下的农民教育发展现状,分析电视媒体在农民教育实践中的作用和当前存在的问题对新农村建设具有重要意义。

---

① 朱闻军,杨珺.全国农业广播电视学校师资队伍建设研究[J].北京农业职业学院学报,2008(4):76-80.

② 赵学敏.我国电视普及率达99.3%　3成以上家庭超两台[N].中国青年报,2001-04-26.

1976年，我国电视拥有量约90万台。从电视的使用主体来看，绝大多数是政府机关、企事业单位和城市居民；从地域上来看，主要集中在大城市，比如北京、天津、上海和广州等，电视的覆盖面远不及广播。因此，在改革开放初期，利用电视媒体进行农民教育的作用不大，但电视发展是必然的。从1983年起，我国确立了“四级办广播电视”的方针，使电视传播覆盖技术网络得以从北京延伸至省、地、县、乡，直至自然村。1983年，我国电视机社会拥有量猛增到3 622万台。此后10多年，我国广播电台、电视台以年均122%、134.7%的增长速度发展，广播电视综合人口覆盖率显著提高①。

到了20世纪80年代末，邮电微波通信网络实现了与通信卫星信息对接，自此，电视节目传播进入了卫星电视时代。我国自行设计和生产的电视发射转播设备和卫星接收设备的使用，加上年产2 000多万台电视机的生产能力，为电视事业的发展打下了坚实的物质基础。截至1988年，我国已经建立422座电视台，电视人口覆盖率为75.4%，电视机社会拥有量突破了1.43亿台②。

进入20世纪90年代，有线电视和卫星电视先后出现后，电视已经在农村得到全面普及。1998年，国家广电总局还启动了“广播电视村村通”工程，基本实现了电视全覆盖，尤其是西部边远山区。2000年10月，又启动了“西部新工程”，至此，西部边远少数民族地区的广播电视等基础设施建设已经完成。我国现在已经形成了广播、电视、电影并重，中央与地方、城市与农民、对内与对外并举的无线、有线和卫星等多种电视信息传输技术手段，构建了全世界最大的广播电视网络。

2008年，我国广播、电视人口覆盖率分别为95.96%和96.95%。电视作为一种新型信息传播媒介，它的传播效果是其他传统媒体无法比拟的。利用电视媒介进行农民教育开设的节目主要有农事天气预报、致富经验介绍、农业生产技能培训、农村先进人物事迹、农村文化展播等。

三、20世纪90年代市场经济背景下的农民教育

20世纪90年代，我国改革开放开始向纵深发展，农民教育为了跟上改革开放的步伐，开始根据农业产业结构调整和农民现代化水平的客观现实重新设计发展方案。市场体制的健全也在一定程度上促进了农民教育的规模化发展。

① 政策利好　行业跨越式发展[N]. 中国新闻出版报，2009-09-29.

② 政策利好　行业跨越式发展[N]. 中国新闻出版报，2009-09-29.

随着农业现代化的推进，国家对农民提出了更高的要求，这也使这个时期的农民教育工作有了新的特点。

（一）农业现代化和产业结构调整过程中的农民教育

1. 产业结构调整中的农民教育

随着农村产业结构的深入调整，农民教育工作的内容、方法也应与产业结构调整同步调整。只有这样，农民教育才能为农业产业发展提供持续的支持动力。农业产业结构调整之后，对农民的技能也有了新要求。下面以农民技能培训为例进行说明。在过去粗放式发展模式中，一般是重视狭义的农业发展（这里所说的狭义的农业指的是种植业），因此，农民技能培训仅限于种植技术培训，教材的编写、培训师资的配置、培训内容的安排均围绕种植技术展开。从中国的农业发展史来看，很多人会把农业等同于种植业，把“精耕细作”当作农业生产的全部，导致这样的认识，是与当时的农业生产水平分不开的。绝大多数农民认为，除了种植业，其他产业至多是生产生活的有效补充。在少数地区，这种认识观是根深蒂固的，需要加强他们对农业认识的启蒙教育。

长期以来，种植技术一直被认为是农业生产的全部，因此种植技术就成了农民教育的全部内容。随着农业产业结构的调整，农业的范畴得到了拓展，与农业相关的各个行业均是农民教育需要服务的对象，比如畜牧业、养殖业、农副产品加工业等。农民教育内容的拓宽，对从事农民教育的工作者来说，是一个巨大的挑战。

2. 农业现代化进程中的农民教育

农业现代化是每一个国家迫切希望实现的，因为农业是工业发展之基，是一个国家综合实力之源。农业现代化最鲜明的特征就是农业生产效率极大提高。农业现代化，就是从传统农业向现代农业转化的过程，是农业技术含量不断提高的过程。欧美国家通常将农业现代化称为“改造传统农业”。从农业发展的脉络来看，学术界普遍认为：将1840年英国工业革命以前的农业称为传统农业，或是古代农业，将1840年英国工业革命之后到第二次世界大战结束之前的农业称为近代农业，称第二次世界大战之后的农业为现代农业。第二次世界大战以后的农业的鲜明特征就是用现代工业、现代科技和现代经济管理等方法将农业加以武装，使农业生产效率较低的传统农业向现代先进的、科技含量高的、生产效率高的现代农业转化。

农业现代化具有五大特征，即农业生产操作机械化、生产技术应用科学化、生产增长方式集约化、经营管理规模化、生产效率高优化等。除此之外，还有一条最重要的，那就是农民高素质化。如果仅有前五大特征，不足以说是现代农业，或者说是不完整的农业。美国经济学家舒尔茨认为，现代农业十分重视现代生产要素的投入，生产要素在农业生产中的作用越来越重要，而现代生产要素投入有两个前提条件：一是农业制度现代化，二是农民现代化。20世纪90年代，在农业高速健康发展的大环境下，农民教育乘势发展，尤其是在实现农民现代化上发挥了巨大的作用，且这种农民教育是与农业生产实践密切相连的。20世纪90年代的农业现代化与21世纪初的“现代农业”虽然有一定的差距，但也有诸多相似之处，比如它们均强调农民职业技能教育，重视农民应走职业化道路，所有的教育措施均是在“职业性”上做文章。从产业革新和技能培训视角来看，在农民现代化的探索实践中，农民应探索提高自身发展的路径，选择科学的提升手段与方法，通过农民教育逐步实现自身现代化，最终达到农业现代化的要求。随着农村产业结构的调整，农业现代化进程与中国经济与社会体制改革是同步进行的，要了解这一时期农民教育的发展脉络，就要对市场经济体制下的农民经营管理素质问题进行深入的分析，要从我国从计划经济时代向市场经济体制转变的历史演进中寻求根源。

（二）基于市场导向和利益驱动的农民教育

20世纪90年代，农民在农业经营素质提升中积累了不少成功经验。如“致富能力”教育、发展乡村旅游、扶持农民专业合作组织和农村外出务工人员培训等，均对农民农业经营素质的提高产生巨大影响。

1. “致富能人”教育

农村先富起来的那部分人被政府选中，对其进行集中培训，以提高他们从事农业生产经营的能力，培训后要求他们回去将培训的内容和技能教会身边的农民，这种方式在农村实施后，起到了“以点带面”的教育效应，达到了促进农民整体脱贫的效果。农村先富起来的人，头脑灵活，经营理念新，掌握先进农业生产技术的能力强，且愿意学习，也敢于冒险。正是由于他们具有这样的特质，他们才能先富起来。农村“致富能人”具有示范效应和榜样作用，把他们组织起来进行有针对性的专门培训，有助于提高他们的示范效应和榜样作用。他们的素养提升能驱动他们带领集体发家致富，可以说，他们的领导示范作用在农民中所起的作用是巨大的，在致富实践中，担当的是“农业科技推广的先锋，产业革新的砥柱”。他们在领跑农村经济的同时，起到了致富一方的功效。

我国农村“致富能人”教育中值得推广的经验有两个：一是农村致富能人的能力培育，尤其是农业经营管理能力培育；二是“先富带后富”的农民职业道德和思想教育。能力培育是实现农村整体富裕的前提条件，农村整体富裕则是提高“致富能人”能力的理想和归宿。

2. 发展乡村旅游

随着城市市民休闲时光增多，收入屡创新高，城里人有条件体验不一样的人生，如以“农家乐”为特色的农村田园生活。农民应认真研究城里人这种消费心理变化，在不影响第一产业的前提下，加强第二产业和第三产业的发展。第二产业就是加工生产有本地特色的农副产品和工艺品，以促进以乡村旅游为代表的农村第三产业的健康发展。也就是说，要以第一产业为基础，根据各地的实际，形成农村第二产业与第三产业相互促进的发展格局，如可以发展旅游农业、休闲农业、农村物流等，其中最具典型的是乡村旅游。

中国农村，旅游资源丰富，远离城市工业化的喧嚣，环境优美，气候宜人，自然风光与人文底蕴叠加，乡村旅游成为21世纪农村经济新增长点，对农村经济增长方式由粗放型向集约型转变具有促进作用。这种“农业+旅游”的发展新思维是对传统农业的一次彻底创新，其价值体现在三个方面：一是提高了农民的收入，二是强化了农民环境保护意识，三是拓展了农业发展的视野。

3. 扶持农民专业合作组织

农业生产专业化水平，很大程度取决于农民的基本素质和农业生产合作化程度。当前，农村时兴的一种组织叫“农村专业合作社”，它是由生产同类农作物的生产经营者在自愿的基础上联合组建起来的，维护成员利益，发挥合作的规模效应。这类组织的特色有三个，即经营自主、自负盈亏、自我服务。1978年安徽小岗村实行的联产承包责任制经过政策优化后成为“家庭联产承包责任制”，于20世纪80年代在全国范围推广，继而成为我国农业经营的主要模式。随着改革开放向纵深发展以及农村产业化的推进，这种制度已经显现出它的局限性，农民逐步认识到一家一户单打独斗的经营达不到规模生产的效应，也适应不了市场经济体制下激烈的竞争，他们在自愿的基础上，由生产同一类农产品的农民组建了集生产、加工、销售功能为一身的合作社。这种农村组织是市场经济体制下特有的产物，是将一家一户的分散经营集中化的体现，解决了以

“家庭”为主体联产承包责任制的局限性，成为参与市场最为活跃、最具竞争力的农村经济主体。

4. 外出务工人员培训

随着农村产业结构的调整，农业生产现代化水平越来越高，农业生产所需的劳动力越来越少，剩余劳动力已经成为农村综合治理的老大难问题。为了解决农村剩余劳动力问题，各地争相举办转移剩余劳动力的专业培训班，通过培训提高他们胜任城市特定岗位的工作能力。外出务工人员培训的初衷是有效转移农村剩余劳动力，消除农村不稳定因素，同时也为了缓解城市工业生产用工荒的大问题。在近20年的摸索中，一些地方认识到，很多外出务工人员学得了一身本事，热切希望回家创业，为此，这些地方开始为返乡创业的农民搭建平台，通过这种方式实现“先富带后富”的宏伟目标。总的来说，剩余劳动力输出地区实施的农民教育是“劳动力输出培训”，而现在这些地区又在着手思考如何吸引他们返乡创业。

外出务工人员，是20世纪90年代中国市场经济体制下出现的一个新名词，是农民外出自主谋生、实现农村经济改革的一次大胆尝试，它的主体是一些不甘贫困、试图通过自己的努力改变自己命运的农民。20多年过去，很多农民已经在城市扎根下来，成了地地道道的城里人，他们中有些人有迫切返乡创业的冲动，这些人无论是在经营理念上，还是在经营能力上，均是活跃农村经济的中坚力量。外出务工人员工作在城市的每个角落，城市的每个角落都有“能人”，因为他们在城里的事业发展较好，所以对农民的说服力和吸引力较大，他们发家的故事就是一部激励广大农民改变自己命运的“生动教科书”。

客观地说，中国农民对具有利益色彩的刺激是非常敏感的，这种刺激能激励他们接受他人致富的观念，追寻前人的足迹去尝试改变自己的命运。所以，外出务工人员这一群体示范作用是明显的，很多外出务工者返乡创业后，都成了当地农业产业发展的引路人和主心骨，他们率先示范，对农村经济发展的直接推动作用是不言而喻的。

（三）城镇化进程中的农民教育、职业转换和身份更替

前面已经论述了“打工潮”是20世纪90年代市场经济的产物，农民工作为中国新时期特殊的群体，从最早的城市“弱势群体”转变为现在的“城市主人”，他们具有强烈的返乡愿望，希望通过自己在城市打拼的经验、学到的知识为家

乡人民脱贫贡献力量。

改革开放过程中，农村有一大批有梦想、有魅力的青年，不甘于贫困，在强烈的摆脱贫困愿望的驱使下，开始了艰辛的进城务工路。为了谋生，大批农民开始步入城市，由于没有一技之长，城市里对职业技能没有什么要求的岗位成了他们热衷的工作，他们为城市功能的正常运行做出了不可磨灭的贡献。“民工潮”也成了中国经济腾飞的原动力之一。农民工，从发展视角来看，可以分为两类：一类是具有一定文化水平的、愿意接受教育的、希望获得与城市青年同样岗位的人，他们不把打工作为挣钱的唯一手段，而是作为接受再教育的一种特殊形式，希望能在城市扎根下来，完成由农民向市民的身份改变；另一类则是通过打工学习创业的知识，培育创业能力，图日后回乡创业。农民教育可以加强对第一类人的职业培训，提高他们在城市工作的胜任力，让他们实现自己的愿望；第二类人有返乡创业的愿景，那么，教育就应强化创业知识与技能培训，鼓励他们回乡创业办厂，包括发展产品加工业、旅游等服务业，一边可以留他们在家乡继续从事高附加值的农业生产，一边还可以促进农村产业结构的深度调整。

城市化是人类社会发展的必然趋势，是人类生产与生活方式的彻底变革，主要体现为农村人口向城市人口转移的完善与发展过程。城市化过程，还表现在由以传统农业生产为主的农村社会向以工业和服务业为主的现代城市社会的转变上，在这一转变过程中，最为重要的是人口的身份转变（由农民向市民转变）、产业结构的转变（由传统农业向工业和服务业转变）和土地及地域空间的变化。

第三章　新时期农民职业的分化

中国是一个以农民为主体的农业大国，解决“三农”问题是全面推行现代化建设进程中亟待解决的重大历史命题。

中国的现代化建设路径是由农业时代转向工业时代、由农业经济转向工业经济、由农业社会转向工业社会、由农业文明转向工业文明、由以农村为活动区域转向城镇聚集、由传统的农村生活方式转向现代的城镇化生活方式。自改革开放以来，我国的现代化进程不断加速，但农业和农村劳动力剩余，仍然是目前我国现代化发展中的主要瓶颈问题。如果不能将大量农民转移到其他行业中，则会极大地影响新农村建设和现代化进程。因此，将农民从农业转移到其他行业，不仅是解决“三农”问题的重要途径，也是我国实现现代化的必要条件。

新时期，是具有中国特色的概念，它与我国改革开放有着密不可分的联系。这一概念的由来可以追溯到1978年12月召开的十一届三中全会，这次会议实现了新中国成立后党的历史伟大转折，从此开启了我国改革开放极不平凡的四十年征程。从党史研究视角来看，新时期指的是从1978年到党的十九大之前这段时间。

新中国成立后，尤其是社会主义三大改造完成之后，全国上下以满腔的热情开始投入到社会主义建设事业中来。事实是残酷的，很快党和政府就发现，光凭一腔热情是无法建设好社会主义的，还需要有实现社会主义的现实路径。简而言之就是要回答如何建设社会主义。我国在社会主义建设实践中，毫无经验可借鉴，需要自己在实践中探索、发现和总结。

1978年12月，党的十一届三中全会确定要将党的工作中心转移到经济建设上来。虽然在这之前我们积累了不少建设社会主义的正反两个方面的历史经验，但总体看来，并未找到一条具有中国特色的道路。十一届三中全会之前的一段时期只能算是中国特色社会主义道路的酝酿时期。

真正找到适合中国国情的社会主义建设道路，是从改革开放新时期开始的,这就是中国特色社会主义道路。它是我国社会主义建设事业唯一正确的道路,这条道路是我们经过千辛万苦才找到的,我们一定要倍加珍惜,沿着这条道路前进。

现在,在党的十九大上,习近平同志宣布中国特色社会主义进入了新时代,这标志着我们从“新时期中国特色社会主义”进入了“新时代中国特色社会主义”。从“新时期”走向“新时代”,这是中国特色社会主义事业的一个巨大历史跃升,表明中国特色社会主义道路越走越宽广。

第一节　我国农民职业分化现状分析

一、我国农民职业分化的现状与特点

(一)分化程度逐渐加大

随着中国工业和第三产业的发展,城镇化进程不断加速,国家尝试运用不同措施促使越来越多的农民逐渐从农业生产中转移出去,从事农业之外的其他职业。首先,党的十一届三中全会以后,家庭联产承包责任制的实行在一定程度上激发了农业生产的活力,将部分农民从以农业为主的传统农业中分离出来。接着,20世纪80年代乡镇企业的兴起,将部分农民以“离土不离乡,进厂不进城”的就地就近模式从传统农业中分离出来完成了职业的分化与转变。1984—1988年,乡镇企业吸纳的农村劳动力由5 208万人增加到9 545万人,平均每年增加1 084万人,年均递增16.4%,全国乡镇企业职工人数接近全民所有制单位职工人数(9 984万人)①。之后,以“离土又离乡”为主要模式的农民务工潮的出现,进一步加速了我国农民从传统农业分离到其他行业的进程。1985—2010年,随着第二、第三产业加速发展,乡村从业人员中从事非农业的人数由7 033万人②增加到22 762万人③,规模扩张了15 730万人,其中乡村非农产业从业人员占乡村从业人员总数的比例也呈上升趋势。图3-1显示了

① 陆学艺,李培林,陈光金. 2013年中国社会形势分析与预测[M]. 北京:社会科学文献出版社,2012:316.

② 数据来自《中国农村统计年鉴(2011)》。

③ 数据根据全国农村固定观察点相关数据预估。

1995—2015年我国农村劳动力非农就业比例的变化。

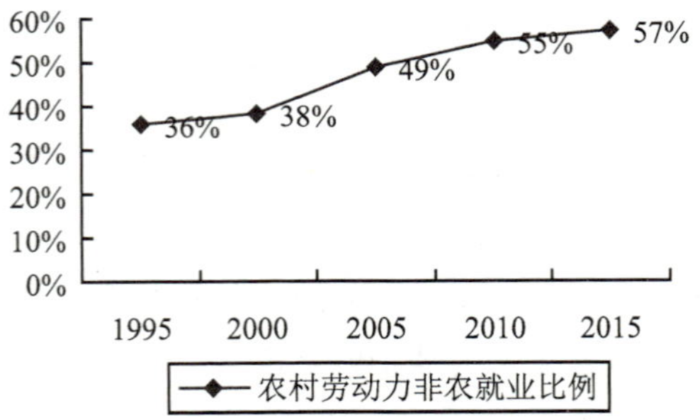

图3-1　1995—2015年农村劳动力非农就业比例变化

同样的,从农村居民人均收入组成方面也可以最直接最准确地看出我国农村劳动力转向其他行业的变化情况。由表3-1的数据可知,农户非农业收入占家庭经营收入的比重呈上升趋势,特别是工资性收入的增长。例如,1990—2010年,在农村家庭经营人均纯收入和人均总纯收入均缓慢增长的同时,农民工资性收入反而增加了18倍,并且从2000—2010年又翻了两番;工资性收入在农村居民人均纯收入中所占份额也翻了一倍,由1990年的20.2%增加到2010年的42.5%。不仅工资性收入如此,工业、建筑业、社会服务行业以及批发零售贸易等其他类型的非农业收入,无论在总量上,还是在农村居民家庭纯收入中所占的比重都和工资性收入一样有所上升。农民职业分化的结构变化说明了两点:第一,农民的收入来源不再像以前一样仅仅局限于传统农业,现在已经渐渐扩大到多种职业。第二,农业以外的其他职业收入在农村居民家庭纯收入中所占比重越来越大,由此得出,农民增收的出路在于职业分化。

表3-1　农村家庭人均纯收入及其构成

	1990年	1995年	2000年	2005年	2010年	2015年
纯收入	686.31	1 577.74	2 253.42	3 254.93	5 919.01	6 977.29
工资性收入	138.8	362.98	585.8	1 009.02	2 515.57	1 728.4
家庭经营纯收入	518.55	353.7	702.3	1 174.53	2 431.05	2 963.43
其中:农业收入	344.59	1 125.79	1 427.27	—	—	—
工业收入	9.15	—	—	1 844.53	2 832.8	3 221.98
建筑业收入	12.18	799.44	833.93	—	1 723.49	—
交通运输邮电业收入	13.45	13.63	52.67	1 097.71	—	1 896.67
批发零售贸易及餐饮业	12.69	34.53	46.73	—	93.32	—

续表

	1990年	1995年	2000年	2005年	2010年	2015年
文教卫生业收入	—	27.76	63.63	61.13	88.75	104.73
财产性收入	—	34.26	78.54	47.12	125.4	87.91
转移性收入	28.96	—	6.86	84.19	186.43	153.05

注：数据来自《中国统计年鉴(2016)》。

(二)分化态势呈多元化

随着农民职业分化的广度和深度的逐步扩大，从全国来看，农民职业分化的类别呈现多元化态势，从农业中分离出来进入非农职业的农民所从事的工作多种多样，分布于第一、第二、第三产业的不同领域和不同层面①。

图3-2是在全国第六次人口普查结果的基础上所做的2010年全国乡村就业人口在各行业中的就业人数分布情况图。此次人口普查中显示的农村劳动力中非农就业人数和比重都比中国农村住户调查和中国农村统计年鉴中的结果偏高。原因有两个，一是此次普查中将从事非农产业的劳动力也列为农业从业人员；二是此次普查中将兼业的农民也列入第一产业从业人口，将水利业生产人员也列入农业从业人员的统计中。因此，统计数值的增加，也从一定程度上反映了我国农村劳动力的职业分化进入了各行各业。

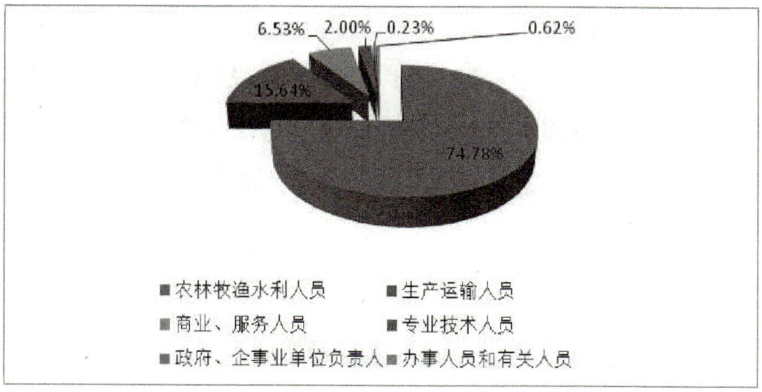

图3-2　2010年全国乡村就业人口在各行业中的就业人数分布情况

2010年全国第六次人口普查数据显示，从事非农职业的农民在人数上明显呈上升趋势。其中，从事农林牧渔业的农民在全部乡村就业人口中占74.78%，比2005年下降近6个百分点；从事运输设备、生产的操作人员及相关人员，占全

① 李逸波，彭建强，赵邦宏．中国农民职业分化现状分析[J]．调研世界，2012(10)：28-31.

部乡村就业人口的15.64%，比2005年上升约5.2个百分点；从事服务业、商业人员，占全部乡村就业人口的6.53%；紧接着依次是专业技术人员、办事人员和有关人员以及国家机关、党群组织、企业、事业单位负责人等。

江苏省，经济发达程度居全国前列，并且处于我国东部沿海地区，是农民职业分化最具代表性的省份。以江苏省农村居民为调研样本，调研结果显示，除农业外，从事工业、建筑业的劳动者有436人，占样本数的28.7%，其他依次为服务业、乡村干部和专业技术员等(见表3-2)，和全国第六次人口普查数据相符。

表3-2　调查样本农民的职业分布

	农业	工业	建筑业	服务业	乡村干部和专业技术员	个体经营	其他
人数(人)	702	375	61	97	83	41	87
占样本容易的比例	46.2%	24.7%	4%	6.4%	5.5%	2.7%	5.7%

(三)地区差异明显

1. 农民职业分化程度地区差异明显

随着我国社会经济的发展和人民生活水平的提高，我国农民群体的职业分化程度地区差异明显，工业发展和城镇化进程较慢的城市和地区的农民职业分化也较慢。为此，2010年笔者特选取几个典型省份，就其经济情况及从事农业人口数进行调研。由表3-3可知，经济发展水平相对较高的东部沿海省份如江苏省、浙江省等，从事农业的人口比例在16%左右，但农村居民消费水平较高，约9 000元；而经济发展水平较低的西部省份如四川省，农民工输出较多，从事农业的人口比例较高；云南省从事农业的人口比例达59.4%，是表中所有省份中从事农业人口比例最高的省份，但其农村居民消费水平仅有3 603元，是所有省份中最低的省份。

表3-3　2010年几个典型省份的经济情况及从事农业人口比例

	浙江	江苏	河北	河南	四川	云南
人均生产总值(元)	50 932	51 282	28 384	24 561	21 370	15 715
农村居民消费水平(元)	9 878	8 950	3 867	4 061	4 748	3 603
从事农业人口占就业人员比例	15.9%	17.4%	38.8%	44.9%	42.9%	59.4%

以国家统计局公布的各县乡村劳动力从业构成的数据为依据，制作各省(区、市)非农生计者占乡村劳动力的比例表(见表3-4)。由表中数据可知，我国

各地区的城镇化水平和工业化水平与农民职业分化水平呈正比关系，即若该地区的城镇化和工业化水平越高，则其乡村劳动力从事非农生计的比例越高，例如北京、上海等大都市乡村劳动力从事非农生计的比例超过70%，反之亦然。

表3-4　各省（区、市）非农生计者占乡村劳动力的比例

省（区、市）	比例	省（区、市）	比例	省（区、市）	比例
安徽	59.1%	黑龙江	57.7%	山东	63.8%
北京	77.5%	湖北	68.8%	山西	71.3%
福建	68.9%	湖南	60%	陕西	62.7%
甘肃	64.3%	吉林	62.2%	上海	74.5%
广东	69.4%	江苏	71.1%	四川	55.9%
广西	58%	江西	65.6%	天津	76.2%
贵州	53%	辽宁	71.1%	新疆	65.9%
海南	63.7%	内蒙古	57.2%	云南	51%
河北	68.7%	宁夏	59.7%	浙江	67%
河南	52.7%	青海	55.8%	重庆	59.7%

注：数据来源于国家统计局全国分县统计数据库（1999）。

2. 农民职业分化模式地区差异明显

我国各地区的城镇化水平和工业化水平与农民职业分化水平除了呈正比关系外，还与当地农民职业分化的模式相关。即若本地区工业和经济发展较好，则当地非农就业者较多；若本地区工业和经济发展较慢，则当地非农就业者较少，因为大部分农民外出务工了（见表3-5）。以连云港为例，由于工业和经济发展较慢，该地区的农民大量流向附近经济水平较高的长三角地区。

表3-5　不同地区的人群就业或迁移比例

项目	沿海	东北	中部	西南	西北
当年主要从事					
农业	74.38%	92.81%	83.89%	84.68%	87.47%
当地非农业	17.66%	4.57%	4.24%	2.12%	3.08%
迁移	7.95%	2.63%	11.87%	13.2%	9.45%

表3-5中的数据更加印证了上述观点，即从农民工占当地农村劳动力比重的角度说明我国各地区的城镇化水平和工业化水平与当地农民职业分化的模

式相关。例如表3-5中数据显示，西南及西北等贫困地区经济水平明显低于其他地区，该地区当地农民职业分化程度最低，分别是2.12%和3.08%，因为该地区很多农村劳动力流向经济发达地区，具有很高的流动性。

由上述分析亦可知东部地区外出劳动力比重低于西部地区，西部地区外出劳动力比重高于中部地区。国家统计局的调查数据同样可以说明上述观点。2009年，在东部地区务工的外出农民工出现了“双下降”趋势，外出总人数降低了8.9%，全国外出农民工的比例也降低了8.5%。相比之下，中部和西部吸纳外出农民工的人数分别比上年增加33.2%和35.8%，而占整体的比重也分别比上年提高3.8%和4.8%①。

由各省（区、市）农村劳动力外出人数的统计数据可知，四川、河南人数最多，达1 000万以上；海南、西藏、云南、山西和新疆外出务工劳动力占乡村劳动力的比重低于10%；天津、北京、内蒙古、浙江等地外出务工劳动力比重为10%～20%；广东、江苏、湖南等地外出务工劳动力比重为20%～30%；中部地区的江西、湖北、重庆、安徽、四川等地外出务工劳动力比重为20%～30%。由数据可知，工业和城市发展水平较高的地区本地农民职业分化模式较多，所以外出务工较少，比如天津、北京、内蒙古、浙江等地区，而工业和城市发展水平较低的地区大部分人选择外出务工，比如中部地区的江西、湖北、重庆、安徽、四川等地。但有些经济欠发达地区农民选择外出务工也少，例如经济相对落后、地理位置偏远交通较不便利的西藏、云南、山西和新疆等地区。

（四）分化职业多处于竞争行业和初级岗位

第一，我国农民职业分化多处于竞争行业，主要集中在工业、建筑业、商业、饮食服务业和运输业等行业，而通信等垄断性较强的行业就业者比较少（见表3-6）。

① 王子成，赵忠．农民工迁移模式的动态选择：外出、回流还是再迁移[J]．管理世界，2013(1)：78-88.

表3-6　我国农民职业分化的行业分布表

（单位：人）

年份	农业	工业	建筑业	运输业	商业、饮食服务业	其他	合计	人数
2009	55.5%	10.2%	4.2%	2.4%	8%	19.7%	100%	59 847
2010	55.5%	10.5%	4.4%	2.5%	8%	19.2%	100%	58 711
2011	54.9%	11.1%	4.7%	2.4%	7.9%	19.1%	100%	62 075
2012	54.5%	11%	4.8%	2.6%	8.2%	19%	100%	59 555
2013	52%	11.4%	5.1%	2.5%	8.3%	20.8%	100%	63 351
2014	51.4%	11.7%	5.4%	2.6%	8.2%	20.8%	100%	59 784
2015	51.6%	11.3%	6.1%	5.6%	10.6%	12.8%	100%	58 973

第二，我国农民职业分化多为层次较低的蓝领工人等初级岗位。政府机关干部、事业单位专业技术人员或负责人等层次较高岗位的比例极低。全国第六次人口普查资料可充分印证上述观点。

第三，我国的农民非农求职模式以非正式职工模式为主，且呈增长趋势。从国家统计局公布的行业从业人口和职工人数数据可知，从20世纪50年代后期到70年代中期，我国农民从农业中分化出来的几乎都转为"正式职工"，仍属于"职工模式"，因此全国非农产业从业人口总数与全国职工人口总数基本一致。到了70年代后期，职工人数和非职工人数仍然同时增长，但非职工人数增长速度更快。从1997年开始，全国职工总数停止增长且呈下降趋势，直到2006年又恢复增长状态，但非农产业从业人口一直处于增长状态，直到2005年达到了4亿的人口规模，二者之间的差距越来越大。由以上数据可知，我国70年代后期以来，尤其是21世纪以来，农民非农求职模式以非正式职工模式为主，且已进入市场化水平。

（五）分化不彻底

以收入来源和主要职业为依据将农户分为三类：第一类，纯农户，即家庭收入全部来自农业（包括养殖业和种植业）。反之，则为第二类，纯非农户，即家庭收入来源全部为非农业。第三类，兼业户，包括一兼农户和二兼农户。一兼农户则为家庭总收入来源主要以农业为主，其他非农业收入所占比例低于家庭总收入50%；二兼农户则是家庭总收入来源主要以非农业为主，农业收入所占比例低于家庭总收入50%。我国目前农民职业分化在职业范围和规模上虽然处于增长趋势,但其职业化并不彻底,也就是说职业分化的大部分农民属于第三类兼业户状态,他们并未完全脱离农业和农民的职业身份。

以上观点是根据国家相关统计数据得出的。全国第六次人口普查资料显示,全国乡村就业人口中从事农林牧渔水利业生产的人员约占75%,而《中国农村统计年鉴:全国分县数据》则显示从事非农职业的农村劳动力占全部农业人口的25%。二者的差异明显说明肯定有兼业的农民存在。

全国农村固定观察点的数据显示,近年来,在我国农村中的纯农户减少、纯非农户增加的同时,农村中的兼业户比例一直比较高,保持在40%以上(见表3-7)。

表3-7　农村地区固定观察点农民兼业情况

年份	纯务农户	一兼户	二兼户	纯非农户	其他户
1995	48.8%	28.69%	15.77%	5.16%	1.58%
2000	46.26%	28.18%	17.94%	5.75%	1.87%
2005	41.89%	27.97%	17.44%	10.16%	2.55%
2010	43.25%	26.35%	17.66%	16.76%	2.61%
2015	39.12%	26.21%	17.45%	26.21%	2.90%

江苏省全部样本的调查和分析同样也从一定程度上印证了农户和农民兼业现象的普遍性。由调查结果可知,大部分农民选择了多种职业,其中以农民和工人或农业和服务行业等双向选择为主。在个人和家庭收入主要来源调查中,大部分农民选择"打工""从事农业"或"个体经营收入""单位工资"等双项或多项职业。

综上所述,农民职业分化并不彻底,农民兼业现象普遍的原因主要有以下几点:

第一,人均一份的"口粮田"是农民兼业的保障。"口粮田"能为农民提供自食的口粮,极大地降低了农民兼业带来的风险,同时,农业劳动可分散进行,例如女性劳动力可以在种田之余从事非农职业,即可以在农忙季节回来务农,在农闲时间从事非农职业。

第二,我国7亿农民要全部实现从乡村到城市、从农业向非农业的转变,不可能一蹴而就,而是需要一个相当长的渐进过程。当前农村的医疗等保障制度尚在完善中，所以土地对农民来说仍然是他们生活中的重要保障。

第三，大部分职业分化的农民从事的非农工作均为初级岗位，工作相对不稳定，所以土地作为生活经济来源仍然是他们生活中的重要保障。

第四，农村家庭中兼业户居多主要是因为“留守”在农村的多为妇女、儿童和老人，他们大多缺乏劳动力和从事非农职业的技能，他们忙于照顾家庭，或者被城市户籍制度和较高的生活成本排除在外，所以难以完全脱离农村而进行职业分化。

（六）阶段性明显

我国农民职业分化阶段性明显，主要表现在两个方面：

一是职业分化的年龄具有阶段性特征。农民职业分化的本质在于农村劳动力从农业向非农业转移。已实现职业分化的农民都是在农村出生、成长并完成教育的。他们具备一定劳动技能后会进入非农业领域，从事非农职业，并且从事的非农职业主要是建筑工人、工厂工人、服务人员等体力劳动，从业者比较年轻，因此他们仅在青年时期就可以完成职业分化，具有明显的年轻化特征。在1 518个有效调查样本中，职业分化的农民多处于50岁以下。其中30岁以下的比例高达70%，30—40岁组和40—50岁组分别为67.6%和52.3%。50岁以上农民职业分化比例仅为37.9%。而到了老年阶段，他们不再适应所从事的非农职业，只能返回农村养老。因此，目前我国农民青壮年时期可基本完成职业分化，而到了老年时期，农村劳动力又返回农村以农业收入为主要来源。

二是农民从农业分化到非农业的具体时间也具有阶段性。大部分分化的农民所从事的非农职业一般是“打工”，故非农就业具体时间就受到工作性质、特点及劳动力市场的综合影响。此外，从事非农职业的农民有较强的兼业性。其中大部分农民会抽出一部分时间、精力从事农业。最常见的情况有以下两种：一是有工（非农工种）时出去打工，其余时间回家经营农业；二是平时打工，农忙时回家种田。

由图3-3可知，职业分化的农民，从事非农工作时间在3个月以下、3～6个月、6～9个月、9～12个月的样本数占我国非农职业农民的比例分别为11.7%，8.8%、12.3%和67.2%。通过访谈可知，从事非农工作的农民在农忙月份仍然主要从事农业。

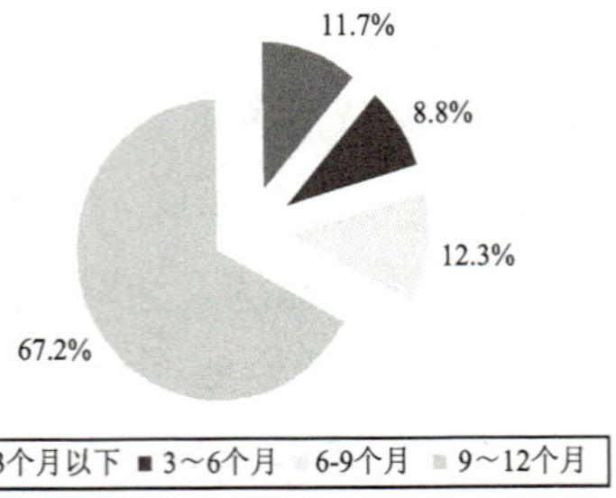

图3-3 从事非农职业农民的工作时间

部分农民被问及为何没有从事非农工作时，回答“没活了”。这也反映出农民职业分化受工作特点或产品和劳务市场变化的影响。

二、农民职业分化的问题与困难

（一）职业工种的低层次性限制农民融入城市

从事非农产业的农民多集中在工厂、服务行业，属于一线员工。他们对国家的现代化建设发挥了重要作用，但同时也存在一个共同问题，即由于技术含量、科技含量和不可替代性都较低，从事非农产业的农民虽然比从事传统小农业的农民收入稍高一些，但对“进城”生活仍有顾虑，即城市生活成本较高和社会的接纳和认可程度不高。

（二）从事职业的低稳定性阻碍农民彻底分化

大部分农民职业分化的职业多为服务行业、建筑行业、商业等的“一线工人”，他们多为以合同制打工为主的“农民工”，有的甚至连正式合同都没有，工作流动性强，稳定性极差，很多农民工处于“城—乡两栖”和“农—工两栖”状态，有工作就打工，没工作就返回农村。此种低稳定性的工作状态，对农民进行完全彻底的职业分化有一定的阻碍作用。

（三）强兼业性影响农民专业化水平的提升

目前，我国农民职业分化具有明显的兼业性，大多数从事非农产业的农民并不能完全脱离农业，而需要身兼“农民”与“工人”或“手艺人”等双重或多重职业身份，从某种程度上说，他们认为自己仍然是农民，只是为了提高收入而暂时当一名不稳定的“临时工人”，从事非农业工作，因此，不会有足够时间、充足精力提升非农产业技能，同时也无心经营农业。长此以往，他们“既是农民，又是工人”具有双重身份，同时“既非农民，也非工人”，不能很好地给自己定位，兼业性严重影响了农民专业化水平的进一步提升。

（四）多流动性分化影响社会稳定

从事非农职业的农民特别是进城务工的农民工，由于从事职业的特点、农地的保留、家庭成员的留守等诸多因素，大部分人属于“两栖”和“候鸟”。这种情况严重影响着社会的稳定、和谐发展。

首先，“两栖”农民工长期在农村和城市之间来回漂泊，他们的收入来源和收入总额均不稳定，甚至还有一些人长期游离城乡之间，居无定所，极大影响着社会的安定和城市的统一管理。

其次，长期的家庭离散，直接影响到他们自身的家庭稳定和正常生活，同时也给家庭成员（如留守妻子、儿女）带来了较重的精神负担，容易引发相关社会问题。婚姻是家庭的基础，夫妻关系是家庭关系中最主要的关系之一，夫妻关系的维系与共同生活、亲密沟通密切相关。

目前，普遍存在“两栖”型和“候鸟”型农民工长期不在家、妻子在家留守的现象，主要是由于没有完全打破城乡分割的二元社会结构和体制，导致城市并没有给农民工提供实现“举家迁移”的条件，农民工自身不稳定，经济条件受限，夫妻聚少离多，这些情况都将对子女教育和成长、夫妻感情等造成一定的负面影响，甚至还关系到农村和整个社会的安定、和谐发展，最终无法真正实现新农村建设。

（五）分化的不彻底性影响农业现代化进程

综上所述，我国农民职业分化存在兼业化明显，就业不稳定，分化的农民游离于农业和非农业之间、游走于城市与农村之间等现象，这些终将阻碍农业专业化和现代化发展的进程。

农业现代化是指用农业现代化科学技术和经营管理方法提升农业生产力和生产效率，从而使我国农业由传统农业向现代农业转化。而这些都必须要有高素质、懂科学、会管理的新型农民来实现，同时也需要有土地、资金作为保证。目前，我国农业分化不彻底，有大量兼业者，一来导致部分农民不能完全脱离土地，从而无法使土地集中到农业专业户手中经营，无法达到土地的有效流转，无法实现规模经营；二来导致相对素质较高、具备一定文化基础、掌握一定科学技术的农民将大量时间放在非农职业，而忽视了农业生产。妇女、老人和兼业农民反而成了农业的主力军，这将难以满足现代农业的发展需求。

三、我国农民职业分化的限制

随着我国工业化和城市化进程加速，农民职业分化的速度和进程也将进一步加快。然而，我国农民职业分化的发展道路也并非一片光明。我国的农民职业分化具有特殊的历史背景，农民职业分化也曾遇到限制其发展的壁垒，主要有以下几方面：

（一）农民数量庞大，转移分化任务艰巨

我国是一个农业大国，从20世纪末的最后几年开始，我国农业人口才开始出现下降趋势，但直至2009年我国农业人口仍有71 288万，占总人口的53.41%。由此可知，我国农业人口仍然在全国总人口中占很大比例，同时我国富余劳动力仍占据较大比例。在渣打银行的一份报告中，2010—2015年中国剩余劳动力的数量在1.9亿～2.5亿[①]，若以彭秀健和麦音华两位博士建模推算的结果来看，中国农村剩余劳动力在总量上仍处于规模较大的状况。

根据国家统计局公布的信息可知，随着我国工业化和城市化高速发展，我国耕地面积近年来以每年600万～700万亩的速度大幅度减少，2009年全国农村居民家庭人均经营耕地面积为2.26亩，而河北、湖北、海南等地均为1～2亩。据此推断，近50年，农村劳动者大多是不完全就业的剩余劳动力，他们都需要通过职业分化的方式解决生计和增收问题。

目前，我国需要进行农民转移分化的农村人口数量仍非常庞大，农民转移分化的任务非常艰巨。

（二）工业和城市对农民职业分化发挥的作用不足

我国是农业大国，农业是我国的支柱产业，为国家工业化和城市化发展提供了大量的物质和资金积累。近年来，随着发展的进一步深化，农业和农民的

① 丁守海. 转型期中国劳动供给问题研究[M]. 北京：中国环境出版社，2014：11.

生产力相对萎缩和落后，出现了大量的农村剩余劳动力，而他们并未随着国家工业化的推进转移出去，大量农村人口仍长期滞留在农村。

农村出现大量剩余劳动力是世界各国在发展初期必然出现的普遍现象，它的解决和该国工业化和城市化的进程是息息相关的。主要原因在于农村剩余劳动力会大量由农村走向各级城镇，职业去向是非农产业。因此，解决农民职业分化的主要途径是充分发挥工业化和城镇化对农村劳动力的吸纳作用。

随着我国城市化和工业化进一步发展，尤其是东部沿海地区，农村劳动力外出打工和就业的人数越来越多。即便如此，我国工业和城镇为农民职业分化提供的岗位仍不能满足需求，主要有以下几点：

1. 乡镇企业对分化农民的吸纳能力明显减弱

20世纪80年代，乡镇企业是我国农民职业分化的主要载体。起初，从1980—1990年的10年间，乡镇企业从业人员年均新增就业机会近600万个。但是进入20世纪90年代后，乡镇企业发展明显下滑，甚至成了劳动力净输出部门，呈现出负增长态势。这种转变，主要在于三个方面的因素：其一，乡镇企业布局过于分散，从而丧失了积聚效应和扩散效应，其经济效益和劳动力吸纳能力自然出现滑坡；其二，近年来乡镇企业开始由劳动密集型向资本密集型企业转变，其劳动力的吸纳能力自然会骤减；其三，国家鼓励发展乡镇企业的优惠政策条件改变，致使乡镇企业吸纳农村剩余劳动力的能力和作用明显减弱。

2. 城镇化建设的速度和布局有待提升，带动农民职业分化的作用不尽如人意

城镇是我国第二、第三产业聚集的地区，所以城镇化率的提高会直接影响农民职业分化程度，但是目前我国城镇化建设还未能满足我国农民职业化的需求。首先，我国城镇化总体水平本身不高，和发达国家相距甚远。城镇建设慢，农业人口无法在城镇找到合适的就业机会进行职业分化。其次，由农民分化造成的小城镇发展，目前存在一些诸如布局不合理、功能差等问题，在一定程度上影响着城镇化的发展。

3. 中国第三产业发展滞后，导致农民职业分化不足

随着城市化的推进，第三产业将步入快速发展期，并且每转移一个农业剩余劳动力到城镇工业，就可以转移两个或两个以上的劳动力进入第三产业。经济发展的进程表明：第三产业将成为吸纳劳动力、拉动农民职业分化的主要产业。例如，“九五”期间前四年全国从业人员共增加2 639万人，第三产业吸收了其中的81%，共增加2 136万人，成为吸纳劳动力就业的主渠道，为顺利实施产业结构调整和国有企业改革、减轻社会就业压力做出了贡献①。这主要是因为第三产业尤其是服务部门和流通部门大部分工种不需要很高的专业知识和技能，只要简单培训即可上岗，非常符合农民职业分化的需要。

但是，从世界角度来看，我国第三产业的比重非常低，且发展滞后，并未充分发挥其对农民职业分化的促进作用。1987年，我国第三产业比重不到30%，同时西方发达国家早已达到52%；不仅如此，我国第三产业与相近发展水平国家相比也明显滞后。1980年，我国第三产业的平均比重为21.6%，而同时期相近发展水平国家第三产业平均比重为34.6%，我国落后13个百分点。

2000年，相近发展水平国家第三产业比重提高到48.2%，而我国较之低2.1个百分点，仍低于相近发展水平国家。直至10年后，我国第三产业比重也仅为43.1%，如果剔除浮动数据部分，我国第三产业增加的速度或许更慢。从本质上说，第一、第二产业，尤其是第二产业的经济附加值，是第三产业的价值来源，而我们普遍采取用科技创新方式来提高工业实力。由于工业创新力不足且以第三产业为依托的城镇发展较慢，我国第三产业发展缓慢，缺乏对农业职业分化的带动力。

（三）户籍制度等制度与政策障碍影响农民的彻底分化

户籍制度等制度与政策把城市与农村分割开来，把居民分成城镇人口和农村人口。农民身份被赋予了相应的经济、社会和政治含义，即使农民进入城市打工，他们是农民的身份仍然没有改变，农民职业分化并没有给他们的身份和地位带来实质变化。

相关的户籍制度将农民与城镇人口分割开来，城乡分割的局面导致已进城多年改变了职业身份的农民与同一工作单位的具有城镇户口的同事在工资待遇、子女教育、医疗和保障等方面仍然存在明显差别，被排斥在城市管理体制之外，享受不了市民待遇，无法融入城市成为市民，这在一定程度上限制了农民职业分化及其稳定性。

除了户籍政策和制度外，其他相关政策法规的不健全也限制了农民职业分化。主要表现在两个方面：一是劳动力市场和相关政策法规的不健全给农民职

① 国家统计局.第三产业发展的现状与机遇[EB/OL].(2001-03-08)[2017-11-15]. http://www.stats.gov.cn/ztjc/ztfx/jwxlfxbg/200205/t20020530_35912.html.

业分化带来了一定程度的盲目性和无序性；二是市场秩序不规范给农民职业分化带来了许多不安性。

（四）自身素质不高限制农民向其他职业分化

农民只有具备农业以外工种所需的基本从业技能，才能完成向其他职业转变的目的。而我国农民受教育程度较低，人力资本禀赋较差，与目标非农职业的要求往往相距甚远，所以我国农民职业分化的程度受到较多的限制。1996年，我国农村文盲或半文盲占整个农村总劳动力的11.23%，具有小学文化程度的占35.52%，初中文化程度的占48.82%，高中文化程度的占8.91%，中专和大专以上文化程度的所占比例分别是1.2%和0.51%，我国进城务工的农民工均以初中文化程度为主。根据全国第六次人口普查数据，全国乡村地区15岁以上文盲人口达38 884 409人，占乡村15岁以上人口的比重达7.26%，占全国文盲人口的71.8%（全国15岁以上文盲人口为54 190 864人）[①]。

由全国第六次人口普查数据可知，全国乡村地区60岁以上文盲人口仅占乡村60岁以上人口的7.26%，占全国文盲人口的50%以上[②]。然而从受教育程度来分析，全国乡村地区6岁以上人口中研究生、大学本科、大学专科、高中、初中、小学、未上过学的人数比例各为0.02%、0.5%、1.5%、7.7%、44.9%、38.1%、7.2%。同时，20岁以上农村人口中，该比例仍为0.02%、0.5%、1.7%、7.2%、46.6%、35.3%、8.6%。两组数据均说明受教育程度为小学文化和初中文化的人口占农村人口的主体。20世纪80年代，沿海经济发达地区的投资环境和劳动要素的优势在一定程度上促进了劳动密集型加工企业的发展，为农民职业分化提供了大量的就业机会。但是，90年代后期，劳动密集型工业开始向高新技术和资本密集型产业转变，素质较低的劳动力就业率越来越小，加之我国农民普遍以小学和初中文化水平为主，素质不高且缺乏必要的职业培训，其就业能力已不再符合市场的需求，严重影响了农民职业分化层次的提升。

① 国务院人口普查办公室，国家统计局人口和就业统计司．中国2010年人口普查资料[EB/OL]．[2017-11-20]．http://www.stats.gov.cn/tjsj/pcsj/rkpc/6rp/indexch.htm.

② 国务院人口普查办公室，国家统计局人口和就业统计司．中国2010年人口普查资料[EB/OL]．[2017-11-20]．http://www.stats.gov.cn/tjsj/pcsj/rkpc/6rp/indexch.htm.

第二节　农民职业分化的动机与能力

到底是哪些因素推动或制约着农民的职业分化？为什么有些农民选择彻底分化，有些农民选择兼业，而有些农民仍然留在农业中？为什么有些农民即使是从事非农职业也留在农村，而有些农民选择分化进城？他们作出不同选择的动机又是什么？本节将对这些问题进行深入研究，并基于可靠的研究结论提出促进农民职业分化的可行建议。

一、专业务农、专职非农与兼业

以农民职业分化后的专业化程度为依据，我们把农民分成兼业农民、专业从事非农职业农民和专业农民三类，并对他们作出以下对比分析：

（一）个体特征比较

1. 性别差异

（1）不同性别农民职业分化程度差异。

根据全国第六次人口普查资料，不同性别的农民在职业分化数量上存在差别。有数据显示，调查样本中女性农民从事非农职业总人数为196人，职业分化率达44.5%，其中女性兼业农民为64人，占女性样本总数的14.5%（见表3-8）；男性农民从事非农职业总人数为620人，职业分化率达57.5%，其中男性兼业农民为248人，占男性样本总数的23%。由表可知，职业分化比例男性明显高于女性，且女性留守乡村专职务农比例相对较高，男性更加喜欢选择兼业。总体来讲，若想进一步提高农民职业分化程度，促进男性农民职业分化和提高女性非农求职率，两手都要抓。

表3-8　农民职业分化与性别之间的关系

	男性（n=1 078）		女性（n=440）		合计（n=1 518）	
	人数	比例	人数	比例	人数	比例
专业务农	458	42.5%	244	55.5%	702	46.2%
专职非农	372	34.5%	132	30%	504	33.2%
兼业	248	23%	64	14.5%	312	20.6%

通过调查访谈，我们总结出女性农民职业分化率偏低的原因主要有四点：其一，留守乡村在家务农；其二，照顾家庭；其三，没有从事其他非农职业的技能；其四，想出去但不知途径。根据访谈结果分析可知，当前农民职业分化遇到了三大现实难题：一是当大量男性农民进入城市从事非农职业时，女性得留守家庭专职务农弥补空缺；二是由于封建制度的弊端，在农村男性受教育程度大大高于女性，相较于男性农民来说，女性大多数没有文化，缺乏技术；三是传统观念和封建思想的束缚。

(2)不同性别农民职业分化类别差异。

在非农求职的职业类别方面，也同样存在明显的性别差异。由图3-4可知，非农求职中，从事工业(主要是制造业)类别的，女性农民有76人，男性农民有352人；从事建筑业类别的，女性农民有30人，男性农民有148人；从事服务业(餐饮、美容等)类别的，女性农民有66人，男性农民有56人；从事政府、事业、专业技术工作(教师、村干部、工程师等)类别的，女性农民有32人，男性农民有56人；个体经营中女性农民有4人，而男性农民则有38人。

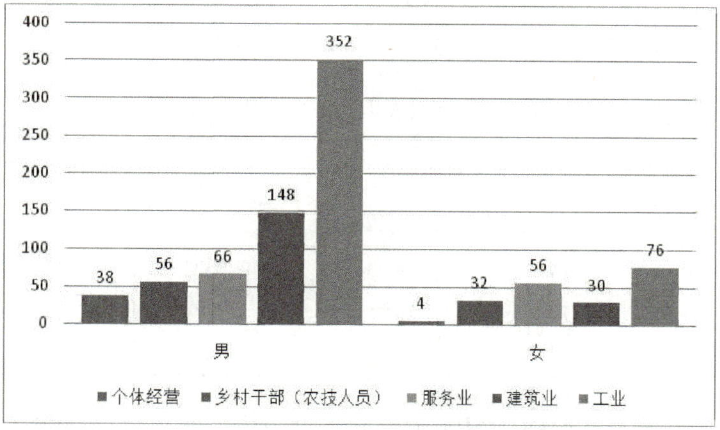

图3-4　男女农民分化职业类别分布情况

调研数据显示，在非农职业的职业类别中，选择工业和建筑业职业的，男性多于女性；女性更多倾向于服务业、事业单位等较稳定性的工作。

2. 年龄差异

(1)不同年龄农民职业分化程度差异。

农民职业分化的差异还存在年龄的区别，即农民职业分化程度与年龄呈反比关系，也就是说随着年龄的递增，农民职业分化人数越少(见表3-9)。这种现象在一定程度上反映了随着社会经济水平的提高，新生代农民走出农村、走出农业的愿望愈加强烈。但这一现象在农民兼业方面就不太明显。

表3-9　不同年龄段农民职业分化人数和比例

（单位：人）

年龄组	总人数	分化人数	分化比重	兼业比重
30岁以下	292	208	71.2%	25.8%
31—40	136	92	67.6%	19.1%
41—50	768	402	52.3%	26.7%
51岁以上	322	122	37.9%	18.7%

（2）不同年龄农民职业分化类型差异。

年龄的差异除了会影响农民职业分化的程度外，还会影响农民职业分化类型。由表3-10可知，30岁以下的年轻人，偏向于选择服务业、工业和建筑业，且随着年龄的增加分化比例先增加后减少；30—40岁的农民从事工业的比例最高，之后，随着年龄的增加，会转向从事乡村干部、专业技术人员等较为稳定的工作；40—50岁时更加偏向于选择个体经营等独立自由的职业。

表3-10　不同年龄段农民职业分化类别及比例

年龄组	工业工人	建筑业工人	服务业务工人员	乡村干部、专业技术人员	个体经营	其他
30岁以下	29.7%	24.8%	22.8%	6.9%	2.8%	13.1%
31—40	53.2%	25.5%	14.9%	6.4%	0	0
41—50	40.2%	19.2%	13.2%	7.8%	7.1%	12.5%
51岁以上	41.0%	19.3%	3.6%	12%	1.2%	22.9%

产生上述现象的原因主要在于不同年龄阶段的农民具有各自不同的年龄特征。40岁以下的青壮年农民社会资本积累、人际关系资本较少，但年富力强，因此多倾向于建筑业、工业及服务行业。40岁以上的农民往往具备一定的社会财富、专业技能积累和人际关系积累，但体力较弱，因而多偏向于乡村干部、专业技术人员等稳定性的岗位或者个人经营等独立自由的职业。

3. 不同受教育程度农民职业分化情况对比

（1）不同受教育程度农民职业分化和兼业程度比较。

调研数据显示，文化程度的不同同样影响着农民职业分化和兼业程度。

第一，文化程度与农民职业分化比例呈正比关系。小学及以下文化程度的农民的职业分化比例最低，仅有40%左右；初中或高中文化程度的农民职业分化比例为50%~60%；大专及以上文化程度的农民职业分化比例最高，达到70%（见图3-5）。究其原因，主要在于农民拥有的文化素质越高，他们从农业中跳出来转向其他产业的机会就越多，职业分化的成功率就越高；反之，亦然。

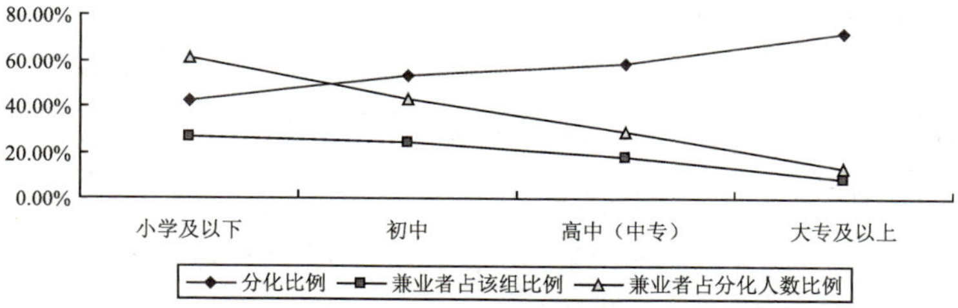

图3-5　受教育程度不同的农民职业分化和兼业情况

第二，农民文化程度与兼业者的比例呈反比关系。由图3-5可知，小学及以下文化程度的农民兼业者占分化人数比例最高，达到60%，而初中文化程度的农民兼业者的比例其次，达到50%，高中（中专）文化程度的农民兼业者比例下降到16.9%，大专及以上文化程度的农民兼业者比例最低，仅有8.7%。主要原因是受教育程度高的农民，其专业技能相对也高，非农就业的层次和稳定性也高，也就不需要通过兼业的方式保障自己的收入，因此兼业水平就相对较低；反之，亦然。

（2）不同受教育程度农民职业分化类别比较。

随着文化程度的变化，农民职业分化程度也会相应改变，二者呈正比关系。当农民受教育程度越低时，他们常常偏向于从事与体力劳动相关的工作，例如农业、工业、建筑业等。当农民受教育程度越高时，他们从事农业的比重逐渐下降，从事专业技术职务、乡村干部等稳定性行业的比重在增加。这种现象和当前我国各行各业对从业人员受教育水平要求及求职者择业的现状相一致。据调查数据显示，中年农民多为初中文化程度，他们拥有较为丰富的经验、资金和人际关系等资源，从事个体经营者较多，这种结果与上述提出的年龄差异比较研究相符；大专及以上文化程度的农民，受过高等教育，拥有较先进的思想观念、较高的文化水平、较强的创业意识，加上政府对大学生创业和返乡农民工创业的相关优惠政策的扶持，他们创业的比例比其他文化程度的农民要高一些。

4. 不同婚姻状况农民职业分化情况比较

许多研究证明，婚姻状况对农民的就业择业具有非常显著的影响，是影响农民职业分化的自身因素的重要变量。在此次调查中，单身者仅有78人未从农业中分化出来，不到单身组的1/3，多数单身农民实现了职业分化；已婚者未从农业中分离出来的有612人，约占已婚被访者的1/2。由此可以看出，未婚农民职业分化程度明显高于已婚农民。从图3-6中可以很清楚地看出未婚农民与已婚农民的职业分化和兼业情况：未婚农民分化比例明显高于已婚农民，但兼业比例低于已婚农民。农民的婚姻状况同样也对农民职业分化有着显著的影响。由图3-6可知，60%以上的未婚者实现了职业分化，而50%以上的已婚者未实现职业分化。已婚农民职业分化程度明显低于未婚农民，但兼业比例却高于未婚农民。

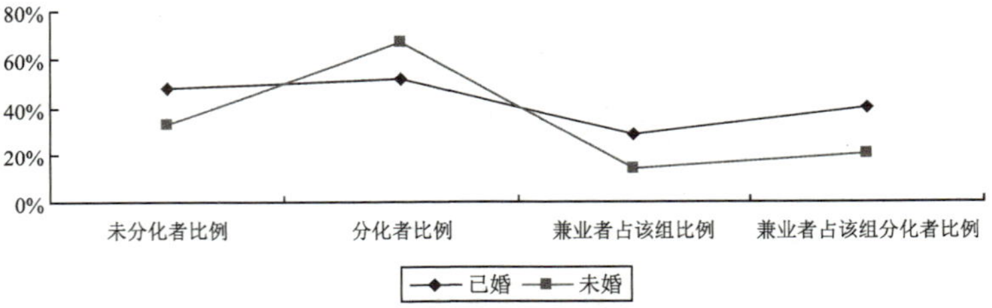

图3-6 已婚未婚农民职业分化情况比较

导致这一现象的主要原因在于未婚者没有家庭的束缚，在职业选择上更为自由，因此未婚农民更加偏向于非农求职。而已婚农民肩负着家庭重担，有照顾家庭、经营自家农田的责任，所以职业分化程度较低。至于兼业情况，也是如此。未婚者在职业选择方面束缚较少，相对自由，更多地倾向于长期稳定的非农职业，而不是兼业。已婚者由于受到家庭的束缚，不能离开家庭，但当农业生产不能满足生活需求时，他们往往偏向于选择以“打零工”的兼业方式来补贴家用。

（二）家庭特征比较

1. 家庭耕地面积不同的农民职业分化情况比较

农民家庭耕地面积与农民职业分化比例呈反向关系。由表3-11可知，当农民家庭耕地面积有20亩以上时，则分化的农民占该组农民的37.5%；当农民家庭耕地面积为11~20亩时，分化比例略有上升，达51.1%；当农民家庭耕地面积为5~10亩时,分化比例继续上升,达52.8%;当农民家庭耕地面积为5亩以下时,分化比例最高,达56.2%。家庭拥有的耕地面积越多,需要投入的劳动和精力就越多,于是农民从事非农职业的倾向就越小,此现象与我们的一般认知完全一致。

表3-11　不同家庭耕地面积农民的职业分化与兼业情况比较

家庭耕地面积	总人数	未分化人数	分化人数	分化比例	兼业人数	兼业者占该组比例	兼业者占该组分化者比例
5亩以下	918	402	516	56.2%	187	20.4%	36.2%
5~10亩	458	216	242	52.8%	99	21.6%	40.9%
11~20亩	94	46	48	51.1%	23	24.5%	47.9%
20亩以上	48	30	18	37.5%	3	6.3%	16.7%

但是农民的兼业情况与农民家庭耕地面积的关系并不如此,略有改变。由表3-12中的数据可知,样本农民家庭耕地面积分别为5亩以下、5~10亩、11~20亩、20亩以上的兼业者占各组总人数的比例分别为20.4%、21.6%、24.5%和6.3%,而兼业者占职业分化者的比例为36.2%、40.9%、47.9%和16.7%。两组数据变化趋势是一致的,表明农民兼业比例随着家庭耕地面积的上升而上升,但是家庭耕地面积一旦超过20亩以后就极速下降。由调查数据分析得知:当家庭耕地面积非常小时,需要的劳动力和精力很少,所以农民往往可以完全从农业中走出来转向非农职业;随着家庭耕地面积的增大,需要的劳动力和精力增加,完全从农业中走出来的可行性不高,可耕地面积又没有足够大到可以靠完全从事农业生产来解决生存需求,因此他们既需要务农,又需要从事其他非农职业,也就是兼业;当家庭耕地面积具有一定规模(超过20亩)后,且其规模足以满足农民的家庭生计,此时,农民就需要全职务农,搞规模农业经济,兼业需求急剧下降。

2. 家庭劳动力人数差异

家庭劳动力人数与农民职业分化比例呈正比关系。由表3-12可知,家庭劳动力人数分别为1、2、3、4人及以上,农民职业分化比例相应为40.7%、52.4%、62.4%和63.2%。也就是说,劳动力越多的家庭,越容易出现农民职业分化。

可是,农民的兼业情况与家庭劳动力数量之间不是简单的线性关系,呈先下降、后上升、再下降的趋势。随着家庭劳动力人数的增加,兼业者占该组职业分化农民的比例分别为47.3%、36%、43.7%和34.5%。

表3-12　家庭劳动力人数与农民职业分化情况比较

家庭劳动力人数	该组总人数	未分化人数	分化人数	分化比例	兼业人数	兼业者占该组比例	兼业者占该组分化者比例
1	182	108	74	40.7%	35	19.2%	47.3%
2	832	396	436	52.4%	157	18.9%	36%
3	330	124	206	62.4%	90	27.3%	43.7%
4人及以上	174	64	110	63.2%	38	21.8%	34.5%

本书采用卡方检验方法进一步了解和验证农民家庭劳动力人数与职业分化类别及程度之间的相关关系，得到结果：*Chi-square*值为63.189，*df*值为1，*Asymptotic significant*值为0.011。统计结果表明农民家庭劳动力数量对农民的职业分化类别选择无显著性影响。

3. 家中儿童数量不同与农民职业分化

为了便于研究，此处将7岁以下学龄前儿童和需要受到照顾的在学子女合并为“家庭儿童”，并将对他们的调研结果与农民职业分化和兼业情况进行对比分析，以此来揭示出家庭儿童数量与农民职业分化情况之间是否存在相关关系。

根据调查结果显示，家庭儿童数量与农民职业分化情况之间并没有明显的相关关系，分化比例大多为50%~60%。若家庭儿童数为1时，农民分化比例略高，达60%（见图3-7）。这主要是因为有一名儿童需要照顾的家庭多为30岁左右的年轻夫妇，他们的家庭较稳定，年龄与用工单位对劳动力的需求一致，一个孩子可以由老人照看并无后顾之忧，他们职业分化的比例偏高。

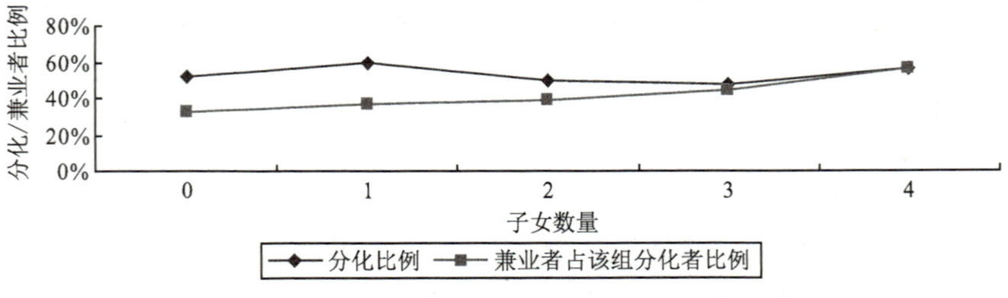

图3-7　家庭儿童数不同的农民职业分化情况比较

从分化农民的非农求职时间角度观察，当家中儿童数量越多，分化农民越偏向兼业。这主要是因为当家中需要照顾的儿童越多时，农民完全从家庭中走出来进入非农职业的可能性越小，他们只能在农闲时做一些非农工作增加家庭收入。因此，分化农民兼业比例随着家庭儿童数量的增加而递增。

4. 家中老人数量不同与农民职业分化

家庭老人数量不同的农民职业分化比例大致相似，但兼业比例具有一定差异。家中没有老人时，农民兼业比例最低，这是由于没有老人需要照料的农民具有更多外出从事非农职业的自由。家中有1名老人时农民的兼业比例最高，为43.2%（见图3-8）。究其原因，是由于此类调查样本家中老人的平均年龄较大，需要家人的照顾，所以对农民进行非农求职的时间和地点有制约。而家庭老人数量为2人的样本，其家中老人平均年龄低于家庭老人数为1人的样本组，这些老人不仅不用专人照顾，甚至还能帮助子女照看后代、料理家务，因此很多家庭老人不仅不会限制子女进行非农求职，甚至还会鼓励子女外出务工。还有一个原因是家中有2个老人时他们往往可以彼此照顾，对于子女非农求职的影响相对要小。可见，家中老人的数量、年龄及身体状况对农民的职业分化和兼业都形成一定的影响，即农民职业分化的选择会因为其家庭老人的数量、年龄和身体状况不同而有所不同。

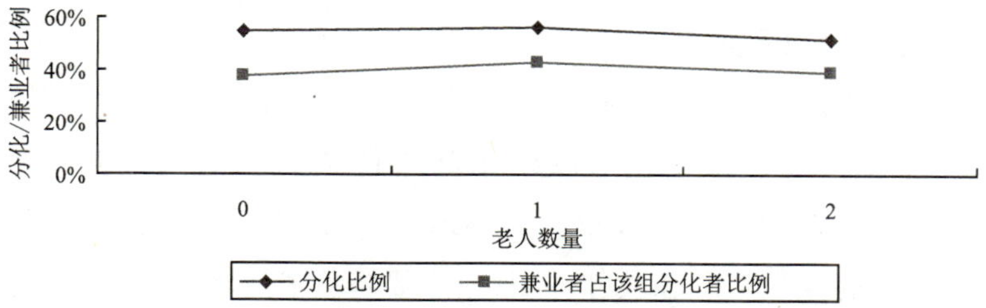

图3-8　家庭老人数不同的农民职业分化情况比较

二、分流还是坚守

为了研究农民职业分化是否受到城镇化的影响，以及二者之间有何种关系，本书从农民个体特征、家庭特征、求职特征和生活状况等四个方面进行对比分析，研究农民职业分化与城镇化之间的关系，进而探索农民进城决策的不同之处。

（一）个体特征比较

非农求职的城乡区域选择与性别差异并不明显。由图3-9可知，男性农民选择留在乡村的比例为44.4%，女性农民选择留在乡村的比例为68.4%，而当他们走出乡村的话，他们比较偏向去小城镇，主要是因为小城镇离家近，既可以外出务工补贴家用，又可以兼顾家庭。但也有一组数据不容忽视，就是在已经进行职业分化的农民中，外出选择城镇工作的男性比例为32.5%，而女性比例为21.1%，二者相差不大。因此，在进城求职方面，非农求职的城乡区域选择受性别差异影响不大。

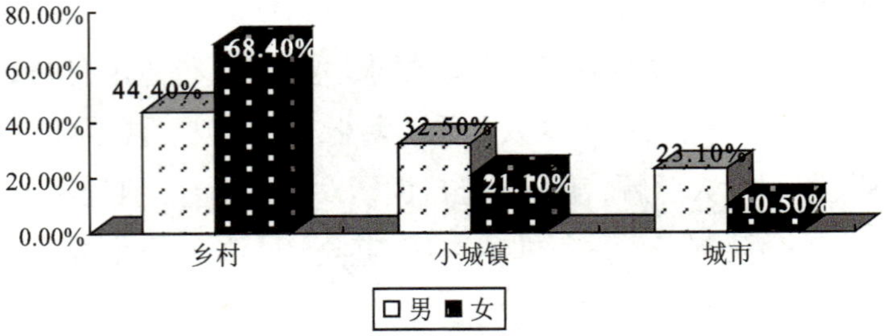

图3-9　男女农民非农求职的地区差异

根据上述观点，如果想加快城镇化步伐，促进农民职业分化，政府在推行适当的政策措施外，还可以通过推出建设特色小城镇的方式，用特色产业吸纳大量在城镇附近的剩余劳动力。

由图3-10可知，20岁以下的青年人，敢于闯荡、无家庭束缚，他们倾向于选择进入城市；21—30岁的农民，有的留守农村组建家庭，有的夫妻一起进城务工，所以他们的求职地区相对分布均衡；31—40岁的农民，正处于壮年时期，精力旺盛，有一定的经济基础和人脉，同时又需要肩负家庭重担，但举家迁入城镇比较困难，所以大多选择在离家较近的小城镇就业；年龄在40岁以上的农民，由于年龄偏大、体力较差、文化水平和技能较低，更加喜欢回到乡村求职，或者到离家乡较近的小城镇求职。

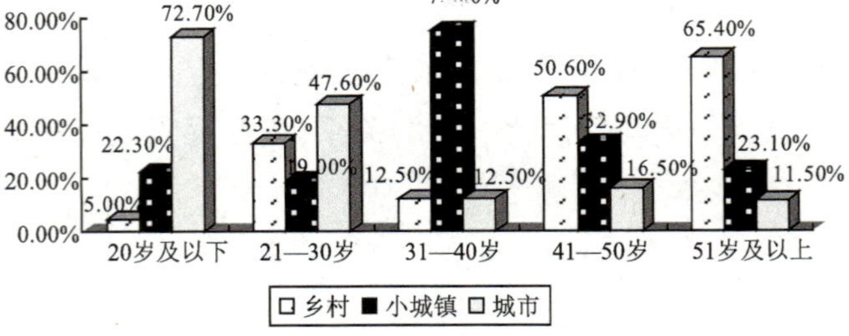

图3-10　不同年龄段农民非农求职的地区差异

由上述数据分析，农民在未成家前到城镇就业的意愿最强，特别是向城市转移。而离家近的小城镇越来越受到三四十岁的壮年农村劳动力的青睐。小城镇目前在吸纳农村劳动力、促进农民职业分化方面具有重要作用。

由图3-11可知，小学及以下文化程度的农民选择留守乡村的比例最高，达到60%以上。随着受访农民受教育水平的提高，受访农民留守乡村的比例逐渐递减，而选择在城镇工作的比例逐渐递增。随着县域经济的发展以及城市竞争越演越烈，近年来拥有高学历的农民选择在小城镇求职的比例在逐渐增高。

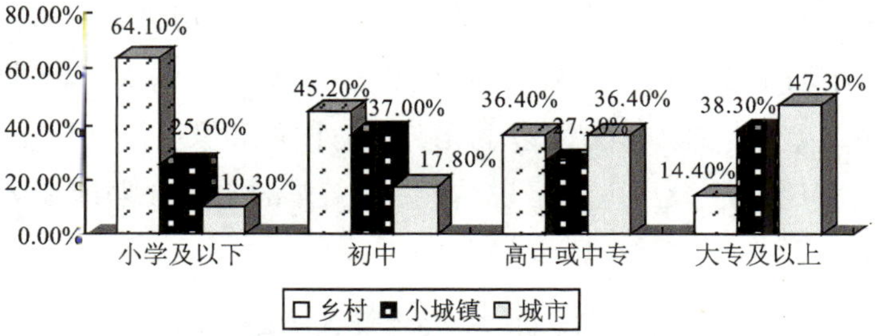

图3-11　不同文化程度农民求职地区差异

由此可见，小城镇在各种受教育程度的农民中受欢迎程度都比较均衡。随着农民受教育程度的提高，支持小城镇发展和新农村建设的智力资源越来越丰厚，这是可喜的一面。

从婚姻状况角度分析，由调研数据可知，未婚被访者求职地区依次是城市、乡村，最后是小城镇（见图3-12）。这主要是因为单身农民大多为“90后”，不同于父辈、祖辈，他们大多对生活质量的要求高，对工作薪水、条件等也有更高的要求，往往更倾向于到大城市求职，同时还可为谈婚论嫁做准备。这恰恰与已婚农民相反，已婚农民求职地区依次是乡村、城镇，最后是城市。这主要是因为已婚者有家庭需要照顾，在不能举家迁移的情况下，他们宁愿留守乡村兼业，所以他们大多选择在乡村就业，或者是到离家乡较近的城镇就业。

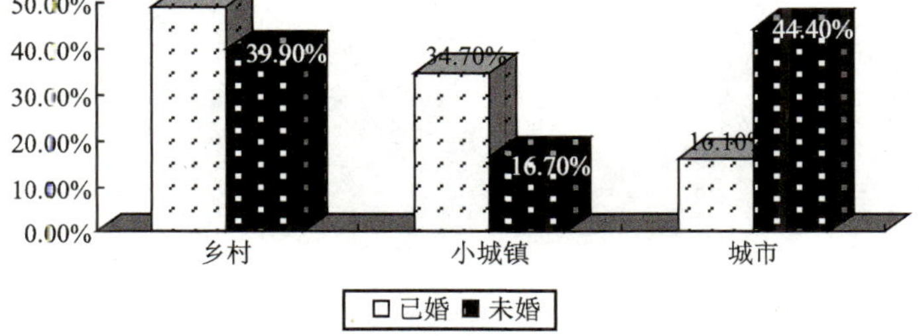

图3-12　未婚已婚农民求职地区差异

由上述分析可知，在促进县域经济和小城镇建设中，可重点推动单身农民的转移，对已婚农民，则需要解决其配偶工作和子女的入学问题，他们在无后顾之忧的情况下，才会进城务工。

（二）家庭特征比较

如表3-13所示，求职地区各异的农民的家庭特征也各有差异。在家庭人口数量方面，在城市求职的农民的家庭人口最多，平均每户为4.6人；在家庭劳动力数量上，同样也是在城市求职的农民家庭最多，平均每户有3.5个劳动力，但是农村和小城镇之间没有明显差异；在家庭耕地面积上，农村、小城镇和城市之间没有明显差异；在家庭60岁以上无劳动力比重和家庭子女比重方面，在农村工作的家庭比重最大。也就是说，在农村工作的农民在照顾老人和子女方面，比例最高。

表3-13　求职地区不同的农民的家庭特征差异

指标	农村	小城镇	城市
家庭人口数（人）	4.1	4.4	4.6
家庭劳动力数（人）	3.2	3	3.5
家庭耕地面积（亩）	1.63	1.76	1.42
家庭60岁以上无劳动力比重	55.2%	26.8%	15.6%
家庭子女比重	53.3%	42.7%	32.4%

由此可知，农民职业分化的求职地区，受家中需要照顾的老人和子女数量的影响较大。当家庭中需要照顾的老人和子女越多，农民越倾向留守农村。随着县域经济、小城镇的发展，需要照顾家庭的农民有了更多的选择，大多选择在离家乡不远的小城镇从事非农职业。

第四章　江苏省农民职业教育问题诊断

农民职业教育是教育体系中最容易被忽视的，常被人们误解为不重要的教育。其实，农民教育是职业教育的重要组成部分。改革开放以来，虽然党和国家一再强调要加强农民教育，但由于各省市的不同情况，农民教育还是处于走走停停的状态，发展并不理想。21世纪初，农民教育得到长足的发展，它在经济与社会发展中起到了中流砥柱的作用。有学者曾言："没有农民教育的发展，就没有现在的社会主义新农村，更没有农村剩余劳动力的大转移，当然，城市的大繁荣也就不可能走这么快。"新农村建设和"三农"问题的解决是我国和谐社会建设的核心任务，要想顺利地完成这些任务，就必须更快、更好地发展农民教育，这也是我国经济与社会持续健康发展的必由路径。

第一节　江苏省农民职业教育发展的现状

一、农民职业教育发展的新形势

21世纪以来，我国经济与社会发展经历了二三十年的快速增长时期，取得了足以让世人惊叹的成绩。今天的中国，已经不再是百年前的中国，这是我们大家引以为豪的，但我们不得不承认，我们在很多方面还远远落后于世界强国，尤其是在农业方面。农业要想持续健康发展，就要提高农民的综合素质，当代农民不仅要懂农业生产技术，还要善用这些技术。此外，职业农民不能仅仅局限于农业生产，还要向商业领域拓展，善经营，这也是当代职业农民必备的素养。说来说去，最终还是归结到一点，那就是农民职业教育。衡量一个国家或地区的农业发展水平，关键要看这个国家或地区的农民职业教育办得怎么样。

(一)我国农民职业教育的外部环境已经发生巨大变化

回顾一下我国社会主义市场经济体制确立的历史,不难发现:自1992年党的十四大确定要建立社会主义经济体制以来,党和国家相继提出要“坚持依靠科技、教育兴农,促进教育同经济、科技密切结合”的方针。尤其是在邓小平南方谈话之后,我国改革开放和社会主义现代化建设进入一个崭新的时期。我国由传统的计划经济体制向社会主义市场经济体制转变,经济增长方式由粗放、外延型向集约、内涵型转变。这一系列转变标志着中国农民必须向过去告别,为迎接一个崭新的世纪早做准备。

1. 经济体制转轨和经济方式转型

1956年,社会主义三大改造基本完成,我国开始实行高度集中的计划经济体制。当时在被以美国为首的西方势力的经济封锁下,这一体制对百废待兴、满目沧桑的中国的经济建设起到了非常重要的作用。但这种高度集中统一的经济体制确实也存在不少问题。改革开放后,在商品经济的推动下,我国出现了两种体制并行的现象,在这一阶段,计划手段的范围和作用渐渐弱化,市场手段开始逐渐加强。直到1993年,党的十四届三中全会提出建立社会主义市场经济体制,这是商品经济深入发展对中国经济体制转型的不朽功绩,也是进一步解放和发展社会主义生产力的必然选择。

在改革开放前,我国经济增长主要依赖于资本和劳动力的投入,增长的方式以粗放、外延型为主,在改革开放后,技术革命对经济增长产生了重要作用,据估算,1979—1988年的10年间,资本投入对经济增长的贡献仅为24%,劳动力投入的贡献也只有23%,技术进步和制度优化等的贡献却高达53%。经济增长方式已经开始由以粗放、外延型增长为主向以集约、内涵型增长为主转变。马铁群教授从经济增长方式质量、经济增长过程质量和经济增长结果质量三个方面构建经济增长质量指标体系,结果发现,金融发展对经济增长持续性和经济增长结果质量变化的贡献越来越大,而对经济增长协调性变化的贡献非常有限①。

经济体制改革和增长方式的转变必然会引发教育体制的变革,对此,江泽民同志曾指出,我们的经济工作正在实现经济体制和经济增长方式的两个根本

① 周波,王英家.改革开放以来我国经济增长质量评价[J].山东财经大学学报,2016,28(3):19-30.

转变，在这种形势下，我们的教育工作必须进一步解决好两个问题，一是教育要全面适应现代化建设对各级各类人才培养的需要，二是要全面提高办学的质量和效益[①]。

2001年，经过多年的艰难谈判，我国终于加入了世界贸易组织，经济也随即开始大踏步融入了世界经济体系，国内经济实体参与国际竞争也日益活跃。农产品价格与国际市场接轨后，我国农业受到了极大冲击，也有了迫切转变农业经济模式的内驱力，希望通过转变农业生产方式来提高农产品的生产力，实现集约式生产，向生态规模农业发展。要达成上述目标，加大农业的科技含量是关键，而提高了科技含量，高素质的劳动力又成了问题，因此，农民教育改革必须适应这一形势的转变。

2. 社会结构的转型

经济体制转型后，随之而来的就是社会结构的巨大转变，突出表现为两个方面：一是中国农村由农业社会向工业社会转变。经过40年的改革开放，我国乡镇企业由迅速崛起向成熟健康发展，大量吸纳了农村富余劳动力，这也促使了第三产业的蓬勃发展，在很大程度上加快了我国由农业大国向现代化工业强国转变。有数据表明：1978年，占我国人口总数17.9%的工业人口创造的工业产值占75.2%，而占我国人口总数82.1%的农业人口仅贡献了24.8%的农业产值；到了1993年，28.32%的工业人口贡献的工业产值是82.85%，而71.86%的农业人口则贡献了17.2%的农业产值。这对农业人口基数大、农技含量低的传统农业大国来说，是一个不小的进步。二是城市化进程加剧。伴随着越来越多的农民进城务工，城市化进程加快是必然结果。在20世纪90年代初期，由于进城务工人员增多，城市问题日显。经过近20年的探索，我国已经形成了以大城市为中心，以中小城市为重点，以小城镇为基点的网络化发展模式，这种模式的最大特色就是城市向农村拓展，农村向城市聚集，更为重要的一点就是能帮助农村自主地城镇化。长三角地区就是一个不错的典范。《中国统计年鉴》的数据显示，1950—2014年的城市化率如下：1949年我国城市化率为10.64%，1978年为17.92%，1985年为23.71%，1995年为29.04%，2002年为39.09%，2009年为46.39%，2011年中国城镇人口达到6.91亿，城镇化率达到了51.27%，人口城镇

① 王永安，孙曼会，边群英，等. 转变教育质量观念　以质量和特色求生存、求发展[J]. 中国冶金教育，1999(2)：1-4.

化率首次超过50%[①]。

（二）农业和农村的新变化

经济体制转型与社会结构转变必然会给农业和农村带来翻天覆地的变化，具体表现如下：

1. 市场化

农业和农村发展已经不再像计划经济时代那样依靠计划指导和行政驱动了，而是转变为依靠市场主导，按市场规律进行宏观调控，市场在资源配置上起的作用越来越大。

2. 非农业化

农业产业是21世纪的阳光产业，一些经济实力相当雄厚的经济实体看到了农业投资的巨大商机，开始以雄厚的资金进军农业，到农村兴办产业，促进农业的产品升级与换代，非农业化已经成为我国当前农业发展的一大亮点。

3. 民主化

人们的生活水平提高后，关注的不再是温饱问题，而是转向关注社会公平等问题。同时，加上农业市场培育机制的日益完善，市场经济在农村已经发展成熟，农民的民主化需求越来越强烈。正如美国学者巴林顿·摩尔所说："土地贵族是否转向农业商品经济，是决定尔后政治进程的最关键因素。"[②]农业生产率的提高，以及现代农业产业规模化壮大，促进了农民的两大解放：一是不用为温饱而时时担忧，二是不用再从事烦琐的农活。农民的民主意识大大加强，他们迫切希望获得在各个领域中的平等权利，而且要求获得与自己利益攸关的政治权利，以确保他们的合法权益得到有效保护。因此，在我国农村，以民主选举、民主决策、民主管理和民主监督为具体内容的农村民主化事业日趋完善。与此相适应的，以自我管理、自我教育和自我服务为内容的农民自治也正在稳步推进，到目前为止，已经形成了农村物质文明、政治文明与精神文明建设相协调发展的格局。

4. 知识化和信息化

21世纪初，全球已经开启了农业科技革命的序幕，以信息技术、遥感技术和计算机技术为代表的高新技术应用于农业，加上大批产业群进军农业，极大地

① 李含琳. 中国式农民与城市融合发展的三种基本模式[J]. 甘肃理论学刊，2015(5)：140-143.

② 王慧. 中国当代农村教育史论[M]. 北京：光明日报出版社，2014：124.

活跃了农业经济，农业知识化和信息化最终的结果就是能带动农业生产力的发展，实现资源有效利用，农产品的数量和质量也能得到极大的提升，最为关键的是农业品牌效应也能对市场产生巨大影响力。显然，农业科技和农村经济一体化的形势一片向好，知识经济的效应也在农业领域初现端倪。因此可以说，农业科技是农业发展的生命线。

总的来说，市场化、非农业化、民主化、知识化和信息化等都会对农民职业教育产生巨大影响，也会对农民职业教育提出更高的要求，农民职业教育转轨是顺应经济体制改革和经济增长方式转型的必然产物。农民理应从传统、封闭的思想观念中解放出来，树立现代化、社会化的大教育观。农民职业教育的发展规模、速度、结构、内容以及目标定位均要与经济发展相适应，甚至超前。农村的基础教育质量决定了未来农民的素养，农村的成人教育和职业教育决定了当前农民的职业技能，我们认为，农民职业教育要与市场实现零对接，真正让农民职业教育为农村经济与社会发展提供持续智力支持。

二、农村经济与社会发展现状

农村教育是农村经济与社会发展的综合反映，同时，农村教育又影响着农村经济与社会的发展。所以，研究农村教育必须放在社会、经济背景中去考虑，必须了解农村经济、社会的发展情况。

（一）江苏省的自然条件

1. 地理位置

江苏省地处中国大陆东部沿海地区中部，在长江、淮河的下游，东濒黄海，北接山东，西连安徽，东南与上海、浙江接壤，是长江三角洲地区的重要组成部分。地跨东经116°18′～121°57′，北纬30°45′～35°20′。陆地面积10.72万平方千米，占中国陆地总面积的1.12%。长江横贯东西425千米，京杭大运河纵贯南北718千米，海岸线长954千米。

2. 地形地貌

地形以平原为主，平原面积有7万多平方千米，占江苏省面积的65%以上，比例居中国各省首位，主要由苏北平原、黄淮平原、江淮平原、滨海平原、长江三角洲平原组成。江苏地势低平，河湖较多，平原辽阔。

江苏也是中国地势最低的一个省区，绝大部分地区在海拔50米以下，低山丘陵集中在西南部，占江苏省总面积的14.3%，主要有老山山脉、云台山脉、宁镇山脉、茅山山脉、宜溧山脉。连云港的市郊云台山玉女峰为江苏省最高峰，海拔625米。

3. 水系分布

江苏地处江、淮、沂、沭、泗五大河流下游，长江横穿江苏省南部，江水系江苏省最可靠的水资源。境内有太湖、洪泽湖、高邮湖、骆马湖、白马湖、石臼湖、微山湖等大中型湖泊，以及大运河、淮沭河、串场河、灌河、盐河、通榆运河、灌溉总渠和通扬运河等各支河，河渠纵横，水网稠密。中国五大淡水湖有两个位于江苏，其中太湖面积为2 250平方千米，洪泽湖面积为2 069平方千米，此外还有大小湖泊290多个，其中面积50平方千米以上的湖泊有12个。

4. 气候条件

江苏属于温带向亚热带的过渡性气候，气候温和，雨量适中，四季气候分明，以淮河、苏北灌溉总渠一线为界，以北属暖温带湿润半湿润季风气候，以南属亚热带湿润季风气候。

江苏各地平均气温为13～16℃，江南为15～16℃，江淮流域为14～15℃，淮北及沿海地区为13～14℃，由东北向西南逐渐增高。1月份为最冷月，平均气温-1.0～3.3℃，其等温线与纬度平行，由南向北递减；7月份为最热月，沿海部分地区和里下河腹地最热月在8月份，平均气温26～28.8℃，其等温线与海岸线平行，温度由沿海向内陆增加。

5. 水资源

江苏水资源十分丰富，境内降雨年径流量为150～400 mm。江苏平原地区广泛分布着深厚的第四纪松散堆积物，地下水源丰富。江苏地下水总量对农灌具有开采意义的是徐淮浅层水，约29.57亿立方米/年，供垦区及海涂开发，人畜饮用的沿海深层地下水约5.85亿立方米/年。截至2014年，江苏本地水资源量为321.6亿立方米；多年平均过境水量为9 492亿立方米，其中长江径流占95%以上。

6. 土地资源

截至2013年，江苏拥有耕地面积6 894万亩，人均占有耕地0.87亩。沿海滩涂1 031万亩，是重要的土地后备资源。

7. 矿业资源

截至2013年，江苏矿产资源发现的有133种，其中查明资源储量的有67

种。有色金属类、建材类、膏盐类、特种非金属类矿产构成了江苏矿产资源的特色和优势。铌钽矿、含钾砂页岩、凹凸棒石粘土、云母等矿产查明的资源储量位于中国前列。煤炭、石油、天然气、铁等能源矿产和金属矿产储量在中国的份额较低。其中建材、粘土等34种单矿储量位列中国前十位，铌钽矿、方解石、泥灰石、凹凸棒石粘土等矿产保有储量位列中国第一位，连云港市东海县被称为“中国水晶之都”。

8. 生物资源

江苏野生动物资源为数较少，植物资源非常丰富，截至2013年，约有850种，尚有可利用和开发前途的野生植物资源600多种。苏北邳州地区有中国最大的银杏树种植区。水生动物资源极为丰富。东部沿海渔场面积达10万平方千米，其中包括著名的吕四、海州湾、长江口、大沙等四大渔场，盛产黄鱼、带鱼、鲳鱼、虾类、蟹类及贝藻类等水产品。内陆水面有2 600多万亩，养殖面积1 200万亩。有淡水鱼类140余种，是中国河蟹、鳗鱼苗的主要产地。被称为“长江三鲜”的鲥鱼、刀鱼、河豚，“太湖三白”的白鱼、银鱼、白虾，都是水中珍品，盱眙更是被称为“龙虾之都”。

江苏是著名的“鱼米之乡”。农业生产条件得天独厚，农作物、林木、畜禽种类繁多。粮食、棉花、油料等农作物几乎遍布江苏省。可种植利用的林果、茶桑、花卉等品种有260多个，蔬菜有80多个种类、1 000多个品种，江苏蚕桑闻名中国，名茶有“碧螺春”“云台山云雾茶”“芦蒿茶”“绿杨春”“雨花茶”等。鸟类主要是野鸡、野鸭，沿海有丹顶鹤、白鹤、天鹅等珍稀飞禽。

（二）农村经济发展概况

农业生产平稳发展。粮食总产量实现“十二连增”，2015年总产量达3 561.3万吨，比上年增产70.7万吨，增长2.0%；夏粮1 271.7万吨，增长1.4%；秋粮2 289.7万吨，增长2.4%。2015年粮食播种面积542.5万公顷，比上年增加4.9万公顷；棉花种植面积9.4万公顷，减少3.8万公顷；油料种植面积47.5万公顷，减少2.4万公顷；蔬菜种植面积143.1万公顷，增加5.9万公顷。

林牧渔业总体稳定。2015年造林面积4.1万公顷，比上年下降30%；全年猪牛羊禽肉产量359.2万吨，比上年下降2.7%；禽蛋总产量196.2万吨，增长0.8%；牛奶总产量59.6万吨，下降1.9%；水产品总产量522.1万吨，增长0.6%，其中淡水产品372.9万吨，海水产品149.2万吨，分别增长1.2%和下降0.8%。

现代农业加快推进。高标准农田比重超过50%，农业科技进步贡献率提高到65%，家庭农场、农民合作社分别达到2.8万家和7.2万个，农村产权交易市场建设进展顺利。全省有效灌溉面积达402.6万公顷，新增有效灌溉面积3.4万公顷，新增节水灌溉面积21.4万公顷，新增设施农业面积4.2万公顷；年末农业机械总动力4 827.5万千瓦，增长3.8%[①]。

三、农村剩余劳动力转移现状

1. 农村剩余劳动力转移的特点

(1)农村人口向城镇转移趋势明显。根据江苏省统计局《2012江苏统计年鉴》的数据，从1979年以来，江苏省农村人口处于趋向于城镇化的持续转移过程中。2000—2011年，江苏农村人口绝对值下降近1 300万，同期城市人口增加了1 800万，按照江苏省近年来2.9%以内的人口自然增长率，可以分析得出农村人口向乡镇大规模转移的趋势。尤其是近几年江苏省农村人口以每年超过100万的速度负增长，其中2010年前后这一数值曾一度达到近250万[②]。大量的农村人口向城镇转移，对原来以从事农业劳动为主的农村人口的素质提出了新的要求，掌握一技之长成为适应城镇化生活的基本要求。图4-1所示为2007—2012年江苏省城镇、农村人口变化趋势。

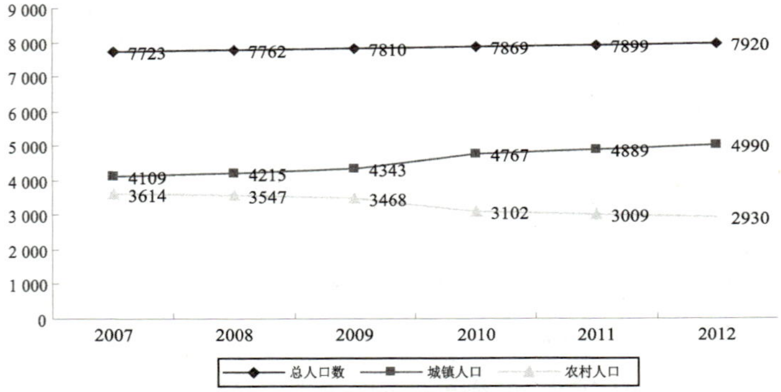

图4-1 2007—2012年江苏省城镇、农村人口变化趋势

(2)第一产业从业人口逐年下降。从江苏省统计局《2015江苏统计年鉴》中可以发现，截至2015年年底，全省从事第一产业的人口为1 023.02万，与第二、

① 江苏省统计局，国家统计局江苏调查总队.2015年江苏省国民经济和社会发展统计公报[EB/OL].(2016-02-29)[2017-10-20]. http://www.jssb.gov.cn/tjxxgk/xwyfb/tjgbfb/sjgb/201602/t20160229_277995.html.

② 江苏省统计局，国家统计局江苏调查总队.2012江苏统计年鉴[EB/0L].[2017-10-20]. http://www.jssb.gov.cn/jstj/jsnj/2012/indexc.htm.

第三产业的差距进一步拉大(见图4-2)。2017年第一产业的从业人口数占江苏省全部从业人口数的21.5%,虽然与2015年相比,绝对数量仅减少了37万人,但从中长期历史数据来看,第一产业的从业人员数量已经较之1995年的2 057.08万人减少了1 034.06万人,降幅超过50%,而同期第二、第三产业的从业人员则分别增加了43.43%和86.62%,这说明第一产业劳动力向第二和第三产业转移的趋势明显。第一产业与第二、第三产业的劳动技术内容和特征完全不同,跨产业从业意味着需要专业的技术培训和职业素质培养。

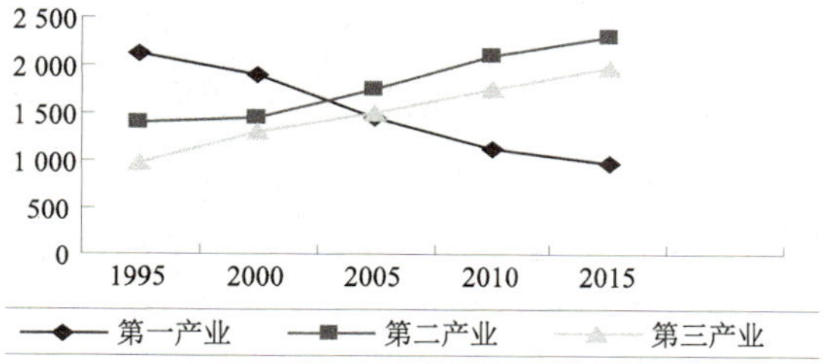

图4-2 1995—2015年江苏省从业人口变化趋势

(3)劳动力本地转移的比重增加。江苏省统计局2015年的统计数据显示,从2011年起江苏省农村劳动力转移呈现新的特点和变化。一是农村劳动力选择本地就业者比重持续增加。调查显示,全省1 799万农村转移劳动力中,选择在本乡本镇就业者达926万人,占51.5%。二是江苏省本地就业呈现南高北低的特点,苏南地区呈现东高西低的特点。数据显示,在江苏省省辖市中,苏州农村劳动力选择在苏州本地从业的比重最高,占本市农村劳动力转移量的94.4%;无锡为90.9%;常州、镇江均超过70%;南京为62.4%;而连云港、淮安、宿迁本地就业比重最低,分别为27.4%、23.9%和22.9%。

由于培训课程的开设与转移就业区域流向和就业岗位等因素密切相关,上述结果势必对江苏省各地区劳动力培训课程的设置、师资培训等环节产生重大影响。

2. 江苏省农村劳动力转移就业培训现状

(1)培训方式。

一是传统式。由政府组织相关部门进行培训动员,学员得到培训信息后直接参加培训,培训完后凭借获得的技能自主择业。这一模式简便易操作,效率高,但是培训针对性相对较弱。

二是需求导向式。通过人力资源与社会保障等部门对农村劳动力进行有针对性的抽样调查,了解农村劳动力的技能培训需求,然后在此基础上开设相应的培训班,以满足农村劳动力技能提升的需求。与第一种方式相比,这种方式针对性更强。

三是政企合作式。由地方政府直接与地方企业联系,培训对象有相当一部分是针对企业的新进员工。该方式往往结合国家技能证书考试进行。目前这种方式在江苏省内非常普遍。与其他方式相比,这一培训方式的基本特征是能够将培训点办在农村劳动力密集的企业,方便培训开展。另外,培训时间和培训形式由政府主管单位和企业进行协商决定,培训内容主要涉及非农职业技能,主要是帮助农村剩余劳动力获得能胜任企业中各个岗位的知识与技能,培养的针对性最强,学员满意度高。

四是多方合作式。由当地政府主导,各企业密切合作,同时联合当地的职业教育机构进行劳动力需求调查和企业人才需求调查,以期掌握劳动力供需关系的动态数据,进而根据两者的需求设计培训课程,组织学员学习。目前,江苏省部分地区正在积极进行该方式的实践和探索,已取得一定成绩,比如常州、无锡等地。2016年,苏北的徐州也开始尝试此种培训模式,计划到2020年,徐州市力争使新进入人力资源市场的农民工都有机会接受一次就业技能培训或岗前培训,力争使在企业技能岗位就业的新生代农民工都有机会接受一次岗位技能提升培训或高技能人才培训,力争使有创业意愿的新生代农民工都有机会接受一次创业培训①。

五是合作社或企业主导式。由合作社或龙头企业在一些有特色产业的地区组织开展培训。其中合作社培训由农民通过专业合作社自发组织,由经营能手或技术能手牵头,开展农资购买,农产品销售、加工、运输、贮藏以及与农业生产经营有关的技术、信息培训等,此类培训正成为培育新型农民的重要路径。而企业主导式则通过龙头企业组织实施,农业龙头企业在自身发展中需要农户生产配套,它们为农户提供的上门技术培训普遍受到农民欢迎,既提高了农民的农业产量和收入,也提高了企业的经济效益。

(2)培训内容。

一是涉及工种多、门类广。目前江苏省内开展的培训内容有车工、钳工、电工、电子、数控机床操作与维修、烹饪、焊工、宾馆服务员、家政服务员、插花、缝

① 程颖. 徐州将对新生代农民工全面实施分类培训[N]. 彭城晚报,2016-11-07.

纫工、盲人按摩等工种，涉及制造业、服务业、信息产业等多个产业门类。培训项目的产业覆盖面广，农村劳动力具有相对较多的培训选择。

二是技术岗位、基层岗位多。调查发现，江苏省的农村劳动力转移就业培训岗位除了少数针对会计、广告设计和装饰设计等文职岗位外，多数以技术岗位，尤其是制造业技术基层岗位居多。在技术工种中，目前针对电子、机械和服装行业的电工、车工、焊工、缝纫工等培训岗位占据培训专业的绝大部分。除此以外，服务业的家政、插花、电脑装配等领域的基层工作岗位也占据较大比重。

三是具有一定的区域特色。一些培训学校开设了能够与地方经济紧密结合的岗位培训，如滨海县开设的纺织挡车、横机针织等岗位培训，建湖县开设的花炮加工和皮鞋制作培训，具有较强的地方特色，能够体现区域经济特点，因而也获得了较好的培训效果。在淮安，地方传统特色工艺也同样被选择作为劳动力转移的培训项目，如盱眙龙虾、洪泽小鱼锅贴、涟水鸡糕等，这些具有一定社会影响力、植根于地方文化、有一定品牌效应的特色培训，一方面可以促进农村劳动力获得专项职业能力，另一方面还能传承传统文化和技艺，促进地方特色发扬光大。

四是综合性和专业性并存。通过对盐城地区培训机构的调查分析得出，在开展培训的171家办学点中，多数办学机构承担多门类、综合性的技能培训，切实增强了地方技能培训的覆盖面，也增加了农村劳动力技能培训的选择空间。除此之外，近1/4的办学点能够根据自身的办学强项开展专业性的特色培训，如东台市财会教育中心专门进行财务人员培训，大丰市农机职工学校专门进行拖拉机驾驶员、农机驾驶员、农机维修工培训，滨海县三益纺织技能培训中心专门进行纺织挡车的技能培训等，这些都体现了利用专业师资、专业技术强项进行农村劳动力专业培训的思路和理念，对于提升农村劳动力转移就业的专业技能具有积极作用。

(3)培训形式。

目前江苏省各地均能够根据农村劳动力的差异，因地制宜地开展形式多样的培训活动。通过在盐城和宿迁地区的调查中发现，当地通过不同的培训形式尽可能扩大培训覆盖面。具体操作上，他们对于尚不具有专门技术但有一定转移需求的中青年农村劳动力采用集中授课的方式进行培训；对于有明确转移意愿并正在向第二、第三产业转移的农村劳动力就近在企业内部进行授课；职业道德、安全生产环节采用大班上课，技术环节的讲练采用分班实训。在江苏省淮安市，还根据不同年龄和文化层次对农村劳动力采取差异化培训形式。一些文化水平偏低、年龄较大的农村劳动力主要接受难度相对较低、容易操作的技术工种或专项职业技能培训，而对于文化水平较高的农村劳动力则进行难度相对较大、技术含量稍高的技术工种培训。苏州市对青年农民进行向第二、第三产业转移的培训以及高新农业生产技术培训；对于壮年农民的培训则主要使其掌握一到两项先进适用技术；对于中年农民则重点进行法律法规、安全意识等方面的培训；对于目前转移意向尚不明确的农村劳动力进行实用技术培训，由龙头企业进行技术示范和产业孵化；而对于有明确创业意向的农村劳动力，则依托定向创业培训机构以生产技术知识和实际操作技能传授等方式开展创业培训。

四、农民职业教育发展现状评析

21世纪之初，农民教育的外部环境已经有了巨大变化，这种变化不仅有好的一面，也有坏的一面，比如改革中还没有彻底解决的问题日益加重，与新环境格格不入的新问题层出不穷。

（一）发展农民职业教育逐渐成为全社会的共识和自觉行为

江苏省农民职业教育一直都在起伏波动中艰难前行。随着经济水平的不断提升，农民职业教育总体趋势向好是不容置疑的，尤其是在近十年呈稳定发展态势，而社会主义新农村建设的大背景更使得人们对发展农民职业教育有了新的更为深刻的认识，并逐渐转化为全社会行为。

当前，江苏省各地各级政府将农民职业教育作为促进社会主义新农村建设的重要举措，积极发挥其开发、积累农村人力资本的功能。人们已经能感受到各级政府、各类学校、成人学校等都在积极贯彻国务院和各地省政府关于大力发展农民职业教育的决定，将农民职业教育发展置于社会主义新农村建设的核心地位，也能感受到广大教育工作者深厚的职业教育情结。

江苏省按照发展现代化农业、建设社会主义新农村的总体要求，以培养新型农民为主线，对农村“两后生”实施百分之百培训、百分之百推荐就业的“双后双百”工程，实行技能培训、考核发证、就业指导一条龙服务，提升农村新增劳动力的科学文化素质和职业技能。把农民职业教育作为城郊结合部在更高起点上实现新跨越的关键环节，把传统农民的转型教育确立为职业教育、成人教育发展重点，大力推进三大类培训项目，即围绕城郊结合部产业布局定位，发展转岗技能培训；围绕传统农业向现代农业转变，发展农业实用技术培训；围绕城乡一体化，发展紧缺人才和紧缺知识培训。在苏北地区，针对农村绝对贫困人口和低收入人口多，农村劳动力整体素质不高，缺乏劳动技能的现实，积极开展以农村实用技术培训为主的农民职业教育。5年来，在苏北地区累计对769万农民进行了各类实用技术培训，年培训153.8万人次。除此之外，江苏省还对没有升学的初高中毕业生进行有针对性的职业技能培训，使他们通过培训后，达到人人有知识、个个有技能、个个能就业的标准，这样有利于提高城乡新增劳动力的素质。

农民职业教育要建立区域发展机制，也就是说要根据当地的实际制定适应本地各产业发展的政策，采取切实、非均衡的发展措施，保障职业教育稳健发展。江苏省的具体做法如下：

（1）将中等职业教育置于倾斜发展、优先保障发展的地位。江苏常州市建立由发改委、教育、劳动保障等多个部门参加的专业设置和招生计划统筹协调制度，统筹建立灵活开放的职业教育招生市场。职业教育先于普通高中招生，通过招生市场，让学生及家长与职业学校实现“零距离”沟通，双向选择，为确保职业学校生源、引导合理分流作出了制度保证；统筹招生宣传，按照“重点普高不作宣传，民办中学规范宣传，职业学校大力宣传”的原则，向社会大力宣传职业教育。

（2）中等职业学校家庭经济困难学生资助政策体系建设取得重大进展。按照新的资助政策的规定，中等职业学校对于一、二年级的所有农村户籍的在校学生和县镇非农户口的在校学生以及城市家庭经济困难的在校学生将给予免学费的资助，农村学生接受职业教育的机会显著增多，这对增强职业教育的吸引力，扩大面向农村的职业教育规模，促进教育发展和教育公平起到了重要作用。新的资助政策全部落实到位后，受资助学生达1 600万人，占中等职业学校在校人数的90%。苏南经济发达地区职业学校虽然未能享受这一政策，但当地政府依然按此政策规定的标准一视同仁地对待本地、异地及外省在当地就学的农村职业学校学生。

（3）加强农村职业教育培训中心和成人学校的基础能力建设，改善办学条件，提高培训能力。教育部支持各地在中央财政专项资金支持项目的安排上，坚持向农村地区倾斜，提高农村职业培训中心和成人学校的办学能力。

农民职业教育能为新农村建设提供有力的智力支持。教育部积极组织实施“农村劳动力转移培训计划”，促进农村劳动力合理有序转移和农民脱贫致富。据对北京、辽宁、上海、浙江、河南、湖北、湖南、广东、广西、重庆、西藏、新疆生产建设兵团等12个省(自治区、直辖市)教育系统农村劳动力转移培训数量的统计，全年共培训1 313万人，其中，引导性培训740万人，技能性培训281万人，转移就业培训292万人①。另据统计，“十二五”期间，中等职业学校累计培训1 300万农村孩子，每年开展技能培训700万~800万人次，极大地提高了农村新增劳动力的素质，许多毕业生成为具有初、中级技术水平的建设人才，大批农村家庭贫困学生通过职业教育改变了自己的命运，帮助家庭摆脱了贫困，在新农村建设和城乡统筹发展中发挥了积极作用。

为了更好地支援中西部欠发达地区农村劳动力转移培训工作，江苏省根据本地经济对人才需求的状况，为来自中西部欠发达地区的农民工提供了针对性非常强的免费专业技能培训，同时还给予农民工误工补贴。据不完全统计，截至2016年年底，江苏省为外来务工人员提供专业技术技能培训高达119.32万人次。

(二)职业教育资源积聚效应初见成效

职业教育从粗放发展走向以内涵扩张为主的集约型发展，是职业教育发展质的飞跃，也是职业教育发展到高水平状态的重要标志。在集约型发展模式的基础上，以大职教的视野，全面整合职业教育资源，倍增教育投资效益，是当前职业教育发展的必然趋势，这也必将提升职业教育、成人教育和社会教育等各类教育机构服务新农村建设的能力，确保职业教育在更高的平台上持续健康发展。

江苏省通过整合教育资源，形成了具有较大规模和更具服务能力的职业教育中心，苏南一些县市，农村职业教育中心已经办到了乡镇一级，相比之下，苏中、苏北地区发展较慢，目前只在县(市)一级才有1所职业教育中心。而以前的农业技术学校，多数已经改制为普通初中和高中，承担九年义务教育任务。有些地方，这类学校撤销的撤销，合并的合并。

武进区政府就投资3亿元，建成了占地436亩，可承担1.5万学生规模的新

① 实施“农村劳动力转移培训计划”[EB/OL]. [2017-11-20]. http://www.moe.edu.cn/jyb_sjzl/moe_364/moe_1172/moe_1174/tnull_16349.html.

职教中心。如东县根据本地经济发展需要，继武进之后，征地400亩，投资1亿元，易地扩建县职业教育中心。海安县征地500亩，投资1.68亿元，将五所职业学校整合，建成了新的海安职业教育中心。

（三）城乡职业教育统筹发展，城市职业教育对农民职业教育的辐射能力增强

农村以劳动力支持城市发展，在城市发展到一定的水平，需要城市反哺农村。这是我国城乡发展一体化建设最为有效的模式，不仅包括经济层面的内涵，也包括城乡各级各类教育，甚至是高等教育统筹发展之意。城乡职业教育统筹联动发展为社会主义新农村建设服务，既反映了新时期城乡职业教育和成人教育的新型关系，也是对提升职业教育和成人教育服务新农村建设能力的要求。因此，城乡职业教育一体化、统筹发展，既互惠互利，也是未来区域职业教育向高水平发展的必然选择。

近几年，江苏常州为了大力发展职业教育，由市政府主导，力争建立职业教育与经济建设、城市发展相配套，两者能良性互动的机制，在大力推进新一轮职业教育资源整合和布局调整的过程中，加快市区职业学校向开发区集聚、向农村辐射的步伐。常州市通过新北区职业教育中心、常州技师学校新校区、常州刘国钧高等职业技术学校、殷村职业教育园的建设，做大做强职业教育，扩大职业教育办学规模和面向农村的招生人数，增强城市职业学校反哺农业、辐射农村、服务农民的能力，让近一半以上的农村学生接受优质的、免费的职业教育，并在城市就业，实现农村剩余劳动力的有效转移，同时还能帮助农民脱贫致富。苏南经济发达地区的农村职业学院都面向苏北及中西部经济欠发达地区的农村招生。

（四）成人职业教育与培训成为农民职业教育发展的主要形式和新增长点

多年以来，职前学历教育和职后专业培训是相分离的，一些全日制职业学校只注重正规的学历教育，对职后培训等非正规职业教育较少关注，或者说不太愿意进行职后培训，认为这是成人教育部门或社会培训机构的事。现在绝大多数职业学校开始意识到：职业学校不仅要进行学历教育，还应该进行多形式的非学历教育，正规职业教育和非正规职业教育并举，特别是人们在实践中越

来越认识到随着生源下降，以及终身教育的兴起和快速发展，成人教育必将成为各类职业学校发展的新增长点。因此，江苏各地的职业学校根据本地的经济与社会发展需要，主动放下正规职业教育的"架子"，拓展自身的职业培训功能，满足人们接受终身教育的需要。比如江苏靖江中等职业学校组织实施八个方面的培养培训与服务工程，即新增劳动力培训工程、失地农民培训工程、农民实用人才培训工程、创业农民培植培训工程、回流农民工转岗培训工程、农民远程教育工程、农民上网知识普及培训工程和技术支农服务工程。

（五）新型农民职业教育培训工作正逐步展开

根据国家和各地教育等有关部门部署，江苏省各地积极推进"现代农民教育工程"，开展农村实用技术培训。

（1）积极实施外来务工人员的教育培训工程。如昆山市外来务工人员有"三多一低"的特点，即数量多，从事务工、经商的多，从事外企工作的多，文化程度普遍较低。不仅是昆山，江苏很多地方经济发展都受到这样的劳动力现状困扰。为了突破这一瓶颈问题，江苏省开始全面调整职业教育资源，在深入调研的基础上，结合深化社区教育改革，提出实施"外来务工人员素质提升四项计划"，即文明素质提升计划、文化学历提升计划、职业技能提升计划、科技知识普及提升计划。

（2）开拓创新，实施新农民技能学历双升教育。针对新农民培训工作和新农村建设的实际需要，江苏省各地根据中央、省两级关于做好返乡农民工职业教育和培训工作的有关文件精神，要求各镇成人教育中心校在充分调研论证的基础上，广泛开展各类教育培训，提升农民培训层次，做好面向农民的半工半读形式的技能学历双提升中等职业教育。

（3）新生代农民工的培训开始受到重视。目前，苏南地区对新生代农民工的培训做得比较好，基本上接近世界发达国家水平。比如昆山市在审视新生代农民基数大、文化和专业素质普遍较低的现实基础上，在近五年实施了对外来务工人员的免费培训，又在2017年启动了"新生代农民双素质提升工程"，让在昆山务工的"80后""90后"新生代农民工通过在职培训，在学历上达到高中（中专）以上文化水平。除了文化培训，昆山还加大投入，根据昆山市产业升级和岗位要求，按需培训技术应用型人才来服务昆山经济与社会发展。无锡惠山区在新生代农民工培训方面的经验也值得推广，比如惠山区实施的免费引领性培训、技能培训和创业培训。这些培训顺应了新生代农民工培训的需求，驱动了新生代农民工学历和技能双升培训的工作开展。

（六）社区职业教育的发展促进了学习型社会形成

众所周知，社区教育做得比较好的省份是浙江。我们首先来看看杭州和宁波的做法，这些经验值得江苏借鉴。目前，杭州、宁波的社区教育已经实现了由点到面的推进过程，社区教育体系较为完善。社区教育涉及的内容较多，绝大多数是城市服务性技能培训。杭州和宁波是人口负载严重的两个城市，城市生活问题频出，为了健全城市功能，提高城市的核心竞争力，杭州和宁波两市根据各自的经济条件和现状构建了以新生代农民工为主要培训对象的社区教育体系。江苏可以借鉴浙江的做法，从局部实验向全面普及转变。以与浙江临近的苏州市为试点，实现社区教育转型。到目前为止，苏州市已经建成十所社区学院，其中七所已通过省级验收，正在为长三角经济驱动带连片化发挥重要的作用。

随着城乡统筹发展的不断深入，社区教育功能不断拓展，服务效益不断提升。根据江苏省各市的调查数据来看，当前各地既有针对社区百姓提高生活水平的专业技能培训，又有“老有所乐”的享受型教育培训；既有促进市民综合素养和健康生活的教育培训，又有满足人们日益增长的精神文化需要的教育培训。比如昆山市张蒲镇早在五年前，就确立了“人文张蒲”的建设目标，为此，张蒲镇加大各类教育培训的资助力度，开展失地农民的引导性培训，满足外来人口就业培训以及维权知识、法制意识和乡土民情方面的培训等，以便外来人口更好地融入当地生活，愉快地工作。连云港的海州区也开展了旨在提升“村干部素质”和“农村能人”的特色培训。由于连云港乡镇经济不如苏南各市发达，本地无法接纳农村剩余劳动力，为了有效地转移农村剩余劳动力，海州区与苏南各市签订农村剩余劳动力转移培训战略协议，增强培训的针对性。这一做法一能有效地转移连云港市农村剩余劳动力，提高农民的生活水平；二能弥补苏南各市“用工荒”的窘状。

第二节　江苏省农民职业教育发展的问题诊断

虽然江苏经济发展位居全国前列，但也存在不少问题。比如城乡二元结构明显，苏南地区由于经济发展较好，近十年来城乡差距正在逐渐缩小。目前，大家已经得出一个共识：要想实现城乡一体化，就需要盘活农村经济，而农村经济生活的主体是农民，因此，提高农民素养和专业技能就成了关键任务，而这关键任务自然落在了农民职业教育上。作者经过近一年的调查研究和访谈，诊断出当前江苏农民职业教育发展存在以下六大问题。

一、农民职业教育边缘化严重

经过三十多年的发展，农民职业教育也少有成绩，但还没有成为真正的主流教育。虽然农民职业教育在解决"三农"问题、新农村建设以及整个社会发展中的作用越来越明显，但在现代教育体系中，职业教育，尤其是针对农民的职业教育并不被大众看好，仍被大众视为竞争"失败者"接受的教育。不仅学生和家长这样认为，就是一些从事职业教育的教师也这样认为，甚至有些地区的党政主要领导也持此种观点，他们在潜意识里是瞧不起职业教育的，他们的行为或多或少会影响职业教育的发展。江苏有些地方，发展农村职业教育和成人教育的主动性和积极性不够，举措不力，为了达到省政府规定的1:1的目标，玩弄数据，弄虚作假。

正是由于农民职业教育始终没有得到大众在观念上和心理上的认可，农民职业教育步履维艰，经常在生存与消亡的边缘线上挣扎，成为现代教育体系中最弱势的教育。

（一）农民职业教育发展呈弱势状态，未能成为农村的主流教育

目前，江苏省像其他省份一样，"普高热"一路走高，普通高中办学占据了教育资源的80%以上。虽然现在评价政绩不再"唯数据"，但一个地区教育发展好与坏的评价标准还是以升学率为主要评判标准。因此，农民职业教育成为农村教育主体的路还很长。2001—2007年，江苏职业教育在校人数呈负增长，2008—2012年持平，到2013年才出现回升。"苏南现代化建设示范区""苏南教育现代化建设示范区"，以及先后设立的两批19个省职业教育创新发展实验区建设计划和职业教育教学质量提升工程等实践探索，为推进现代职业教育体系的构建奠定了基础，积累了经验，创造了氛围①。由于初中毕业生和高中毕业生

① 崔景贵，尹伟．江苏现代职业教育体系构建的历程、路径与策略[J]．中国职业技术教育，2015(6)：21-27.

的减少，目前，职业院校的生源又成了新的问题。

（二）资助农民职业教育发展的教育投资不足

人力资本的积累是社会经济发展原动力源，它对物质资源的有效利用和经济增长方式起决定性作用。代谦、别朝霞基于FDI（外商直接投资）视角研究教育、人力资本和经济增长的关系的结果表明，FDI能否给发展中国家带来技术进步和经济增长依赖发展中国家人力资本的积累，只有辅之以较快速度的人力资本积累，FDI才能给发展中国家带来技术进步和经济增长①。然而，江苏省虽然有丰富的人力资源，但农村人力资源存量不大。低素养农村人力资源过多，人力资本处于"贫困"状态，在很大程度上制约了农民增收和农业快速发展。因此，必须加大投资，大力发展农村职业教育，提高农民职业教育服务新农村建设的能力，促进农村人力资本投资。但事实情况并非如此，我国农民职业教育发展一直受到缺乏资金的困扰。一方面，原先划拨给职业教育的经费，被挪用到被大众认为的农村主流教育——普通高中教育上；另一方面，农民职业教育经费占整个教育经费的比重偏低。

二、农村人力资源能力建设弱化现象突出

众所周知，人力资本是农村经济社会发展的关键，而农民人力资源能力建设则是农村人力资本积累的核心。应该说，近年来，全社会越来越关心"三农"问题，作为"三农"核心的农民问题得到了高度重视，农村贫困现象也因此有了很大的改观。自2006年全国取消农业税以来，农民是最大的受惠者。这样的改革是必要的，但是还不够，这不足以彻底解决农民贫困问题。农民贫困有它深层次的原因，但这些原因在哪里呢？这需要广大农民教育理论工作者下大力气研究探索。舒尔茨以贫困国家的经济发展为考察对象，经过深入研究得出如下结论：限制贫困经济增长的关键因素是资本比较缺乏②。虽然决定经济增长的资源很多，但最缺少具有灵魂作用的资源——人力资源。舒尔茨又指出：土地本身并不是使人贫困的主要因素，而人的能力和素质却是决定贫富的关

① 代谦，别朝霞．FDI、人力资本积累与经济增长[J]．经济研究，2006，41(4)：15-27.

② 王贤，王琴．舒尔茨人力资本投资理论对我国新农村建设的启示[J]．日照职业技术学院学报，2009，4(3)：18-21.

键[1]。因此，解决困扰中国经济发展的贫困问题的关键是加强农民人力资源能力建设，提高农民人力资本积累水平。所谓农民人力资源能力建设，指的是通过教育、培训、激励和使用等途径和方法，促进农民潜能的开发、素质的提高，增强农民能动地改造主客观世界的能力，从而促进经济发展和个体发展。人力资源能力建设的过程实质是人力资源开发的过程，也是人力资本投资的过程。

江苏农民人力资源能力建设可依靠的是农民职业教育，但农民职业教育投资严重不足是一个不争的事实，被边缘化的处境并没有好转，主要表现在以下三个方面：

（一）农民职业教育职能被弱化

大量调查表明：在部分县、乡镇的党政主要领导眼里，农民职业教育被认为可有可无，这是导致各地农民职业教育名存实亡的重要原因。一些县、乡镇的农民职业教育中心校处于“有校无生”的尴尬处境。江苏相对于中西部地区的省份来说，经济状况还是不错的，但有很多县市没有根据国家要求按乡镇人口万分之一至万分之二的比例配备农民教育专职教师，甚至还有一些县、乡镇已经很久没有召开农民职业教育专题工作会议，没有出台农民职业教育相关政策，对农民职业教育的中长期规划就更不可能了。甚至有些地区，农村成人教育中心的校舍被租赁，或是被拍卖，一些在调整中无法安排岗位的乡镇干部被发配到成人教育中心校。一些成人学校仅限于一些简单的技能培训，甚至是低层次的文化补习教育。农民职业教育服务新农村建设的功能还未从文化扫盲、技能培训向提升社区民众综合素质，全面提高农民生活质量方面转变。

（二）农民职业教育发展不平衡性没有得到有效制止

江苏农民职业教育发展不平衡性主要体现为区域不平衡和对农民职业教育认识上的不平衡。前者是缘于经济发展不平衡，后者则缘于人们思想观念上的差异。归根结底，更多地反映在对农民职业教育的重视程度以及地方政府资助程度的悬殊上。就农民职业教育经费落实的实情来看，差距较大，苏南经济发达地区，农民职业教育经费人均是1元，比如昆山市一些乡镇人均达到了13元以上，而苏北一些地区，比如灌南县，农民职业教育经费人均只有0.25元，这

① 杨文志，吴国彬．现代科普导论［M］．科学普及出版社，2004：71.

是2006年的统计数据。根据2016年江苏农业厅抽样调查的数据显示，苏州农民职业教育经费人均最高，达到了107元，最低的是连云港市，只有32元①。苏北地区一些乡镇用于农民教育的经费只有几万元，人均不足2元，农村职业教育中心校正常运转都成问题，有些乡镇的农村职业教育中心校处于关闭状态。当然，也存在另一种情况，一些乡镇将划拨的农民职业教育经费挪作他用。

（三）农民职业教育师资不能满足农民职业教育新环境和新发展要求的需要

江苏省编制办、教育厅、财政厅在2001年曾下发《关于明确乡镇成人教育机构编制问题的通知》，该文件规定：5万人以上的乡镇，成人教育师资应配备3人，5万以下的乡镇要配备2人，并计入农村中小学教职工编制总数。该文件在当时对还没有解决乡镇成人教育编制的地方具有一定的促进作用，但对于大多数地方，尤其是苏南和苏中经济相对较发达的地区来说，不但不是一种进步，还是一种倒退。随着乡镇行政区域调整的不断深入，有些乡镇人口规模成倍增长，超过20万、30万人口的乡镇，仍配备2~3人，实难满足农民职业教育需求。成人教育的“复式学校”不计其数。有些经济条件较好的地区的党政领导深刻认识到农民职业教育的重要性，在不违背政策的情况下，以合同制的形式招聘优质师资，以解决农民职业教育师资问题，也有些地区，干脆由政府出资，将农民职业教育承包给专业教育机构承办，专业教育机构在政府指导下参与农民职业教育。虽然这些做法可以暂时缓解农民职业教育师资问题的窘状，但还是不能从根本上解决农民职业教育师资问题。

（四）农民职业教育管理有待加强

由于在认识上对农民职业教育存在偏见，各地区的农民职业教育发展并不起眼，甚至有些农民还不知道乡镇里有农民职业教育中心校这样的机构。有的乡镇，农民职业教育中心校就是在乡政府的一间办公室门口挂一块牌子，根本没有发挥农民职业教育对经济与社会发展的促进作用。导致农民职业教育管理不善的原因有二：一是政府为了片面地追求经济效益，认为农民职业教育培训不重要而不加以重视。由于农民职业教育管理制度不完善，有些职能部门没

① 邹海峰．第32期　苏州教育事业发展现状分析[EB/OL]．(2015-05-19)[2017-10-10]．http://www.sztjj.gov.cn/info_detail.asp? id=22010.

有按政策将农民培训经费真正用到农民职业培训上,层层盘剥现象严重。此外,专门负责农民培训的部门,由于上层不重视农民职业教育培训,经费相当紧张,为了保证机构正常运转,提高教师待遇,存在向参训农民乱收费现象,比如注册费、教材费、场地租赁费、办证费等,名目繁多,严重挫伤了农民参加培训的积极性。同时,大多数企业由于片面地追求眼前利益,只重视"用"而忽视"培",导致参加培训的农民在工作与培训上的时间冲突。二是农民职业教育发展还存在相互推诿的问题,比如农民工流出地方政府认为农民工参加流入地的经济建设,理应由流入地政府为农民职业教育买单,而流入地政府认为农民工不是本地人,不愿意对其进行人力资源投资。

三、农民职业教育定位不能反映新农村建设需求

农民职业教育是提高农民群体实力的实践活动,是农民为了改善自己的生活处境接受的一种旨在提高自身生存能力的教育。它应该为社会主义新农村建设服务,这既是农民职业教育义不容辞的责任,又是它的历史使命。然而,农民职业教育如何为新农村建设服务呢?关于这个课题,学术界的争论一直没有停息过。争论并不可怕,可怕是对于新的课题,我们没有争论。没有争论并不是一件好事,一般来说,没有争论有两种情况:一是人们根本没有思考过这个问题,对此,没有什么意见可以发表;二是人们没有发表意见的权利,在"一言堂"压制下,人们不敢表达自己的意见。很是庆幸,学术界对农民职业教育如何为新农村建设服务一直争论不休,这证明学者们在此课题上的研究是深入的,是全面的,研究结果是有价值的。

农民职业教育在发展中存在一些偏差,主要体现在两个方面:一是有些农村职业学校沿用传统的办学思维,将农民职业教育定位为职前的学历教育培养人才,对新农村建设中农民教育、终身教育和社区教育漠不关心,这种办学理念远远落后于当前新农村建设的需要;二是依然存在图职教之名,务普教之实的现象。苏北一些县(市)的"普九"任务严峻,为了趁早完成"普九"任务,将一些农业技术学校改制为初级中学。这种做法在当时有力地支持了"普九"。但随着农村经济的快速发展和新农村建设发展需要,农业技术学校由于近十年"不务正业",早已荒废了自己在农业技术培训方面的"功力",也没有了在剩余劳动力转移培训中的优势。

农民职业教育对新农村建设的需要反应不够灵敏是一个不争的事实。进

入21世纪以来，上海、浙江、江苏相继制订了“围绕城乡一体，加快农村城市化，推进农业现代化，实现农民市民化”的发展战略，经过十几年的努力，上海和浙江在这方面走在全国前列，江苏也紧随其后，由于江苏经济发展南北悬殊太大，只有苏州、常州和无锡的发展水平与上海、浙江相差无几。目前，苏南地区已经形成“土地向规模经营集中、农民居住向城镇集中、工业向园区集中”的区域经济发展格局。一些经济发达的城市，如苏州、常州、无锡等，其郊区的农村正在大力发展都市型现代化农业，对内深化生态功能，对外加强服务功能，现代化农业已具雏形，在现代农业园区、农业标准化生产、农民组织化、农业产业化、农业外向度等方面的成绩卓著。此种发展态势说明农民职业教育必须从农村、郊区社会转型的实际出发，创新思路，调整农民职业教育内容。对有志于继续在农业生产一线工作的农民，进行从事现代农业必备的知识、技能培训，对那些无心在农业生产一线工作的农民，给予由“农民”向“市民”角色转变的各类培训。事实上，农民职业教育对新农村建设的需要反映不充分，没有能够及时调整服务方向和服务内容，服务的有效性大打折扣。主要表现是没有根据新农村发展态势和农村劳动力转移的现实设置相应的专业，没有进行有效的校本课程开发，人才的职业技能结构、类型和规模没有反映当前新农村经济发展的需求。总而言之，就是农民职业教育的人才培养结构、专业结构以及定位等与农村经济社会发展需求结构不够吻合，没有真正为农村经济社会发展服务，没有反映农村经济社会发展的真正需求。

四、农民职业教育服务新农村建设的意识不强

新农村建设是我国现代化建设中最重要的战略任务，新农村建设需要大力发展农民职业教育，需要为三大产业提供大规模的应用型人才，因此，需要大力开展农村劳动力的技能培训。农民群体受教育程度不高，是当前新农村建设必须直面的现实问题，因此，提高农民整体素质，培养有文化、懂技术、善经营的职业农民，是建设社会主义新农村最为迫切的事情。

要培养出大量高质量的、能较好地适应新农村建设需要的各类人才，就必须加强宣传，增强农民接受职业教育的热情，提高农民职业教育对各类人才培养的能力，不仅要从数量上满足新农村建设的需求，还要从质量上保证新农村建设人才的培养。

(一)农民职业教育人才培养的能力较低

农村剩余劳动力持续增加的主要原因有二:一是农村人口自然增长率居高不下;二是现代农业技术和现代农业机械不断推广应用,使农业生产无需太多的人。前面已经提到,农民的整体素质不高,需要接受教育培训的基数庞大,因此,农民教育任重道远。在城乡一体化进程中,农民由于基本素质不高,严重制约了他们向市民顺利转换的进程。这些问题的存在说明农民职业教育的力度需要进一步加大,不仅要扩大培训数量,还要提高培训的质量和层次。江苏省农村劳动力素质经过近十年的农民教育培训,有了较大的提升,但农村劳动力素质与市民素质仍有一定的差别,一些农村人口仍处于“教育隔离”“信息隔离”的滞后发展状态。“三低”(低学历、低技能、低年龄)的农村劳动力状况使农村剩余劳动力转移培训的任务更为艰巨。

调查显示,江苏农民工的平均受教育年限为9.2年,相当于初中三年级文化程度。从各种受教育程度结构看,农民工中,未上过学的占1.2%,小学文化程度的占15.6%,初中文化程度的占62.6%,高中及以上文化程度的占20.5%。进城农民工与在乡镇企业就业的农民工的平均受教育年限一致,比城镇就业人口的9.62年的平均受教育年限低了0.5年,比农村就业人口的7.9年高1.4年[①]。

(二)有特色的、协调一致的农民职业教育体系有待完善

农民职业教育之所以有大力发展的必要,在新农村建设的时代背景下之所以要加快发展,原因在于农民职业教育较之城市市民教育在发展使命、发展特色和发展定位上有特殊要求。但现实的情况是,农民职业教育特色不够鲜明,新农村建设需要的人才没有得到很好的供应,这在很大程度上阻碍了新农村建设的发展进程。为了了解江苏省农村基层干部的素质现状,作者随机从苏南、苏中和苏北选取120个行政村的650名村级主职干部为调查对象进行调查研究。接受调查的村干部年龄在35岁以上的占76.4%,超过50周岁的占15%,低于35岁的也有7%,村级干部年龄结构较为合理;从文化程度上来看,初中毕业的村级干部占62.4%,低于全国平均水平,大专以上的村干部占12.4%,这主要得益于“大学生村官”工程。总体来说,虽然村级主职干部文化程度高于全国水

① 江苏省统计局.2008年江苏农民工现状简析[EB/OL].(2009-06-09)[2017-11-12]. http://www.jssb.gov.cn/jstj/fxxx/tjfx/200904/t20090416_109192.htm.

平，但相对于城市基层干部来说，差距还很大。这也是制约新农村经济发展和改变农村落后面貌的根本原因。因此，需要有为农村培养基层干部的各级各类职业院校。

（三）涉农专业比例明显偏低，为农业现代化服务的能力需要进一步加强

目前，在农民教育中，劳动力转移培训的比例明显高于农业技术与生产培训。据教育部发布的数据：2007年全国农林类专业在校生只有59万人，加上土木工程水利专业的在校生90多万，两者占高等职业学校在校生总数的6.3%。中国作为农业大国，为何涉农专业如此之少？这与我国封建残余思想有一定关系，从早在春秋时期孔子批评学生樊迟学稼之典故中就可窥当时人们瞧不起从事农业的人，中国农民绝大多数是不得已而为农民，没有几个心甘情愿做农民。

所以改变人们歧视农民的思想观念，关键要提升农民的经济与社会地位。随着农业现代化进程的不断深入，这只是时间问题。近年来，国家根据新农村建设需要，加大了对涉农专业的扶持力度，涉农专业呈现出一派新的景象。比如从江苏省2010年职业教育招生专业所属的产业分布来看，面向第一产业的专业招生比例为17.9%，比2009年的4%提高了近14个百分点。尤其是苏北地区涉农专业招生人数占到了27.7%。当然，这些数据也不排除一些地方和一些学校为了获得更多的政府补贴虚报、谎报。

（四）城市职业教育服务新农村建设的意识不强

城乡统筹发展、城乡一体化和谐发展，昭示着城乡职业教育必然一体化的发展态势，新农村建设必然要求城乡职业教育联动发展，形成服务合力。但城乡二元化社会经济结构导致的城乡教育条块分割，以及缺乏前瞻性的城市职业教育发展理念，使城市职业教育固定在既定的服务圈中，没有把为新农村建设培养人才看成是自己的职责，也没有从新农村建设中意识到发展的机遇，因此城市职业教育对农村采取漠视态度，也未能根据新农村建设的需要制订合适的“菜单”，这样既抑制了服务新农村建设的功能，也限制了自身的发展空间。

五、新生代农民工的职业教育培训还未全面启动

这里所说的“新生代农民工”指的是20世纪80年代和90年代出生，仍保留

农村户籍的那些在城市从事非农作业的农民。当然,新生代农民工与第一代农民工的差异主要是价值观上的不同。新生代农民工正在努力争取与城市居民同等的话语权,无论在谁面前,他们都想活得更有尊严,在这一点上,第一代农民工是根本无法想象的。随着第一代农民工的年龄增大并逐步返乡,新生代农民工已经陆续进入城市并成为农民工的主力军。中华全国总工会2011年发布的一份调查报告显示,在外出打工的1.5亿农民工中,新生代农民工占到60%,大约有1亿人,其中超过90%都不愿意再回农村老家,融入城市成为他们最大的梦想①。

新生代农民工的年龄跨度为18—25岁,以"三高一低"为主要特征,即受教育程度高、职业期望高、物质和精神享受要求高、工作耐受力低。新生代农民工如何在现有的制度框架下生存,已经成了农村经济与社会发展进程中不可回避的现实问题。与此同时,我们的职业教育与培训对这部分特殊的人群却没有应有的关注,对新生代农民工的心理特点、职业需求、职业生涯规划等不了解,也没有主动去了解,更没有能够根据他们的特点及需求提供相应的职业教育与培训,致使他们没有能够掌握与他们的职业意向相吻合的职业技能,也难以实现他们的"城市梦"。

六、农民职业教育专业结构与产业结构脱节

由于条件限制,在这里,只对江苏中等职业教育专业结构与产业结构的吻合度进行多维度分析,以期了解农民教育专业结构与产业结构的吻合度。从现实情况来看,农民职业教育专业结构与产业结构吻合存在以下几个问题。

一是从职业教育专业结构与产业从业人员结构吻合的情况来看,面向第一产业的专业在校生偏少。2009年,江苏省三大产业分布比例为6.4∶54.0∶39.6,形成了以第二产业为主导,三大产业逐步协调发展的格局。从2009年统计的数据来看:江苏农业就业人数是1 173.33万人,比前一年减少49.33万人,就业人数的比重由2008年的26.3%下降到25.1%,虽然下降了1.2个百分点,但江苏农业仍保持较高的吸纳力(见表4-1)。在职业院校中,面向农业专业的在校生只有33 196人,仅占当年职业院校在校生总数的3.49%。作为国家富强、民族振兴的支柱产业的农业,农业专业的在校人数显然是非常不够的。

① 委员建言农民工融入城市:归属感源自身份的平等[N].中国日报,2012-03-29.

表4-1　2009年江苏省三大产业从业人数与对应产业的职业教育在校生数对比

三大产业	从业人数		在校生人数	
	人数	构成	人数	构成
第一产业	1 173.33	25.1%	33 196	3.49%
第二产业	1 668.85	35.7%	343 161	36.1%
第三产业	1 832.46	39.2%	574 260	60.41%
合计	4 674.64	100%	950 617	100%

由于江苏省工业化水平较高，相比之下，第一产业在总体上所占的份额会有所下降，但第一产业的科技含量却在持续上升。我们还应看到国家对涉农专业建设扶持的影响，面向第一产业的专业数已经有了较大的增长。当前需要解决的问题是如何才能保证涉农专业健康、稳定、保质保量的发展。

二是面向农村劳动力转移的现代服务业等专业供给不足，目前从事转移劳动力的现代服务业培训办得较好的是民间资本开办的职业培训学校。由表4-2可以看出：2010年，江苏面向现代服务业专业的招生数远低于社会需求数，尤其是住宿、餐饮、批发、零售、家政、社区服务等专业人才与社会需求差距甚大。这些人才多数是由农村劳动力转移培训而来，因此，无论是城市职业院校，还是农村职业院校均要加大对农村招生的宣传力度，招收更多的农村孩子，为他们未来由“农民”向“市民”转型创造条件。

表4-2　2010年人力资源需求情况与2010年招生情况对比表

2010年人力资源市场季度平均需求			门类	类别名称	对应行业招生数	所占比重
总需求人数	中职、高职、技校需求数（总需求数×平均占比）	所占比重				
148 601	35 086	9.16%	H	批发、零售业	4 926	1.53%
172 507	40 731	10.63%	I	住宿和餐饮业	13 016	4.05%
41 353	9 764	2.55%	L	租赁和商务服务业	12 082	3.76%
109 448	25 842	6.75%	O	居民服务和其他服务业	2 003	0.62%

三是面向制造业的招生数不足，成为“用工荒”的重要诱因。无论是农村还是城市的制造业，工人绝大多数来自农村，因此，农村职业学校应相应地扩大面向制造业的招生数量。但由于包括农村生源在内的所有学生学习与制造业对应专业的意愿急剧下降，制造业服务的应用型人才供不应求，导致当前“长三

角”“珠三角”“京津冀”等经济发达地区产生“用工荒”现象，如果不改变人们对制造业的世俗偏见，恐怕这种现象还会持续加剧。表4-3所示为2008—2009年制造业在岗职工人数与2010年招生人数对比。

表4-3 2008—2009年制造业在岗职工人数与2010年招生人数对比

2009年		2010年		新增在岗工人数	行业分类	占比	对应专业招生数
从业人员（万人）	占比	从业人员（万人）	占比	2008—2009			
13.40	4.52%	13.35	4.53%	−0.05	食品烟草饮料制造业	0	0
61.34	20.69%	55.03	18.69%	−6.31	纺织服务业	9.28%	9 825
13.59	4.58%	13.62	4.63%	0.03	木材家具纸张印刷业	0.46%	487
30.23	10.2%	31.43	10.67%	1.2	石油化工业	2.44%	2 581
6.55	2.21%	6.92	2.35%	0.37	医药制造业	4.25%	4 496
30.31	10.23%	31.18	10.59%	0.87	金属钢铁业	0.14%	151
75.81	25.58%	77.78	26.41%	1.97	机电产品制造业	66.11%	69 979
62.62	21.13%	62.62	21.26%	0	电子计算机制造业	17.1%	18 102
2.36	0.8%	2.42	0.82%	0.06	工艺品制造业	0.22%	236
0.20	0.07%	0.17	0.06%	−0.03	废弃回收加工业	0	0
296.42	100%	294.48	100%	−1.94	合计	100%	105 857

第三节 江苏省农民职业教育投资水平的区域差异分析

改革开放40年来，中国取得了举世瞩目的成就，人民生活水平普遍提高，尤其近几年来，国家颁布了一系列惠农政策，比如取消农业税、发放农业补贴等，大大提高了农民的生活水准，很好地完成了为农民减负、助农民增收的目的。勤劳、能干、懂经营的农民已经从繁重的农活中解放出来，有了更多的休闲时间，他们迫切希望利用空闲时间充电，掌握先进的农业生产技术和经营生产技能。相比其他群体，农民学习农科技术和经营管理知识受时间影响较小，可以根据农事的具体情况自主选择恰当的时间学习。农民职业教育购买力的提高和休闲时间的增多为农民职业教育供给创造了绝佳的条件。

综合分析近5年有关研究发现：以探讨农民人均可支配收入与农民职业教育投资水平之间定量关系的研究不多，尤其缺乏确定农民职业教育投资处于怎样的水平的研究，这将直接影响农民职业教育市场的预测和农民职业教育供给的规划。目前，农民职业教育投资领域的研究主要集中在分析农民教育投资矛盾和农民职业教育投资意愿等方面。虽然相关文献颇少，但也有不少不俗的研究。比如彭腾2015年在《江汉大学学报（社会科学版）》上发表的《基于反贫困的农民教育投资矛盾分析》、柳军等2015年在《高等农业教育》上发表的《新生代农民工职业教育投资意愿分析》和吴振华2015年在《西部论坛》上发表的《人力资本投资、就业能力与农民收入增长》等。因此，研究农民人均可支配收入与农民职业教育投资水平的关系，精准分析和科学预测农村职业教育市场容量和教育购买力的差异，有利于农民职业教育供给的规划，同时还能正确引导农民理性投资。

江苏省是我国经济较为发达的省份，2015年国民生产总值达28.8万亿元，占全国的38.7%，这个地区的农民人均可支配收入水平远远高于中西部地区，研究这个地区农民职业教育投资对其他地区的农民职业教育具有借鉴与示范作用。

一、数据与研究方法

（一）数据来源

1. 农民职业教育投资率

农民职业教育投资率指的是农民自愿接受职业培训的人次与受访农民总数的比值。农民职业教育人均投资水平是接受调查的120名农民的培训费用的平均值。本研究在江苏省的示范县（市、区）进行随机抽样调查，每个县（市、区）样本容量为120。调查问卷涉及人均可支配收入、农民自愿接受职业培训的人数、农民职业培训费用三项内容（见表4-4）。

表4-4　江苏省农民职业教育投资率和投资水平调查

省（直辖市）	县（区）	1年内接受过职业教育人数	农民职业教育投资率	农民职业教育人均投资水平（元）
苏州	常熟市	49	40.8%	3 355.11
无锡	宜兴市	37	30.8%	2 688.45
常州	溧阳市	40	33.3%	3 126.25
盐城	东台市	43	35.8%	1 364.57

续　表

省(直辖市)	县(区)	1年内接受过职业教育人数	农民职业教育投资率	农民职业教育人均投资水平(元)
泰州	兴化市	41	34.2%	1 556.12
连云港	海县	39	32.5%	1 114.61
徐州	新沂市	42	35.0%	2 031.82

农民职业教育购买力是由农民职业教育投资率与农民职业教育人均投资水平共同决定的。人均可支配收入取自国家统计局数据中心2015年度地方年度统计公报①。这些数据见表4-5所示。

表4-5　农民人均可支配收入、职业教育投资率、职业教育人均投资水平和平均购买力一览

序号	地级市	人均可支配收入(元/人)(X)	农民职业教育投资率(Y_1)	职业教育人均投资水平(元/人)(Y_2)	平均购买力(元/人)(Y_3)
1	苏州	23 205.20	40.8%	3 355.11	1 368.88
2	无锡	16 256.70	30.8%	2 688.45	828.04
3	常州	21 125.00	33.3%	3 126.25	1 041.04
4	盐城	10 820.73	35.8%	1 364.57	488.35
5	泰州	13 792.70	34.2%	1 556.12	532.19
6	连云港	11 139.08	32.5%	1 114.61	362.24
7	徐州	12 930.37	35.0%	2 031.82	711.13

(二)研究方法

本研究利用农民职业教育投资率、农民职业教育人均投资水平、农民职业教育购买力三个关键指标来探讨华东六省一市农民职业教育投资的差异,利用搜集到的数据进定量分析。

(1)农民职业教育投资率 $=\frac{\text{1年内接受过职业教育人数}}{\text{调查人数}}\times 100\%$;

(2)农民职业教育人均投资水平 $=\frac{\text{农民职业培训费用总数}}{\text{调查人数}}\times 100\%$;

(3)农民职业教育购买力=农民职业教育投资率×职业教育人均投资水平。

本研究假定农民职业教育投资率(Y_1)、农民职业教育人均投资水平(Y_2)和

① 国家统计局.2015年国民经济和社会发展统计公报[DB/OL].(2016-02-29)[2017-10-25]. http://www.stats.gov.cn/tjsj/zxfb/201602/t20160229_1323991.html.

农民职业教育购买力(Y_3)是农民人均可支配收入的函数,以此来验证它们之间的相关是否显著。搜集到的全部数据均用SPSS20.0统计软件分析处理。同时根据华东六省一市农民职业教育人均投资水平高低将六省一市划分为农民职业教育高投资区域、中投资区域和低消费区域三个层次,分别统计出三个区域的农民职业教育平均投资率、农民职业教育人均投资水平和农民职业教育购买力。

二、统计分析模型

为了探明农民人均可支配收入与农民职业教育投资率、农民职业教育人均投资水平和农民职业教育购买力的关系,本研究用上述指标建立统计分析模型。

(一)农民职业教育投资率与农民人均可支配收入的关系

统计模型建立后,首先要考察的是农民职业教育投资率与农民人均可支配收入之间的关系。农民职业教育投资率是反映当前农民职业教育需求的指标,是农民提升农业生产技能和经营管理能力的紧迫度的量化表示形式。

本研究依照江苏省各市农民职业教育投资率和农民人均可支配收入等数据制成农民人均可支配收入(X)与农民职业教育投资率(Y_1)的散点图(见图4-3)。

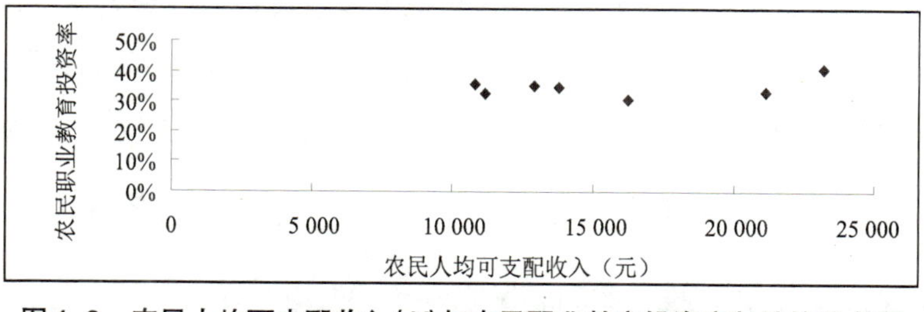

图4-3 农民人均可支配收入(X)与农民职业教育投资率(Y_1)的散点图

从图中不难看出:农民职业教育投资率与农民人均可支配收入的相关性不显著。

用直线方程进行回归分析可得农民职业教育投资率与农民人均可支配收入之间的关系,即X与Y_1的一元线性回归方程为:

$$Y_1 = \left(3 \times 10^{-6}\right)X + 30.15\% \tag{4-1}$$

X与Y_1的相关系数$R_1^2 = 0.192$,由此可以断定农民职业教育投资率与农民人均可支配收入之间呈低度直线相关，由统计方程(4–1)可知农民人均可支配收入每增长10万元，农民职业教育投资率才增加3个百分点。

(二)农民职业教育人均投资水平与农民人均可支配收入的关系

探讨农民职业教育购买力时，一定不能忽视农民职业教育人均投资水平这一重要指标，它能精准地反映农民职业教育购买能力的高低。

本研究依照江苏省各市农民职业教育人均投资水平和农民人均可支配收入等数据制成农民人均可支配收入(X)与农民职业教育人均投资水平(Y_2)的散点图(见图4–4)。从图中可知两者之间相关性显著。

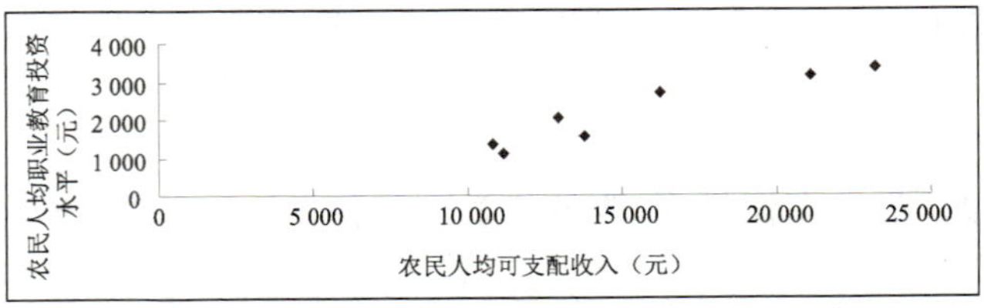

图4–4　农民人均可支配收入(X)与农民职业教育人均投资水平(Y_2)的散点图

用直线方程进行回归分析可得农民职业教育人均投资水平与农民人均可支配收入之间的关系，即X与Y_2的一元线性回归方程为:

$$Y_2 = 0.1738X - 536.81 \tag{4–2}$$

X与Y_2的相关系数$R_2^2 = 0.904$，由此可以断定农民职业教育人均投资水平与农民人均可支配收入之间存在高度直线相关。由统计方程(4–2)可推断农民人均可支配收入每增加10 000元，他们投资职业培训的人均水平会提高1 201.19元。

(三)农民职业教育购买力与农民人均可支配收入的关系

相对农民职业教育投资率和农民职业教育人均投资水平两个指标来说，农民职业教育购买力要复杂一些，它取决于农民职业教育投资率和农民职业教育人均投资水平两个因素。农民职业教育购买力的计算公式如下：

$$Y_3 = Y_1 \times Y_2 \tag{4–3}$$

这个计算公式可以在最大限度内排除由地理位置导致的农民职业教育投资率和农民职业教育人均投资水平的偏离，即可以避免一些地区投资率高，农民职业教育人均投资水平低，或是投资率低，农民职业教育人均投资水平高引起的偏离。这样能客观地反映农民职业教育购买力与农民人均可支配收入的关系。

同样，本研究利用搜索到的江苏省各市农民职业教育购买力和农民人均可支配收入等数据制成人均可支配收入(X)与农民职业教育购买力(Y_3)的散点图(见图4-5)。由图4-5可以看出，两个指标呈高度相关。用直线方程做回归分析，得农民人均可支配收入(X)与农民职业教育购买力(Y_3)的线性回归方程为：

$$Y_3 = 0.0693X - 320.85 \tag{4-4}$$

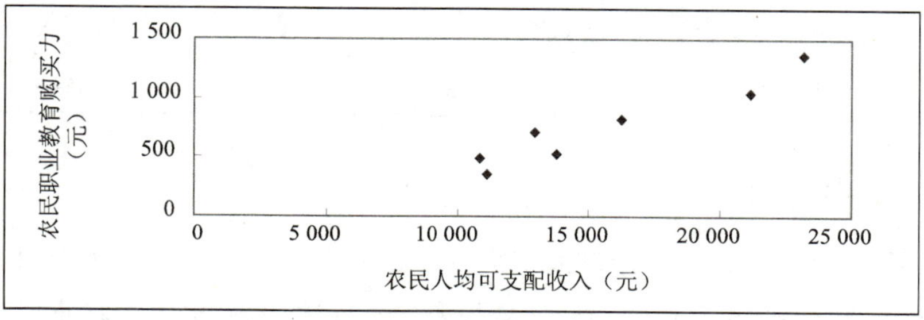

图4-5　人均可支配收入(X)与教育购买力(Y_3)的散点图

X与Y_3的相关系数$R_3^2 = 0.921$，由此可推断农民人均可支配收入与农民职业教育购买力的相关性显著。由方程(4-4)可知，农民人均可支配收入每增长10 000元，农民职业教育购买力就会提高372.15元。

三、农民职业教育投资水平等级划分

以上三个统计方程可以客观地反映农民职业教育投资率、农民职业教育人均投资水平、农民职业教育购买力与农民人均可支配收入之间的定量关系。由于农民人均可支配收入与农民职业教育人均投资水平的相关性显著，所以可以依据农民职业教育人均投资水平将江苏省各市划分为农民职业教育投资水平高、中、低三个层次，依次列出处于不同投资水平的省市农民职业教育投资率、农民职业教育人均投资水平和农民职业教育购买力等数据。表4-6中所有数据均是采用加权平均的方法得出的，农民职业教育投资水平高、中、低三个层次地区的农民职业教育投资率相差不大，也就是说农民职业教育投资率与人均可支配收入的相关性低，这与图4-3分析的结果一致。农民职业教育投资中、低水平地区的农民职业教育投资率、农民职业教育人均投资水平和农民职业教育购买力差异不显著。只有农民职业教育投资水平高的地区与职业教育投资处于中、低水平的地区在农民职业教育人均投资水平和职业教育购买力上差异显著，这也印证了图4-4与图4-5分析的结果。

表4-6 农民职业教育投资三个层次地区农民职业教育投资水平统计

投资水平等级	高	中	低
地区	苏、锡、常	泰、盐	徐、连
人均可支配收入(元/人)	22 165.1	1 459.54	11 917.5
农民职业教育投资率	37.05%	32.9%	34.17%
农民职业教育人均投资水平(元/人)	3 240.68	2 360.13	1 345.1
农民职业教育购买力(元/人)	1 200.67	776.48	459.62

四、结论

本研究通过建立统计计量模型来分析2015年农民人均可支配收入、农民职业教育投资率和农民职业教育人均投资水平等数据，得出农民职业教育投资率与农民人均可支配收入高低没有直接关系，但农民职业教育人均投资水平、农民职业教育购买力与农民人均可支配收入的线性关系显著。研究得出如下结论：

(1)大力发展农村经济，帮助农民创收是提高农民职业教育投资水平的关键因素，同时，农民综合素质的提高，又加速农村经济的健康发展。

(2)由于农民职业教育投资率与农民人均可支配收入的关系不大，可以断定农民接受职业教育的动机受到除人均可支配收入之外的多种因素影响，比如职业培训时间、地点，培训的效果，等等。导致这一现象的主要原因是农民职业教育需求并不强烈，农民还没有真正认识到现代农民职业培训的重要性。鉴于此，政府应担当起加强当代农民接受职业教育意识的大任，制定专门扶持农民职业教育发展的政策，创造条件推出可供需求不同的农民选择的职业教育产品。

国外研究表明：如果一个地区的人均GDP达到或是超过1 000美元，这个地区的农民就会有强烈的接受职业培训的动机。据国家统计局发布的《中华人民共和国2016年国民经济和社会发展统计公报》中的数据显示：2016年，第一产业增加值为63 671亿元，2016年年末乡村人口为5.897 3亿，由此计算的农民人均GDP为10 796元，约合1 586.48美元。我国农民人均GDP已超过1 500美元，华东六省一市的数据会更高，这足以证明农民职业教育市场前景广阔。政府一方面可以加大促进农民职业教育的投入，另一方面可以在财政不怎么宽松的情况下制定相关政策吸引国内外一些资质较好的机构(包括农业院校、农业科研院所)参与现代职业农民培训。

(3)研究表明，我国农民不管经济收入高抑或低，职业教育投资率普遍较低，且各省市相差不大，这说明农民接受职业教育的意识不强，绝大多数农民没有认识到职业培训对增产创收的重要性。人均可支配收入取决于经济水平，虽然农民职业教育投资率与人均可支配收入相关性不显著，但农民的收入高低绝对是农民职业教育投资首先要考虑的因素，因此，政府应该实施以免费为主、付费为辅的农民职业教育模式。

第五章　江苏省农民职业培训市场的开发、问题与策略

自2007年6月7日国家发改委下发通知，批准重庆市和成都市作为全国统筹城乡综合配套改革试验区以来，重庆市和成都市从本市市情出发，在国家统筹城乡发展配套改革试验的总体要求指导下，在各个领域进行深入而又细致的改革，经过十多年的探索，取得了不俗的成效。到目前为止，重庆市已经形成了完善的统筹城乡发展的体制，城乡经济发展二元化结构逐步消亡。重庆的经验已在全国各地的统筹城乡发展中产生不可估量的规模效应。作为经济发达省份的江苏，历来受城乡经济发展二元结构的困扰，为了消除这种影响，使江苏经济持续、健康、均衡发展，江苏确定以“农民教育带动农村经济发展”的战略，加快江苏城乡经济发展二元化结构的消亡。

江苏省具有南方大城市、北方大农村的区域特征，城乡统筹发展过程中，实施“大城市”带“大农村”的发展路径的条件已经成熟。过去二十年，江苏实施的是以农村剩余劳动力支援城市发展的模式，创造了城市化速度居于全国前列的好成绩。农村顾全大局，过去二十年不计代价地支援城市发展，当前，城市发展到了一定规模，是到了“城市反哺农村”的时候了。江苏在借鉴重庆和成都城乡统筹发展经验的基础上，走“立足农村、服务农村、服务城市”的城乡统筹发展的新道路。江苏南富北穷的现象，除了历史方面的原因之外，经济政策向苏南、苏中倾斜也是重要原因之一。为了消除经济不均衡发展的影响，缩短城乡差距，关键是要提高农民职业素养。由此可以得出，在今后一段时间，加强农民职业教育是苏北地区各级政府的工作重心。

第一节　农民职业培训市场亟待开发

“短、频、快”是农民职业培训的特色。时间短，可以减少误工时间；频，可以及时地将最适合农民作业的知识技能传授给他们，让他们应用这些知识与技能

创造经济效益;快,就是见效快。因此,农民职业培训受到广大农民的喜爱。目前,江苏省农民职业培训发展的特征是“南强北弱”。市场前景乐观,但运作较为混乱,没有形成规模效应。

一、农民职业培训市场的内涵

农民职业培训市场开发,指的是基于区域经济发展对劳动力市场的需求及人们生活需求的分析,设计服务于区域经济发展、培训时间短、培训内容针对性强的职业培训项目,供广大农民进行选择,同时,运用市场规律、方法和路径实现培训目标的实践活动。

对于农民职业培训市场的概念,学者们从自己的研究视角作了不少定义,归纳起来,无外乎有广义与狭义两种。从广义上来看,农民职业培训市场指的是围绕培训产品交换过程所产生的各种经济现象和经济关系的总和。从狭义上来看,则是指以培训产品需求和供给为交换内容的场所,它体现了培训供求双方和培训中介之间的关系。

了解了农民职业培训市场的内涵之后,把握农民职业培训市场开发的关键就相对容易得多,主要应抓以下三个方面的内容:一是要能够真正把握市场需求,包括市场的现实需求与潜在需求;二是要通过有效方法激发农民潜在的需求;三是要寻找到合适的、符合农民生产生活特点的职业培训路径。以上三者均要以“人”为中心,以“人的需求”为设计依据,以“人的特性”为实施路径加以开发。

二、农民职业培训的市场需求强烈

(一)新农村建设需要职业培训提升留守农民的素质

经济结构和社会结构变化是社会转型的主要特征,在转换过程中,一定会驱动农业人口向非农人口、农村人口向城市人口、农民向市民转化,这种翻天覆地的变化的必然结果就是促进社会不同人才的自由流动和人才的分化。江苏省的城镇化水平远比中西部地区省份高,推进的速度也非常快,农村绝大多数有知识、有能力的年轻农民涌入城市,成为农民工,同时,在农村也形成了一个新群体,那就留守农民。作为这片土地的主人和从事农业生产的主力,留守农民的素质直接决定着我国新农村的未来。有研究者对山西334名留守农民受教育程度进行调查发现：留守农民的文化程度普遍不高，初中及以下文化程度的占留守农民总数的84.73%，大专及以上文化程度的只占0.60%[①]。鲁可荣对留守农民的科技素质进行调查发现：农民非常了解相关农业科技信息的只占调查样本总数的1.0%，选择"了解"农业科技信息的占39.1%，选择"不了解""根本不知道"和"无所谓"的分别为33.7%、5.1%和21.1%，这三者加起来为59.9%[②]。由上述数据可以断定，留守农民的科技素质也不高。在调查留守农民从事农业方式时，有78.5%的留守农民是用从父辈那里学到的耕种经验来从事农业生产的，他们根本没有学习农业科技知识来指导自己的农业生产的意识。12.5%的留守农民只是偶尔会留意农业科技知识，他们表示，很多农业技术脱离了农业生产实际，可行性较差。

留守农民有两个显著的特征：一是以老人、妇女为主，呈老龄化、幼龄化、女性化态势；二是他们的文化程度普遍不高，由于没有掌握科学的耕作技术，每天劳碌，大多数农民在贫困线上徘徊。目前，这些人是现在农村的主人，是新农村建设的主力军。显然，依靠他们承担新农村建设与农业现代化发展的任务是非常不现实的，因此，要想快速推动新农村建设和实现农业现代化，必须关注留守农民，采取一切积极的措施提高他们适应现代农业发展和新农村建设所需的综合素养，促进农村人力资源的再开发。

如何开展提升留守农民综合素质的职业培训呢？目前，全国各地都存在对留守农民培训缺位的现象，大多数地区将有限的资源用于劳动力转移培训，却很少关注留守农民农业技术培训，这与农民职业教育的初衷相悖。当前，对留守农民进行培训也不是一件容易的事，其困难主要表现在以下几个方面：一是留守农民的文化基础薄弱，接受职业教育培训的能力差，对其培训面较窄，自然对他们培训的难度较大，这就导致对留守农民培训的效益不高，这也是各地政府不愿意在此领域加大投入的根本原因；二是一些政府和教育、农业行政部门鉴于培训效益，更为关注青壮年劳动力的转移培训，留守农民成了农民职业教育培训的"死角"；三是当前农民培训重技能，文化、道德和法纪培训缺位严重；四是留守农民年龄偏大，文化水平低，生活和心理压力都大，再加上农民教育培

---

① 刘兆征．留守农民素质：现状、影响因素及提高对策——基于山西省334为留守农民的调查分析[J]．国家行政学院学报，2011(5)：87-92.

② 鲁可荣．安徽省留守农民素质状况、培训需求及新型农民培训分析[J]．中国集体经济，2010(1)：17-18.

训供给缺乏针对性，无法调动他们参与培训的积极性。

（二）农业现代化需要大量的新型职业农民

首先，高素质的现代农业经营者是农业现代化发展的生力军，而现代农业是增强新型城镇化以及社会主义新农村建设的内生动力。早在2013年，《中共中央　国务院关于加快发展现代农业　进一步增强农村发展活力的若干意见》中就明确规定：全面贯彻党的十八大精神，以邓小平理论、“三个代表”重要思想、科学发展观为指导，落实“四化同步”的战略部署，按照保供增收惠民生、改革创新添活力的工作目标，加大农村改革力度、政策扶持力度、科技驱动力度，围绕现代农业建设，充分发挥农村基本经营制度的优越性，着力构建集约化、专业化、组织化、社会化相结合的新型农业经营体系，进一步解放和发展农村社会生产力，巩固和发展农业农村大好形势[①]。众所周知，农业现代化是驱动新城镇化和建设社会主义新农村的产业基础，它可以持续为城镇化提供人力资源、农产品资源，有利于农民增收。现代农业发展需要以产业化组织现代农业经营，以科技化提升现代农业水准，以社会化构建现代农业体系，以标准化规范现代农业生产，以国际化引领现代农业发展。

其次，土地流转极大提高了农民组织化程度，这也急需大量的现代职业农民。《中共中央　国务院关于加快发展现代农业　进一步增强农村发展活力的若干意见》中还强调：创新农业生产经营体制，稳步提高农民组织化程度。坚持依法自愿有偿原则，引导农村土地承包经营权有序流转，鼓励和支持承包土地向专业大户、家庭农场、农民合作社流转，发展多种形式的适度规模的经营。城乡一体化的全面推进，必将引发新一轮的农村改革，土地流转已经成为当前大势所趋，这种发展趋势也一定会催生以家庭为单位的农场主阶层的产生，他们是现代职业农民的模范。现代职业农民有职业化、专业化、智能化三大特点，他们思想不再保守，他们广纳各种思想，愿意接纳新生事物，适应能力强。现代职业农民由于掌握现代农业科学技术，懂得科学耕种，善于经营，所以他们的收入不比城市工人、白领少，其社会地位也在随着经济收入的增多而提升。现代人不再歧视职业农民，在这种情形下，传统农民为了改变处境，接受农业技术培训的积极性自然会高涨。现代职业农民的出现，是中国农村经济与社会发展的伟

① 中共中央国务院关于加快发展现代农业　进一步增强农村发展活力的若干意见[EB/OL].(2013-02-01)[2017-12-20]. http://www.gov.cn/gongbao/content/2013/content_2332767.htm.

大进步,他们代表了我国未来现代农业的发展方向。

最后,现代农业的发展和农民组织化程度的不断提高,对我国现有农民的综合素质提出更高的要求。现代职业农民的素质至少包括思想观念、文化素养、科技涵养、经营管理和文明与法纪五个层面。然而,我国农民素质不容乐观。就文化程度而言,不识字或是识字很少的农民平均每百人中就有5.94人,小学文化程度的每百人中有24.67人,初中文化程度为主体,平均每百人中有52.68人,高中文化程度的农民平均每百人中有11.74人,相比之下,大专文化程度及以上的农民的比重比2010年高了1.1个百分点,为2.10%。而中西部地区农民的文化程度会更低。江苏是东部沿海经济较发达的地区,也是第一批完成"普九"任务的省份之一。2010年统计的数据显示:江苏省不识字和识字很少的农民多分布在苏北地区,年龄大于45周岁,且比重为4.72%,小学文化程度的占23.15%,初中文化程度的占54.93%,高中文化程度的占10.12%,大专及以上文化程度的占7.08%。此外,江苏省拥有农业技术人员3.06万人,农业机械总动力为3 400万千瓦,稻、麦、油菜、玉米四大作物的机械化耕作率为74.4%,相当于欧美农业发达国家20世纪60年代的水平。由此可以推断,导致江苏省机械化耕作率较低的原因是农民的文化素质和科技涵养偏低。目前,江苏的农民还不称上完全意义上的职业农民,还是经验型、体力型的传统农民。

培养新型职业农民,一定要大力发展农民职业培训。农民职业培训具有易规划、针对性强、受欢迎度高、见效快等优势,不足之处是培训不够系统。但目前江苏省农民职业培训依然无法满足广大农民职业发展与个体发展的需要。这主要是因为培训项目与农民需求吻合度不高,鲜有针对新型农民、职业农民、家庭农场主的培训。农民职业教育供给多以农业技术培训和劳动力转移的技术与技能培训为主,并没有拓展到商业领域,比如农产品推销、农村经济管理等知识没有涉及。另外,培训内容的针对性和实用性有待加强。由于缺乏针对性和实用性,农民不太愿意接受此类型的培训项目,当然也就无法激发农民参与培训的热情。

(三)农民终身学习和提高生活品质的需求需要发展职业培训

随着圣·彼得的学习型组织理念在全球范围普及,学习型社会创建成了世界各国的共同课题,我国也在这方面进行了卓有成效的探索。在新农村建设实践中,学习型农村也在紧锣密鼓的推进。在这种大好形势下,终身学习理念和学习化社会已深得人心。一些农民对各类培训表现出了前所未有的热情，他们希望通过农村社区教育中心和村民学习站，满足自己对学习、活动以及提高生活品质的需求。当前，农村社区居民的教育培训服务需求正呈现出多样化发展态势。具体表现在以下两个方面：一是随着我国以人的现代化为核心的新型城镇化战略的全面铺开，针对农民工市民化的职业技能培训和社会生活教育越来越迫切，通过职业培训提升农民工和农民的素质、思想观念、生活方式很有必要。这也是养成他们有组织、有纪律、有社会群体意识的有效手段。通过培训可以丰富他们的生活，提高他们休闲生活的品质，使他们快速融入城镇生活，实现由“农民”向“市民”的华丽转身。二是社区开展职业性、专业性、文化性的教育培训活动，可以提高社区居民的整体素质，丰富社区居民的业余生活，提高社区居民的生活品质，实现职业教育与学习型社会构建的深度融合。

（四）未来十年农村人口对职业教育培训有增无减

相关预测数据显示：2020年，我国劳动力人口年龄是20—65岁。也就是说，2020年劳动力最年轻的是20岁，最年长是的65岁。据2010年人口普查数据显示，我国2010年城镇10—59岁的人口为205 029 572人，农村10—59岁的人口为478 589 996人，合计县域10—59岁的人口为683 619 568人，忽略人口死亡、国际流动等理论假设，2020年我国县域劳动年龄人口将达683 619 568人，2025年将超过679 703 855人，假设除中等职业教育在校生外的劳动力人口均可参与社会培训，即可推算出2020年我国县域可参与社会培训的人口将达668 962 942人。2025年我国县域可参与社会培训的人口将有所下降，为664 622 973人，同理，可推算出东、中、西部地区的大体情况。

（五）农民职业教育体系完善需要加快发展农民职业培训

农民职业培训大有可为，但事实是我国当今的农民职业培训发展迟缓，是整个现代职业培训体系的“短板”。作为现代农民职业培训体系重要部分的农民职业培训越来越受广大农民的关注，农民对职业教育培训的期待也逐渐强烈。如果说职业学校教育主要面向的是适龄阶段的学生，那么职业培训机构则是终身教育的重要组成部分，它几乎是对所有有培训需求的人开放。实质上，它起到了社区教育的功能。现如今，农村职业教育培训的对象不仅包括留守在农村从事农业生产和从事非农业产业的农民，还应包括即将成为或已经转移到城市的农民工,这种培训不仅包括职业培训,还应包括生活培训。此外,开展面向农民的职业教育培训,还要在解决我国新农村建设和新型城镇化推进等热点民生问题中发挥其应有的作用。因此,基于当前现实需求和未来我国农村经济与社会发展的需要,必须构建一个完备的、与农民职业教育相适应的现代职业教育培训体系。

第二节　江苏省农民职业培训存在的问题

农民职业培训属于成人职业教育的范畴,也是我国教育事业的重要组成部分,大力推进农民职业培训既可以提高农民自身的综合素质,也可以提升他们的职业技能,让他们更好地适应自己选择的生活。对经济与社会发展来说,还能促进社会公平,推进和谐社会的建设进程。同时,农民职业培训还是终身教育的重要组成部分。俗话说得好:“活到老,学到老。”先辈尚能有终身学习意识,现代人如何能忘本。随着信息社会的到来,一次性教育不可能满足一个人一生所需的知识与技能,农民也不例外。因此,农民为了适应社会结构的调整变化,对除学历教育以外的成人教育培训的需要也日益旺盛。建立完善、发达的成人职业教育培训支撑服务体系,是关系到成人职业教育培训服务能力和农村持续发展的重要问题。由于农民职业培训属于成人职业教育范畴,所以我们可以基于成人职业教育培训服务体系建设视角,来探讨农民职业培训存在的问题。

一、农民职业培训边缘化

我国的“农民教育”“职业教育”“成人教育”或多或少都存在边缘化倾向,又加上它是“非学校教育”,不免会让人觉得这是一种不太正规的职业培训,无论是政府和教育、农业行政部门,还是普通民众,均会忽视农民职业培训的价值,将其边缘化。边缘化主要有两种表现:一是政府和教育、农业行政部门不予以重视,财政资助也非常有限,甚至有些地区还会有意克扣开展农民职业培训的相关费用;二是农民自己不愿意参加这类培训,在他们看来,这是没有任何价值的培训,既耗时,又学不到实用的东西。

甚至有些地区,为了应付上级检查,在成人职业教育培训和社区教育上只做“表面文章”,只把其当作“面子工程”“政绩工程”或是“对外交流的窗口”,没有真正发挥成人职业培训的价值。上述种种，均是制约我国成人职业教育事业发展的难题，具体表现有以下几个方面。

（一）成人职业教育培训编制没有得到真正落实

人事编制是稳定人才的重要制度，它能让从事职业教育的师资安心施教，不会被外界打扰。因为有了编制，人们就会觉得生活有了一份保障，不会像合同制教师那样，随时有可能被扫地出门，根本无法安心从事成人职业教育工作。

以苏北地区为例，仅连云港市三县三区的成人职业教育培训中心、社区教育中心的管理人员和师资的编制问题至今还没有得到有效解决，缺编率高达89%，有些中心长期依附普通中小学艰难生存。为了加强农民职业教育培训，连云港市各县区均采取"合同制"聘用师资，显然这种方法虽能缓解一下农民职业教育培训师资数量上的严重不足，但师资质量无法得到保障。这样步履维艰的农民职业教育培训，其效果可想而知。

（二）成人职业教育培训队伍建设有待加强

有调查研究的数据表明：目前，相当多地区的成人职业教育培训教师都是由中小学教师转移而来，他们不懂专业，无论是管理者，还是教师，他们的教学水平比较差，年纪也偏大，多是一些在普通中小学无法安置的人员①。导致这一问题的原因有很多，最主要的原因是年轻有为的教师不愿意去成人教育学校工作，因为这类学校的职称评定没有着落，没有发展机会。对成人教育学校或社区教育中心的管理者访谈后发现：认为师资"非常缺乏"的管理者占14.5%，认为"比较缺乏"的占33.7%，两者累计占到了48.2%；认为基本能满足正常的教学需要的占32.5%，认为能满足教学需要的只占12.0%，认为数量够但师资质量不高的占7.2%。上述数据意味着成人职业教育培训师资队伍的数量与质量均需要加强。

（三）成人职业教育经费无法满足成人教育事业发展的需要

江苏省政府有关文件虽然规定成人职业教育经费为人均1元，但由于财政厅一直没有下文，一些地区不愿意执行或是执行不力。受访的连云港市12个

① 马建富．社会转型与中国农村职业教育发展道路的选择［M］．北京：知识产权出版社，2014：181-184.

乡镇中，有10个乡镇的成人职业教育经费没有到位，需要经费时，则要向政府申请。有的乡镇成人职业学校、社区教育中心只有动员居民、村民和乡镇企业赞助来筹集经费，还有的乡镇成人职业学校、社区教育中心靠出租棋牌室、门面房的收入维持办学的正常开销。由于各地的财政收入参差不齐，经济较发达的苏南地区，乡镇成人职业教育经费到位率较高，而苏中地区和苏北地区相对较低。加上各地的党政主要领导对成人职业教育认识上的差异，经费解决的困难程度也不尽相同，比如在苏中和苏北地区仍然是以靠“吃财政饭”度日，而苏南地区，成人职业教育的经费来源呈多元化发展，以财政拨款为主，企业赞助、个人捐助为辅的经费筹集体系已经形成。因此，苏南地区成人职业教育发展比苏中和苏北地区的水平要高得多。成人职业教育中有些项目是由政府买单，但也是杯水车薪，培训机构由于经费缺乏，越来越多的成人职业教育机构处于关闭或半关闭状态。

由于政府买单的成人职业教育培训项目的资金多在社保、劳动部门的手中，成人职业学校、社区教育中心无权支配使用，仅靠教育局下拨的一点办公经费勉强维持。这种办学状态是无法满足各类培训开展的需要。与此同时，参培者个体作为职业教育培训的受益主体，由于接受职业教育培训的积极性本来就不高，加上对参加职业培训经费的承担能力有限，造成成人职业学校基础设施投入不足，自然就影响了成人职业学校和社区教育中心服务能力的提高。有调查显示，成人职业学校经费投入的现状令人担忧，详见表5-1。

表5-1　成人教育管理者对农民职业学校基础设施和经费投入现状的评价

	频率	百分比
非常缺乏	9	10.8%
基本满足需要	32	38.6%
部分专业能满足需要	40	48.2%
完全能满足需要	2	2.4%
合计	83	100%

(四)成人教育、社区教育中心法人地位没有落实

成人教育中心法人地位落实的比例比社区教育中心的比例略高，社区教育中心具有法人地位的数量不多。以南通市为例，已经解决了成人教育中心法人

地位的有120家，解决社区教育中心法人地位的有64家，其他中心的法人地位均挂靠在中小学。

二、相关政策缺乏创新

（一）成人职业教育的相关政策强制性和执行力不够

目前，江苏省各地政府都制定了与本地经济与社会发展相适应的成人职业教育培训政策，但其中很多政策条款没有真正得到落实，或是执行不到位。比如，“先培训，后就业”以及职业资格证书制度等长期得不到落实，究其原因，主要有两个方面：一是缺乏对地方政府有效的考核、监管机制，或者是考核力度不够；二是制度的强制性不够，导致企业执行制度大打折扣。例如，一些经济不发达地区的中小企业、民营企业对职业培训并不重视，甚至不欢迎，这种状况除了与这些中小企业产业结构处于低端，工艺简单有关之外，还有就是这些企业不愿意支付培训成本，担心影响企业生产。企业还担心员工经过培训后技能等级提升了，待遇可能要做相应的提高，当然更担心员工“跳槽”。总之，根本的原因还是因为政策的强制性不够，执行措施不到位。

上述原因是导致农民缺乏自觉接受教育培训的内在动力。一方面产业结构的调整与升级需要高素质人才，另一方面现存的人力资源素质不高，亟待开发。根据对参培人员的问卷调查发现：目前无等级工占31%，初级工占22.7%，中级工占31.9%，高级工占7.7%，技师只占6.4%，高级技师只有不到0.3%的比例（见图5-1）。

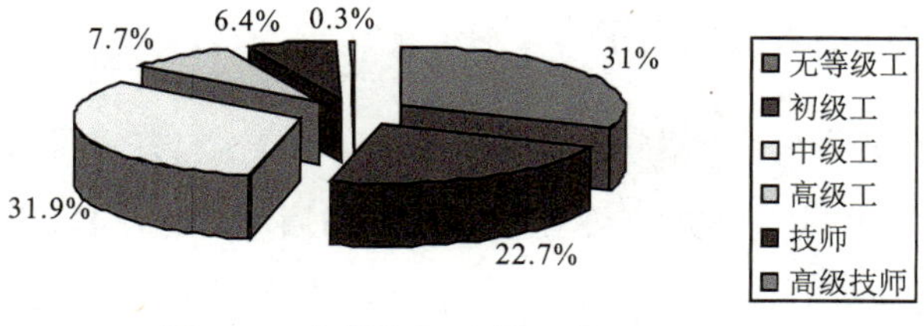

图5-1　各等级职业技工的比例

由图5-1可知，各技术等级的劳动者在劳动力市场上都处于供不应求的状况，技师和高级技师严重短缺，可见在岗职工培训、继续教育和知识更新培训已经成为成人职业教育培训的发展新空间。与此同时，各地普遍反映企业职工和农民参加培训的积极性不高，往往要“三请四邀”，甚至还得“倒贴钱”请君参加培训,导致此种现象的原因很简单,那就是参培人员还没有尝到培训的"甜头",没有认识到职业培训对自己职业发展的真正好处。要提高参培人员的积极性,首先要加大宣传力度,让他们认识到参与职业培训的真正意义,增强他们参加职业培训的意识。仅用免费培训,或是给予诸如毛巾、肥皂、茶杯等赠品来吸引参培人员是达到不培训效果的。中小企业员工不愿意参加培训的原因是这些企业并没有建立职业技能等级与员工待遇挂钩的制度,此外,员工只能利用业余时间培训,以免耽误生产,这也是企业员工不愿意参加培训的一个重要因素。

图5-2所示为参培人员参加不同类型培训的比例。由图可知,自费参加培训机构的培训、网络授课或函授,自发组织技术交流的参培人员所占的比例(31%)远远少于参与政府提供的免费培训和企业统一组织的培训的参培人员所占的比例(69%)。政府提供的免费培训和企业统一组织的培训具有免费性和强制性,此组调查数据可以反映成人相对缺乏自觉接受教育培训的意愿和内在动力。要发展成人职业教育,就需要调动成人参加职业培训的积极性,这需要政府增加符合成人需要的培训项目供给,同时,需要有一些强制性的措施来促进成人参加培训和鼓励企业为员工参加培训提供方便。

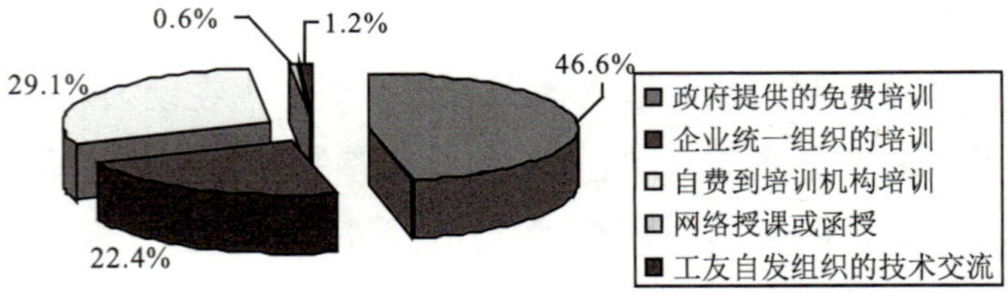

图5-2　参培人员参加不同类型培训的比例

(二)政策缺位,无据可依

成人职业教育经费,不仅问题多,而且问题复杂,许多涉及成人职业培训经费的政策存在漏洞。比如,苏南地区某市2015年,就有1 000万培训经费没有用完,其中最为重要的一个原因就是培训经费被劳动部门控制着,另一个原因就是愿意参加培训的人数呈逐年减少的态势。这并不是培训需求减弱,而是相应的配套机制不够健全。更为严重的问题是:一些不法培训机构通过杜撰培训数据,恶意骗取培训经费。更有甚者,有些地方出现社会民办培训机构拿着农民的身份证复印件去劳动部门套取培训经费。导致这一现象的原因除了培训经费管理与监管不力之外,还有就是政策上的缺位,有时明知出现问题,却找不到相关政策、制度来纠正。为了防止培训经费的流失，江苏常州市的做法值得推广，那就是将培训经费打到农民“农田补贴卡”上，而不是划拨给培训机构的账户。但这两种划拨培训经费的方式都有弊端。将培训经费打到农民“农田补贴卡”后，农民就不会再去参加培训，如果将培训经费划拨到培训机构账户上，培训质量很难保证，而且还有可能出现“套钱”行为。以上种种问题，均是由于缺乏严格的培训经费监管制度。

（三）政策过时，缺乏适应性

2001年，江苏省有关部门联合下发的《关于明确乡镇成人教育机构和编制问题的通知》规定：按照事业单位机构编制分组管理的原则，各市可根据乡镇人口和乡镇成人教育机构承担的任务，按5万人口以上的乡镇的成人教育机构编制为3人，3万~5万人的乡镇的成人教育机构编制为2人的标准来核定人员编制，其人员编制数计入农村中小学教师工编制总数。此通知下发距今已经17年了，目前，它仍在作为农村成人教育编制核定的重要指导文件，显然，该文件已经严重不符合当前农村的具体实际，难以适应成人教育发展的实际需求。加上当前为了更好地发展区域经济，各乡镇行政区域调整如火如荼，各乡镇的人口规模与原先有了很大差距，有些乡镇人口规模增长了近五六倍。17年前的5万人口的乡镇，现在拥有人口已经超过20万，拥有30万人口的乡镇也为数不少。比如，姜堰市的兴泰镇，连云港市的青口镇都是小镇，全镇人口分别只有2.5万和3.65万，而东台的城关镇总人口就有24万之多，苏州的一些乡镇，人口突破30万的也不少。因此，政策过时，缺乏适应性，也是当前成人职业培训中的一个大问题。

（四）政策的原则性过强，缺乏变通性

成人职业教育的政策要么是原则性过强，无法变通，要么是配套不到位，无据可依。政策原则性过强，缺乏变通的直接后果就是操作难。虽然江苏省下发的《江苏省政府关于大力发展职业教育的决定》中规定了成人教育经费的筹措渠道，但地方财政部门只认财政厅的文件，所以有些费用难以真正落实到位。自2011年起，成人职业学校教师的职称评定与职业学校教师一起评审，初步改变了原来与中小学一起评审处于劣势的处境，这是一个不小的进步，但问题还是存在，比如这样做不利于吸引有学历的年轻教师加入成人职业培训队伍中

来。那么,能否在职业教育职称系列中分出成人职业教育培训职称系列呢?这是当下政府部门需要认识调研的课题。

再从学校举办成人职业教育培训的积极性受抑来看,同样与政策有关,其中最主要的是由于政策缺乏灵活性,不能及时而有效地与农民职业培训市场的现实情况相配套。众所周知,现在的职业学校、成人教育学校都是实施财政收支两条线管理和绩效工资管理,虽然保证了办学经费,但也会带来不少问题:一是从成人职业学校方面来说,办针对农民的培训班越多,开支就越多,而培训产生的经费,名誉上是由政府来买单,但政府用于培训的经费很难在第一时间到达成人职业学校,因而影响成人职业学校办培训班的积极性;二是从专业技能培训视角来看,培训班办得越多,意味着工作量就越多,但薪酬不会因为工作量多而有所变化,这在一定程度上影响了教师在教学中的积极性,因而培训质量也要大打折扣。综上所述,在财政管理和绩效工作管理上,政府既要兴利避害,创造一切条件完善绩效工资制度,真正达到绩效工资的激励效果,又要充分考虑成人教育学校与普通中小学的不同,然后在政策中体现。

三、职业培训有效供给不足

(一)职业培训机构师资力量不够,导致服务能力有限

这一点,主要体现为职业培训机构提供的培训不能满足各类农民职业培训的需求,关键是没有满足两类农民的需要。

1. 不能满足新生代农民工职业培训需要

新生代农民工受教育程度普遍高于他们的父辈,对职业的期望值和物质精神享受的欲望也高于父辈,但他们工作的耐受性较低,上述是新生代农民工的本质特征,这些特征决定了新生代农民工在现行体制下生存是较为困难的。因此,新生代农民工如何在农村和城市生存与发展的问题就成了一个无法回避的现实问题。那么解决新生代农民工生存技能问题,就落到了成人职业教育身上。目前,对新生代农民工的职业教育多数是由技工学校、职业学校等教育机构承担。

新生代农民工已经意识到自己的生存技能不足,在贫困线上挣扎的他们,迫切希望政府供给他们急需的职业教育培训。当前,我国对新生代农民工的职业教育与培训多数是以学校教育为主,即各类职业学校的全日制教育。而那些

无法进一步进入职业学校的农民子弟却没有引起政府的足够关注。职业学校对这些农民工的心理、培训需求、职业生涯规划等不了解,也没有主动了解这部分人群现状的举措。也就是说,各类职业学校供给新生代农民工的职业教育培训并非是根据他们的心理特点、培训需求和职业规划等精心设计的,新生代农民工虽然经过职业学校正规的职业教育,却没有掌握与他们的职业意向吻合的职业技能,也难以实现的他们的"城市梦"。表5-2是作者在连云港抽样调查的相关数据,从表中不难看出,参培的学员中,"90后"(18—27岁)新生代农民工占总数的5.8%,"80后"(28—37岁)新生代农民工占总数的25.8%。上述数据能有效地说明参加培训的新生代农民工所占的比例并不高,只有31.6%。在对江苏省连云港市三区三县中的各类职业培训机构进行访谈后得知,他们2016年组织的针对新生代农民工的培训共13次,参加培训的人数只有326人。

表5-2 参加培训的学员的年龄阶段统计

	频率	百分比	累积百分比
"90后"(18—27岁)	19	5.8%	5.8%
"80后"(28—37岁)	84	25.8%	31.6%
"70后"(38—47岁)	122	37.4%	69%
"60后"(48—57岁)	66	20.2%	89.3%
"50后"(57岁以上)	35	10.7%	100%
合计	326	100%	—

2. 留守农民培训没有得到应有的重视

农村有文化、有技术的人相继进城,其中多数已经完成了由农民向市民的华丽转身。留守的农民文化水平较低,也没有什么技术。此外,他们还有两个显著的特征:一是以妇女、老人为主,呈现老龄化、幼年化和女性化特征;二是接受能力差、工作繁忙、生活压力大,对教育的需求严重不足,由此可断定他们参加培训动机不强。

(二)农民职业教育培训缺乏主动应对、适应市场的能力

为了解决产能过剩问题,政府在中央的统一筹划下,对产业结构进行调整和优化升级,这也是我国未来经济发展的一大趋势,它要求各产业的从业人员具备更高的素质,因此,对他们的职业技能培训也应不断提出新的要求。为了适应这一需要,各类培训机构应主动提高自己适应农民培训市场的能力,提高

农民职业培训的质量。但恰恰各类职业培训机构在这方面并没有主动去提升自己适应市场的能力。究其原因，与政府的相关政策不无关系。正是由于政府对农民工培训的针对性调研不足，对各类职业培训机构的培训质量、数量缺乏监管，只凭这类机构办了培训班的次数和参培人员划拨给他们经费，至于培训质量的好与坏并不会影响这些机构的收益，所以这类培训机构的自我提升意识就不强。这种适应能力不强主要体现在培训项目设计、师资建设、课程开发和教材建设等方面，这些不足严重制约了培训项目的开发和培训质量的提高，有些企业急需的培训项目也因各种原因得不到有效开展。

(三)培训专业设置及教学内容设计与社会需求严重脱节，也与农民需求相距甚远

由于缺乏统一的培训规划，各类培训机构设置的专业趋同非常明显，并未体现“市场驱动”和“就业导向”，就业面过窄、过细是培训中的通病，尤其缺少技术性培训项目，更没体现理、工、农、文、管的综合，课程结构较为零散，并未与产业化、产业结构调整达成一致。从师资上来看，“双师型”教师的比重非常低，绝大多数从事农民职业培训的教师对农科教结合、校企政行、产业结构调整优化的认识仅停留在理论层面上，在实践层面并未做到由知识到生产力的转化。

同时，相当大一部分农民职业培训的教学内容忽视了新农村建设在精神文明建设方面的要求，这也导致了无法向新农村建设输送大量的人才，致使新农村建设的精神动力不足，思想上也得不到保证。目前，农民职业培训的内容存在很大问题，为了了解当前农民职业培训内容的具体效果，作者自编问卷来了解参加培训的农民对教学内容的评价。调查数据见表5-3，由数据可知，认为培训内容切合他们的需要，能帮助他们提高职业技能的农民占17.2%；认为培训内容虽然与他们的需要有些差距，但能在一定程度上提高他们职业技能的占64.4%；认为毫无意义的只占参培农民总数的22.4%。表中的数据还表明，农民对当前的职业培训还是持肯定态度的，虽然有诸多的不如意，但政府针对农民的职业教育培训对农民改变命运还是大有帮助的。由此看来，政府供给农民的职业教育培训要想发挥最大功效，就需要认真研究农民的心理特征、培训需求和职业规划，还要研究当前经济发展急需的人才规格和专业类别，设计的培训内容尽可能与生产实际和农民的现实需求密切相关。

表5-3　农民对当前职业教育培训内容的评价

	频次	百分比	累积百分比
有用	56	17.2%	17.2%
部分有用	197	60.4%	77.6%
没用	73	22.4%	100%
合计	326	100%	—

四、课程教材质量急需提高

有不少成人职业教育培训机构已经意识到成人职业教育培训课程与教材研发的重要性。就全国范围来看，经济发展较好的地区，在课程与教材研发方面做得比较好，也摸索出了一些可供全国，尤其是中西部地区借鉴的经验。总体来看，课程与教材研发落后于农民职业教育培训事业发展的需要是一个不争的事实，这也是导致农民职业教育培训质量不高的重要原因之一。归纳一下，当前农民职业教育课程与教材研发中存在的问题主要表现在以下三个方面：其一，课程开设随意性。一些职业教育培训机构开设课程不是根据农民需要，而是依据自己有什么师资来开什么样的课程，这样开设的课程，是无法满足农民需要的，不但达不到预定的目标，还会会挫伤农民参加培训的积极性。其二，教材选用缺乏适宜性。一般来说，教材编写要以参培人员的认知风格、理解能力为依据，这样编写出来的教材，参培人员愿意参阅。事实上，当前农民职业教育培训的教材多是由职业学校选用的教材，实践内容较少，适宜性大打折扣。而适合各地农业经济特色的乡土教材很少，有的也由于缺乏审定导致其价值不高。其三，对农民职业教育培训课程与教材研发不足。有些地区的教育行政主管部门没有很好地组织相关人员主动积极地调查农民职业教育培训，也没有组织有关专家、农村能人等参与课程与教材开发，培训机构与企业及行业协会的合作意识比较淡薄，这也是导致课程与教材脱离实际的重要原因之一。

五、农民职业教育发展不平衡

农民职业教育发展不平衡是由来已久的事，这与当地的经济发展水平有直接关系。职业教育事业发展需要强大的资金支持，而欠发达地区用于农民职业教育培训的资金相当有限，因此就不难理解这些地区的农民职业教育培训落后于经济较为发达地区了。为了解决这一问题，建立由中央政府调配、省政府具体落实的农民职业教育培训管理体制是非常有必要的。此外，这种不平衡性还表现在对农民职业教育培训认识上的差异。

就江苏省来看，经济发展水平是由南向北呈现递减态势，苏南地区经济发展水平居全国前列，而苏北地区与我国中部地区相差无几。从农民职业教育培训经费落实上来看，差距很大，无锡、苏州、常州农民职业教育培训经费在人均1元以上，其中苏州的昆山市人均已达到了3元，而像苏北地区，农民职业教育培训经费人均还不足0.25元，个别县已经连续多年农民职业教育培训人均经费为0。当然，也有些地区，农民职业教育培训经费虽然收缴了，但真正用于农民职业教育培训事业的只有收缴总数的20%，甚至更少。作者为了全面了解江苏省农民职业教育支撑服务体系中人的因素不平衡，对管理者调查问题中的“各地区农民职业教育培训对各年龄层次需要的满足情况的差异性”进行了比较分析，见表5-4。

表5-4 江苏省各地农民职业教育培训对各年龄层次需要的满足情况比较

			各地区农民职业教育培训对各年龄层次需要的满足情况			合计
			满足	基本满足	不满足	
地区	苏南	计数	8	24	0	32
		占地区中的比例	25%	75%	0	100%
	苏中	计数	5	21	5	31
		占地区中的比例	16.1%	67.7%	16.1%	100%
	苏北	计数	0	18	2	20
		占地区中的比例	0	90%	10%	100%
合计		计数	13	63	7	83
		占地区中的比例	15.7%	75.9%	8.4%	100%

在表5-4中，苏南地区满足的比例最高，基本满足的占75%，认为不满足的为0。这表明苏南地区农民职业教育培训的质量最好，且对不同年龄的参培者均有用，这与苏南地区强大的经济实力是分不开的。相比苏中地区，认为满足的只有5人，占16.1%，认为基本满足的有21人，占67.7%，认为不能满足的也有5人，占16.1%。由此看来，苏中地区的农民职业教育培训比苏南地区稍逊色。苏北地区就更差，没有一人认为满足的，认为基本满足的有18人，占90%，认为

不满足的有2人，占10%。此外，师资、课程、基础设施、培训方式等农民职业教育培训保障因素均存在显著的不平衡。

六、农民职业教育培训市场欠规范

目前，我国农民职业教育培训市场既有政府有关部门供给的各类培训项目，也有国有培训机构（职业院校、农科所等），尤其是社会上以盈利为目的的培训机构组织的种类繁多的培训。应该肯定的是，政府相关部门供给的培训出发点是好的，有些地区确实也达到了惠民的目的。但由政府组织开展的农民职业教育培训项目有的效果和效益均不太理想。导致这一问题的原因很多，据调查，主要原因有以下几类：即农民参加培训的积极性不高（66.3%）、师资力量不强（63.9%）、教学设施不到位（44.6%）等，具体数据见表5–5。

表5–5　导致农民培训效益不好的原因分析

	频次	百分比	累积百分比
教学设施不到位	37	44.6%	44.6%
师资力量不强	53	63.9%	108.5%
缺乏有效的教学质量监控	24	28.9%	137.4%
农民参加培训的积极性不高	55	66.3%	203.7%
培训内容脱离实际	16	19.3%	223%
培训机构以盈利为目的	2	2.4%	225.4%
其他	16	19.3%	244.7%
合计	203	244.7%	—

农民职业教育培训市场欠规范是当前政府必须直面的问题，整理市场势在必行。导致农民职业教育培训市场欠规范有两个原因：一是没有建立职业培训的准入制度。这个制度分两层：第一层是针对农民职业教育培训机构的，要对农民职业教育培训机构的资质进行严格的规定；第二层是针对农民的，要对参加培训人员的综合素质进行规定，而非全员培训。农民参加培训的初衷各异，参加培训的态度也各异，因而会影响培训的效果。二是缺乏对社会培训机构发展的规范以及促进其发展的措施。到目前为止，我国明文规定职业教育培训机构资质、办学管理、质量监管等的法律只有《中华人民共和国民办教育促进法》。

在调查问卷中，作者就各地是否有针对职业培训机构的市场准入制度或是相关文件进行调查,结果见表5-6。从表5-6中可以看出:有市场准入制度的占54.2%,没有准入制度的占45.8%。这可以充分说明有一半的地区没有培训机构的准入制度和相关文件。因此,各地相关部门要加快步伐,建立准入制度,规范农民职业教育培训市场。

表5-6 各地农民职业教育培训机构市场准入制度的情况

	频次	百分比	累积百分比
有	45	54.2%	54.2%
没有	38	45.8%	100
合计	83	100%	—

第三节 江苏省留守农民职业教育投资的成本与收益分析

随着我国技术工人供不应求的态势日益加剧,多数有一技之长的农民进城后不仅能找到一份好工作,还能改变家庭的生活状态,逐渐完成了由农民向市民的身份转变。而留守农民的共同特征是年龄偏大,无一技之长,女性居多。让留守农民走上富裕之路,享受更高层次的文化需求是当前新农村建设的中心任务。教育精准扶贫是实践证明的行之有效的扶贫方针。就全国范围来看,我国对农民职业教育的投资还不到GDP的2%,这与其他国家相比还有很大差距。为了改善留守农民的生存状态,加速新农村建设,分析留守农民群体教育投资的成本与收益,并为当地政府提出加大农民教育投资的建议是必要的。

一、留守农民职业教育投资的成本与收益分析模型

(一)留守农民职业教育投资的总成本模型

在研究留守农民职业教育投资的总成本(C)时,可根据研究需要按不同标准分类,按不同标准分类的成本在总量上的差异很少,成本和收益的比较及研究结论不会受其影响。留守农民职业教育成本因支出的主体不同分为社会成本和个人成本。本研究根据研究需要还将对上述两类成本再次细分。

1. 假设条件

(1)模型符号界定(见表5–7)。

表5–7　留守农民职业教育投资的成本分析模型符号界定

符号	符号代表的含义
SC	教育投资的社会成本
PC	教育投资的个人成本
SC_1	社会直接成本(社会直接成本用于非教育投资的最大收益)
SC_2	社会机会成本
PC_1	个人直接成本(个人接受文化教育的支出)
PC_2	个人机会成本(个人接受文化教育放弃工作的经济损失加上PC_1用于投资所得的最大收益)
N	接受职业教育的留守农民的个数

(2)模型假定(见表5–8)。

表5–8　模型假定

序号	代表的含义
1	除了间接成本考虑通胀因素,其他的均不考虑通胀因素
2	对留守农民的职业教育是政府买单的教育,即无需支付学费、杂费等
3	模型假定留守农民生活状况大致相同,因而PC及PC里的项目对模型适用
4	SC和PC的时间价值假定为资本在市场上的平均收益率w
5	模型设定PC有最大值,它对讨论留守农民职业教育投资收益具有普遍适用性
6	模型考察的留守农民相对稳定,无较大的人员流动差

2. 基本成本模型中计算社会直接成本的公式为:

$$SC_1 = SC_{11} + SC_{12} + SC_{13} \quad (5\text{–}1)$$

公式中的SC_{11}是支付给农民职业培训机构的教育事业经费,主要包括支付教职工工资、福利、工资补助等;SC_{12}用于农民职业培训机构的教育基本建设投资,其中包括教育业务开展经费、教学设施采购费、校舍建设与维修费等;SC_{13}即为最初投入的固定资产及其在使用过程中的折旧。

留守农民职业教育投资的社会成本为:

$$SC = SC_1 + SC_2 \quad (5\text{–}2)$$

留守农民职业教育投资的个人成本为:

$$PC = PC_1 + PC_2 \quad (5\text{–}3)$$

留守农民职业教育投资的总成本为：

$$C = SC_1 + SC_2 + N(PC_1 + PC_2) \tag{5-4}$$

根据表5-8中的模型假定4，便有：

$$SC_2 = w \cdot SC_1 \tag{5-5}$$

由此得出总成本应为：

$$C = (1 + w)SC_1 + N \cdot (PC_1 + PC_2) \tag{5-6}$$

3. 留守农民职业教育投资对成本分析模型进行修正

随着经济发展，进城务工农民数量不断增多，在一定程度上改善了农村家庭的经济状况，甚至有不少农民完成了由农民向市民的身份转变。而留守农民多数无一技之长，受教育水平低，挖掘的潜力虽大，但条件不成熟。假若对留守农民进行初中及以上水平的职业教育，从学历水平来分析，显然是不合理的。导致他们学历水平不高的原因有年龄偏大、记忆力下降、家庭负担重，加上长期居住在信息闭塞的农村，这在一定程度影响了他们接受新鲜事物的态度。根据上述留守农民的具体实际，以村为教学单位进行农民职业教育可以确保教育因地制宜，因时制宜，教育成效也比以乡镇为教学单位要好。考虑到上述特殊性，本研究对公式5-6进行修正。

由于留守农民的经济认知能力较低，他们无力利用自己居住地的特色产业来获取更多经济收益。这时，政府就有义务帮助这些地区的留守农民利用特色产业来获取更多收益，帮助他们早日脱贫。首先，地方政府可以利用一切可以利用的资源建设有利于特色产业发展的基础设施。其次，要帮助当地留守农民提高综合素质和职业技能。如让高水平的教学单位来实施职业教育精准扶贫工程。因为基础设施建设投资较大，所以第一阶段模型中的一些量会有较大的变化。经深入分析可知上述变化并不会引起社会直接成本SC_1中留守农民支持比重的改变。按照当前职教扶贫正常的逻辑，可以先试行，如果确实有成效，大面积推广才有意义。从试行到全面推广中间有一个时间间隔，在此时间间隔里，社会直接成本SC_1会增加，从整个投资过程来看，可以利用匀速加速直线模型，取社会直接成本为一定值（农民职业教育投资的平均值）。因为农民职业教育投资具有延续性，社会直接成本SC_1还会追加，所以讨论可分为两个阶段进行。

第一阶段：此阶段的教育是旨在提高留守农民农业生产能力和农产品经营

与管理能力的教育。此阶段的投资主要是为了提高留守农民的生活水平，可以将这个阶段的职业教育叫作农民职业教育。

第一阶段初期，SC_1中用于投资留守农民职业教育的SC_{11}值最小，可记为$v_{1\min}$。随着农民职业教育大面积推广，SC_{11}将会大幅递增，它一直延续到旨在提高留守农民文化生活水平的教育启动为止，这时SC_{11}的值最大，记为$v_{1\max}$。暂且假定政府在投资的第一阶段中，农民职业教育得到了稳步推广（政府投入呈匀速增长），那么，第一阶段投资中的SC_{11}值为$\frac{v_{1\min}+v_{1\max}}{2}$，记为$v_1$，由此可以推出社会机会成本为$w\cdot v_1$。对留守农民来说，接受的职业教育是政府买单的，因为接受职业教育误工的损失政府会给予相应的补偿，所以PC_1+PC_2可以忽视不计。那么留守农民职业教育投资第一阶段的成本应为：

$$C=(1+w)\cdot v_1 \tag{5-7}$$

第二阶段：此阶段的教育旨在提高留守农民文化生活水平，即文化教育。第二阶段启动时，就是第一阶段结束时，此刻的SC_{11}已达到最大值$v_{1\max}$，由于农民的物质生活水平提高了，他们追求文化生活品质的愿望会越来越强烈，这时的SC_{11}会逐步递减，而用于文化教育的投资会相继递增。据前面设定的假设，SC_{11}的投资以匀速追加至第一阶段结束时，那些留守农民已完成农民职业教育，在此期间SC_{11}值一直保持$v_{1\max}$。倘若文化教育要再上一个台阶，社会投资将会以$v_{1\max}$为基数进一步追加。进入第二阶段，作为个人成本的PC部分就一定要考虑进去。原因很简单，最早接受职业教育的那部分留守农民的经济状况有了好转，便有了更高的生活需求，文化教育不是由政府买单的，因此就有了PC_1、PC_2。

从留守农民整体状况来看，用于文化教育的PC_1、PC_2的变化趋势是先小后大，随着文化教育的层次不断提高，这部分投资会持续递增。因此，在考察第二阶段的成本时需要更细致。先是确定基数，即第一阶段结束时的SC_{11}值，以及由零开始递增的PC_1、PC_2、N_1。投资递增结束时，也就是文化教育已经大体满足留守农民的文化生活需求时。分析到此，接下来需要解决的问题是确定农民职业教育总成本。

农民用于文化教育的投资PC是因人而异的，同时也会随着农民文化程度的不断提高而有所变化。职业技能熟悉程度与文化程度在一定程度上是由接受教育（职业教育和文化教育）的时间长短决定的。一般来说，留守农民受教育时间越长，那么他们在当地获取更好的工作机会的概率就越高，这就意味着他们放弃工作接受教育的成本(PC_2)就越大。分析暂且将开始的个人机会成本定义为PC^0,随着留守农民受教育的时间的增加,PC_2也应增加,但个人机会成本则会降低,于是便有 $PC^t=(1+t)\cdot PC^0 N_1$,且随时间的增长而增大。将其初始值定为N^0,N^t与N^0的线性方程为 $N^t=(1+t)N^0$,PC、N_1几乎同步达到最大值。这里所说的N_1的最大值指的是留守农民有接受教育愿望的最大人数。需要说明的是PC^t、N^t的涵义是在t时的留守农民个人机会成本和愿意接受教育的留守农民人数。通过积分计算方法,可以计算出总个人成本(PC):

$$PC=\frac{n^0\cdot PC^0\cdot(1+t)^3}{3} \tag{5-8}$$

在此期间产生的所有成本可用以下公式计算得出:

$$C_1=\frac{(1+w)^{'}\cdot v_{1+\max}+N^0\cdot PC^0\cdot(1+t)^3}{3} \tag{5-9}$$

此公式中的t指的是教育已实施的时间(以年为单位)。t期间,SC_{11}会随着教育的推广由$v_{1\max}$初始值不断增大,最终达到最大值v_m,分析时可视SC_{11}为常量,记为:

$$v=\frac{(v_{1\max}+v_m)}{2} \tag{5-10}$$

此分析方法与前面阐述的方法相同,就不在这里重复叙述。这个时间段的成本可记为:

$$C_2=N_1\cdot PC\cdot t+\frac{(1+w)^{'}\cdot(v_{1\max}+v_m)}{2} \tag{5-11}$$

通过上述分析,可得知第二个阶段的总成本为:

$$C_1=(1+w)^{t_1}\cdot V_{1\max}+\frac{(1+w)^{t_2}\cdot(v_{1\max}+v_m)}{2}+\frac{N^0\cdot PC^0\cdot(1+t)^3}{3} \tag{5-12}$$

此公式中的t_1、t_2指的是教育两个阶段持续的时间(均以年为单位)。综合两阶段的分析讨论,可推导出农民教育投资的总成本是:

$$C=t\cdot(1+w)\cdot v_1+(1+w)^{t_1}\cdot V_{1\max}+\frac{(1+w)^{t_2}\cdot(v_{1\max}+v_m)}{2}+\frac{N^0\cdot PC^0\cdot(1+t_1)^3}{3} \tag{5-13}$$

第二阶段的文化教育结束后,留守农民的文化水平会有质的改变,这对于新农村建设的意义颇大。

4. 经过调整的总成本模型

经过前面的修正，留守农民教育投资的总成本的确定就更为合理。留守农民教育投资总成本为：

$$C = t\cdot(1+w)\cdot v_1 + (1+w)^{t_1}\cdot V_{1\max} + \frac{(1+w)^{t_2}\cdot(v_{1\max}+V_m)}{2} + \frac{N^0\cdot PC^0\cdot(1+t_1)^3}{3} \quad (5\text{-}14)$$

需要说明的是：公式5-14中的V_1由v_1得到，是第一阶段投资的总社会成本；N_1代表的是留守农民接受教育的最大人数。$V_{1\max}$和V_m分别为农民职业教育阶段和文化教育阶段SC_{11}的最大值。

（二）留守农民教育投资总收益模型的构建

留守农民教育投资收益指的是政府对留守在家乡从事农业生产的农民进行教育投资产生的收益（以下简称R）。因为留守农民两个阶段教育的投资主体分别是政府和个人，所以R包括社会收益（SC）和个人收益（PR）两部分，这两部分根据研究需要还可以进一步细分。前面已经提到绝大多数留守农民生活在交通闭塞、经济落后的地方，这些地方与外界联系不紧密，提高他们的职业技能和综合素质，可以增加他们在当地获取好工作的机会，从而摆脱贫困。接下来要讨论的是留守农民教育投资收益模型。

留守农民教育投资总收益模型有三个假定：一是留守农民教育投资区域为交通闭塞、经济落后地区；二是在研究期间该地区没有发生大的社会事件或是大的自然灾难而影响经济发展；三是该地区留守农民人数在研究期间不变。

前面已经提到，按投资的主体可将投资收益分为社会收益（SC）和个人收益（PR），因此，教育投资收益可分为两部分考虑。PR包含个人直接收益与个人间接收益。所谓个人直接收益指的是农民未来货币工资的折现，而个人间接收益是指农民利用自己的文化水平影响他人而带给自己的报酬，通常这种影响界定为受过高等教育的父母影响子女。在两种收益中，个人直接收益相对重要些。就研究的地区来看，留守农民收入主要来自出售农产品，由于留守农民没有工资收入，我们只需要考虑他们的年出售农产品净收入的增量。研究地区交通闭塞、经济落后，可将其作为一个相对独立的经济体，对该地区教育投资的社会收益最科学的测量标准是它的GDP。因此，对留守农民教育投资的收益讨论可以以该地区的GDP为例来讨论。

假定该地区教育投资前m年的GDP值分别为G_m、G_{m-1}、…、G_1。教育投资在t_0

年到位，可将投资当年的GDP值确定为G_0，那么该地教育投资后各年份的GDP值为G_{01}、G_{02}、G_{0t}。这时便有了计算该地区教育投资收益的可行之法。

第一步要对教育投资前该地m年的GDP值做一次指数平滑，可以推导出没有教育投资时GDP对时间的线性关系。通过它能得出考察期间每年的GDP，分别用$G'_{01}, G'_{02}, \ldots, G'_{0t}$表示。教育投资的社会收益即教育投资前后各年份的GDP增量。

对教育投资前各年份的$G_m, G_{m-1}, \cdots, G_1$做指数平滑，得出GDP与时间的线性方程：

$$\hat{Y}_t = \hat{\alpha} + \hat{\beta} \cdot t \tag{5-15}$$

公式5-15中用t、和$\hat{Y}_t$来表示时间（年份）和与时间（年份）对应的GDP；$\hat{\alpha}$、$\hat{\beta}$为农民教育投资总收益模型得出的参数。利用公式5-15得到第1，2，…，t年的$\hat{Y}_t$值，教育投资对应年份的GDP分别是$G'_{01}, G'_{02}, \ldots, G'_{0t}$。由此可以计算对应年份的GDP增量。我们用$\Delta_1$，$\Delta_2$，…，$\Delta_t$分别表示投资后第1年至第$t$年的增量的现值。那么，就可以得到对应年份GDP增量现值（见表5-9）。

表5-9　对应年份GDP增量现值

年份	*GDP*增量的现值
第1年	$\Delta_1 = \frac{(G_{01} - G'_{01})}{(1+w)}$
第2年	$\Delta_2 = \frac{(G_{02} - G'_{02})}{(1+w)^2}$
…	…
第t年	$\Delta_t = \frac{(G_{0t} - G'_{0t})}{(1+w)^t}$

将投资后对应年份的增量相加，就得出了留守农民教育投资的社会收益Δ_y，即

$$\Delta_y = \sum_{i=1}^{t} \Delta_i, i = 1, 2, \cdots\cdots, t \tag{5-16}$$

二、江苏省留守农民职业教育投资的成本与收益分析

前面构建的留守农民职业教育投资成本模型和收益模型均将可以考虑的成本和收益考虑在内，下面将利用构建的成本模型和收益模型定量地讨论江苏

省留守农民职业教育投资的成本和收益。

据江苏省统计局发布的《江苏统计年鉴2016》数据，江苏省农村人口总数为2 556.32万人，外出务工农民为837.80万人，15周岁以下的儿童为275.00万人，65周岁以上的老年人为368.87万人①。由此可推算出可接受教育的留守农民人数(N_1)为1 074.65万人，考虑到有重复接受教育的现象，江苏省可接受教育的农民大致为1 100万人。

设第一批接受职业教育的留守农民为275万人，每个教学班的人数为50人，每个班级配备一个年薪为6万元的教职工，每个班级的年公共支出为1万元，年初始投资固定资产及折旧为2万元。1 100万留守农民可分4批接受教育（每年一批），根据上述数据，可得出$v_{1\min}$为49.5亿元，$v_{1\max}$为198亿元，v_1为123.75亿元，w为0.1。成本模型中已经分析得出第一阶段投资成本计算公式为$C=(1+w)\cdot v_1$。江苏省第一阶段农民职业教育投资为期四年，那么第一阶段的总成本为$4C=4(1+w)\cdot v_1$，将上述数据代入得544.5亿元。

在农民职业教育投资进行到第一阶段结束时，留守农民的物质生活条件得到了极大改善，留守农民对文化生活有了更高要求，这就有了第二阶段的文化教育投资。在定量分析中，只考虑文化教育第一个过程的成本。成本模型假定接受教育的最大年龄是75岁，因为75岁以上老年无法接受教育。接受职业教育的最大年龄是65岁，这一阶段的教育为4年，那么他们到75岁，还有6年，这就是第二阶段文化教育的投资周期。

设N^0为184万人，接受第二阶段教育的留守农民教育大致为1 100万人，正好6年可以完成。江苏省农村居民人均年收入为1.359 8万元，个人直接成本1 000元，留守农民在结束第一阶段的职业教育后，月净收入由教育投资前的1 000元左右变成接近4 313元，那么农民第二阶段教育的个人成本也接近最大值，上述数据代入$C_1=\dfrac{(1+w)^t\cdot v_{1\max}+N^0\cdot PC^0\cdot(1+t)^3}{3}$，可得2 220.66亿元。

将两个阶段教育投资的成本相加，得出江苏省留守农民10年间教育投资的总成本，即为2 765.16亿元。

前面已经提到，在第一阶段的教育投资只有社会成本和社会收益，此阶段的教育投资带来的GDP增量实质就是教育投资提高了留守农民的工资增量之和。本研究构建的留守农民教育投资收益模型要求在农民教育启动之后就开

① 江苏省统计局.2016江苏统计年鉴[EB/OL].[2017-10-25]. http://www.jssb.gov.cn/2016nj/nj03.htm.

始计算，但由于对农民教育投资并未带来相应年份的GDP增量，所以无法确定其社会收益。按模型要求，留守农民的个人收益也是可以计算的，留守农民教育投资的个人收益即为他们接受教育后的工资收入增量。

留守农民在接受教育之前出售农产品的月收入为1 097元（以1 000元计算），在文化教育完成后，他们出售农产品的月收入增至4 134元（按4 000元计算），每月净增3 000元，每年净增加的个人收益即为360 000元。留守农民6年的文化教育投资结束后第一年的个人收益为3 960.00亿元，已经超过江苏省留守农民10年间教育投资总成本1 194.84亿元，此后，留守农民的个人收益会在以后的年份追加。根据上述分析，第一阶段的教育投资是为了提高留守农民职业技能，属扶贫性质，而后一阶段的投资是为了提高留守农民的综合素养，服务于新农村建设，由于投资的金额较大，可以有选择地进行。前面的论证表明，农民职业教育投资的收益是大于成本的，投资是值得的。

三、留守农民群体教育投资的几点建议

前面已经详细分析了留守农民职业教育投资的成本与收益，得出的结论是收益大于成本，因此，各级政府应加大对留守农民职业教育的投资，帮助留守农民摆脱贫困，进而加速新农村建设的步伐。

（一）政府应继续加大留守农民职业教育投资

由于留守农民职业教育投资收益远高于成本，江苏省各级政府应不遗余力加大留守农民职业教育投资。据江苏省统计局官方公布数据，江苏省用于留守农民职业教育的财政支出不到全省GDP的2.3%，虽高于全国平均水平1.92%，但离其他发展中国家的4%和发达国家的8%，差距还很大。要想加快新农村建设，江苏省应逐年加大对留守农民职业教育的投资，重点在苏中和苏北地区，建议将留守农民职业教育投资的增长速度由现在的0.46%增加到30%以上。除此之外，还应建立由省政府主导，各地方政府参与的农民职业教育投资专项基金会，强化市场导向，以确保农民职业教育与区域经济发展的适切性。

（二）健全机制鼓励民间资本进入农民职业教育投资市场

留守农民职业教育投资的第一阶段，资金全部来自政府财政支出，政府负担相当重，尤其是苏北地区。江苏省既是经济发达的省份，也是农业大省，留守

农民的基数大，仅靠政府的财力虽谈不上杯水车薪，但也是捉襟见肘。健全机制，规范民间资本进入农民职业教育投资市场是苏北地区农民职业教育发展的必由之路，由于农民的收益周期较长，需要制定相应的补贴标准鼓励民间资本转场到农民职业教育领域。根据美国的经验，补贴的多少可按民间资本投资留守农民教育的比例来定，也可按日本的做法，即按其培训农民的数量来定。比如，民间资本向留守农民职业教育投资为1亿元，政府可以给予投资总额的25%～50%不等的补贴（具体比例视市场而定），若按培训的人数来定，一些人可以获得每人3 000左右的补贴（具体金额也视市场而定）。

（三）留守农民职业教育投资应注意的三个问题

前文已经分析了留守农民教育投资的收益远大于成本，但由于投资周期长，加上留守农民缺知识、少技能，且绝大多数居住在偏僻地区，思想观念较为落后，所以留守农民职业教育投资不能操之过急，而应循序渐进、循循善诱，做好参加农民职业教育的思想工作，这是其一。其二是关于某个地区的留守农民职业教育投资何时结束的问题，一般来说，对留守农民的教育可进行到他们有能力、有意识自主学习时结束。投资后期，教育应从职业教育和一般的文化教育转移到转变学习观念和提高学习能力的教育上来。其三是可以学习瑞典成人教育经验，投资建设一些教育设施，在投资前期可用于讲学，在投资后可用于交流学习。

总之，留守农民职业教育投资是利国利民的大事，政府应大力倡导，以政府投入为主导，鼓励民间资本介入，转变留守农民职业教育投资的观念，形成以政府投资为主、民间资本为辅、个人负担为补的农民职业教育投资格局。

第四节　江苏省农民职业培训的发展策略

一、强化政府对农民职业教育培训工作的考核

（一）建立县、乡两级联动的农民职业教育培训工作委员会

众所周知，农民职业教育培训落实的主体是县、乡两级政府，参与农民职业教育培训的机构应纳入该工作委员会的监督之下进行工作。

农民职业教育培训的根本目的就是要提高农村人口素质，促进农村经济繁荣，推动农村地区社会与经济持续健康发展。农民职业教育培训是农村地区最直接、最有效、最普遍的职业教育培训形式，它涉及面广，推进的不确定因素复杂，需要全社会通力协作。从农民职业教育培训的性质及内涵来看，它具有较强的社会性，离不开各级政府及其职能部门的支持与协作。搞好农民职业教育培训工作是各级政府及其相关部门义不容辞的义务和责任。

那么，这样的部门以什么样的形式展开工作呢？我们认为，组建跨部门的，以县、乡两级政府为主体的，在中央和省政府的统一规划下进行工作的农民职业教育培训工作委员会是不错的选择，它能有效地开展农民职业教育培训工作，提高服务质量。委员会要由政府主管领导任主任，以人社局、财政局、教育局、农业局、县职教中心、妇联、残联等组织的主要领导为委员，委员会下设培训发动部、培训实施部、培训考核部和就业指导部四个职能部门，各部门明确职责，分工协作，在县政府的统一领导下进行工作。实现行政资源整合、优势互补，激活与社会互动的联合办学运行体制和机制。

（二）重视对县、乡两级主要领导的农民职业教育培训工作的考核

地区党政主要领导对农民职业教育培训的态度会在施政中有所体现，如果他们对农民职业教育培训持肯定态度，该地区用于农民职业教育培训的经费就会及时足额到位，如果他们持否定态度，这个地区的农民职业教育培训经费可能不会足额按时到位，甚至还会挪用到其他事业上，这样本来就很少的农民职业教育培训经费更加无法发挥它应有的作用。为了进一步促进农民职业教育培训工作的顺利开展，首先要让地区主要党政领导从认识上转变观念，其次要将农民职业教育培训、社区教育发展情况纳入县、乡两级政府主要领导的政绩考核体系，并加大这类事业在考核体系中的分值，让领导认识到农民职业教育培训工作对区域经济发展的重要性。只有这样才能从根本上扭转一些地方领导只重视经济建设，忽视教育重要性的局面。

（三）施行地方发展农民职业教育培训的年报制度

各地要将农民职业教育培训作为新农村建设中的重点任务来抓，要接受人民群众的监督，各地的农民职业教育培训发展情况要以年报形式向公众发布。接受同级人大和上级政府年度考核，这一做法应制度化，每年由地方政府形成

农民职业教育培训、成人教育、社区教育发展的年度报告，在接受人民群众监督的同时，还要虚心听取人民群众的建议。

二、重视农民职业教育培训制度与政策的创新

农民职业教育培训要持续健康发展，离不开制度与政策的支持，要让培训工作井然有序地推进，就要着力建立完备的、科学配套的、行之有效的体制。我们可以以当前体制改革为契机，在体制上寻找突破口，创新农民职业教育培训制度和政策。

（一）健全管理体制，建立有效的乡镇级农民职业教育培训运行机制

农民职业教育作为“三农”问题的有效解决手段，需要科学而有效的政策与制度保障，要提前规划，进而制度化，这样才能促进农民职业教育健康有序地开展，才能让农民职业教育为区域经济发展发挥它应有的作用。要达到这一目标，最为关键的是要建立健全科学的、经济效益高的、成本低廉的体制，同时还要用政策来营造农民职业教育的外部环境。

随着城镇化进程的加快，农民职业教育势必要向社区教育转型，那么，现在首先要解决的是一直困扰农民职业教育的“教出多门”的现象。目前，全国乡镇一级“教出多门”的现象严重影响了农民职业教育效果，造成了不必要的教育资源浪费。就江苏省来看，苏北地区这种现象比苏南、苏中地区严重。要彻底改变这一现象就要从两个方面着力：一方面，要突出以县级政府为主导、教育部门统筹规划、其他部门协作的齐抓共管机制的建设。这样才能形成持久的综合管理合力，从而彻底改变“教出多门”的现象。另一方面，一定要建立乡镇社区教育的运行机制，有效整合辖区里多种教育资源，集中发挥其在农民职业教育中的规模效益。东海县的做法具有推广价值。东海县委、县政府明确强调乡镇社区教育中心由教育行政部门管理（这解决了隶属问题），整合涉及农民职业教育的物质资源、培训资源、人力资源、社会资源由教育部门统一支配（解决“教出多门”问题），坚持以农民职业技术培训为主体，建设一个以社区教育为基点（解决资源应用去处和资源整合落脚点问题）、以党的领导为靠山、以制度建设为保障、以培训项目为载体、以“共赢”为纽带的农民职业培训运行机制。此机制可以概括为“一个中心、多块牌子、各司其职、资源共享、透明管理”。

(二)明确政府职责,逐步建立多元化经费投入机制

首先要明确政府在农民职业教育培训中的主体与主导地位。我们所从事的农民职业教育培训应具有“全民性”和“公益性”,它是针对农村地区所有成员的,无论他们是从事农业生产,还是从事非农业生产,均要根据他们的将来发展需求来安排职业培训。此外,农民职业教育培训要突显其“公益性”,就其教育性质来看,它应属于公共事业,在新农村建设的大环境下,“公益性”特点就显得尤为突出。

发展农民职业教育培训,需要基础设施和各类教育资源,比如教学场地、教材、师资等,一般来说,发展这类公共事业的经费均来自社区本身,这就要求农村社区拓展农民职业教育培养经费渠道,建立以财政拨款为主、各类捐助为辅的培训经费筹措机制。

三、建立农民职业培训资源共享机制

相对城市来看,农村地区职业教育资源本来就少,要想让有限的资源发挥最大的功效,就要建立高效的共享机制。那么,摆在我们面前的问题是从哪着手建设有效的资源共享机制呢?我们可以从三个层次来着手建立资源共享机制。

(一)乡镇层次各类职业教育培训机构的整合

目前,乡镇层次的各类职业教育培训机构多数隶属于教育、劳动、人社、妇联、共青团、计生委等部门,由于管理权不统一,职业教育资源分散,发挥不了规模效应。因此,要将这些培训机构整合为以教育部门为主体,其他部门积极参与管理的乡镇农民职业教育培训中心或是社区教育中心,这些培训中心或教育中心可以成为乡镇一级人力资源开发的主力军,成为农村社区的教育基地。它们不仅能在农科教方面发挥主导作用,还能有效地转移农村富余劳动力,推动生态农业的发展,推进农村城镇化建设。

(二)县乡层次成人职业教育培训资源的整合

县乡层次的农民职业教育培训资源相对较丰富,但不比城市多而集中,规模效应也不及城市。据调查,在县乡层面,成人教育学校、社区教育中心、职业

学校、农技学校在培训内容和范围上交叉较多，这些教育机构的目的是一致的，均为了提高劳动者的素质，为发展县域经济、提高辖区里农民的民生质量提供智力保障。鉴于此，我们完全有条件将这些办学目的一致的，但独立进行成人教育培训的机构与职业学校进行适度整合。由于编制政策无法在短时间内解决，所以可以采取"一块阵地、两块牌子、统筹安排、分工协作"的方式进行整合，有效地利用县域内资源，比如成教、社教利用职教的师资，职教利用成教、社教的阵地。这样做的优势主要有两个：一是能充分利用有限的教学经费和教学资源；二是能有效地为经济与社会发展服务。

（三）中央、省层次下达的各类成人职业教育培训项目的整合

江苏省根据中央对农民职业教育的统一规划，以彰显本省的农民职业教育特色为抓手，建立两类农民职业教育培训方案。一类是涉农培训，以农科技术为主，兼顾农产品加工与经营知识。另一类是非农培训，以融入城市生活的职业知识与技能为主。具体来说，省政府应对农村劳动力转移培训等非农培训项目实施扎口管理。这种管理方式，有利于把有限的资源用在最紧迫的项目上，避免资源分散起不到规模效应；还有利于调动农民职业教育培训具体实施机构的积极性，避免一些掌握经费的部门不搞培训，或是搞形式培训，这样可以有效防止真正进行农民职业教育培训的教育部门"有责无钱"的现象发生，更有利于防止国家下拨的农民培训资金被挪用、套现等违法、违规情况的发生，真正让政府的惠民培训工程惠及所有需要接受培训的人。

四、着力建设农民职业教育师资队伍

队伍建设是搞好农民职业教育的中心任务，队伍建设不能强求划一，而应给各地自主权，各地可以根据自己的农业特色、农村富余劳动力的多少、地区经济发展水平、劳动力市场的动态进行权衡，加强农民职业教育培训中心的师资队伍建设。

（一）根据发展需要，分段确立成人教育编制

师资队伍的稳定需要强有力的政策来保障。其中最有效的是编制政策。原先农村成人教育的编制显然已经无法满足当前农民职业教育培训的需求。因此，在省一级管理层面，要深入调研各地成人职业教育发展的新动向、新需

要，调整成人职业教育编制。应坚持独立性原则酌情给予乡镇成人职业学校独立的专职编制，更应坚持动态性原则，因地而异给予满足成人职业教育事业发展需要的编制。根据欧美发达国家的通常做法，结合中国的具体实际，建议5万人以下的乡镇应配备6~7个编制，5万人以上的乡镇则需要8~9个编制。核准成人职业教育学校专职教师编制时可参照苏州的做法，以人口总数的万分之一核定。

（二）打造县（市）级专业师资人才库

电影《天下无贼》中葛优饰演的黎叔有一句经典台词："二十一世纪什么最贵，人才啊！"农民职业教育事业发展也需要人才，一个重视经济发展的县（市）一定是重视农民职业教育的县（市），更是一个尊重人才的县（市）。这样县（市）的经济才能持续健康发展。建立农民职业教育师资人才库的意义有两个：一是对农民职业教育系统内的老师来说，建立师资的人事档案信息、职业规划和教学业绩成绩单等，可以发现哪些人现在从事的教育教学工作低于他们具有的知识水平和能力水平，哪些人具有发展潜力，哪些人需要什么样的教育教学培训，一旦农民职业教育培训特定的专业师资出现缺口，就能通过人才库，精准地找到能胜任这一工作的教师。这样可以有效地防止师资断层。二是对农民职业教育系统外的人员来说，建立兼职教师和志愿者的信息库，可以大大缩减聘用成本，以防师资流失。

目前，各地成人职业教育中心和社区教育中心的师资多以兼职教师、志愿者为主，这样的队伍十分不稳定，也满足了不了农民职业教育事业发展的需要。为了满足农民职业教育培训发展对师资的迫切要求，就一定要建设和管理好两支队伍：一是要科学地组建县（市）级专业师资库。通过扩大编制定额、将专业师资纳入事业单位执教计划中等手段吸引优质师资投身到这项事业中来。师资库中的教师虽然被分配到某一乡镇，但要根据全县（市）教学需要在全县（市）范围里流动，使师资得到充分利用。二是要科学组建和管理好兼职教师和志愿者队伍。一般来说，兼职教师都是高校的优秀教师或是行业精英，他们在理论上、技能上的水平大多高于县（市）一级的职业教育教师。还有一部分志愿者是高校、行业的离退休人员，他们以发挥余热、满足精神层面追求的心态进入这支队伍。因此，制定相关政策时，一定要注意激发这部分人的热情和积极性，还要建立科学使用这些人才的配套制度。

（三）建立教师流动服务制度

教师只有流动才有活力，才有提升自我的冲动。流动能帮助他们看到自己与别人的差距，产生危机感，这样他们就会努力提高自身素质，跟上时代步伐。建立教师流动服务制度的初衷是充分利用职业学校（社区教育中心）的师资，为农民职业教育事业的发展提供急需的师资。这项制度既解决了农民职业教育师资问题，又能锻炼职业学校的年轻教师，同时还能解决职业学校富余的师资。具体措施有以下四种：

（1）新教师支教制度。这一制度规定，每个通过招考录用的职业学校的年轻教师须在农村成人职业教育中心（社区教育中心）任教2年以上方能返回录用单位任教。

（2）轮岗制度。其实质就是职业学校和农村成人教育中心组建职业教育集团，要求职业学校的教师每3年要到农村职业教育中心轮岗1年。

（3）流动服务制度。地级市一级的职业院校的教师要到教育扶贫的对口县（市）职教中心流动服务，时间可以是1学期，也可以是1年，可根据实际需要确定服务时间。

（4）职称晋升支教制度。城市职业院校的各类教师，尤其是专业教师晋升高级职称前，须到农村职业学校或是成人教育中心任教1年以上，方具备高级职称评审资格。

除了上述四种制度，还应建立相应的激励机制，创造条件让职业院校教师到成人职业教育中心转岗、流动服务、支教，给予愿意到乡镇成人职业教育中心工作的教师生活补贴、交通补贴、职称评审的优先权，优秀教师评选的优先权。

（四）创造性地组建大学生志愿者队伍

大学生是一个高知识、高技能的年轻群体。他们有知识、有精力、有热情，愿意投身于农村职业教育的志愿活动中，大学生所学专业涵盖面广，每个大学生在校期间都有参加社会实践的要求。组建大学生志愿者队伍，一能缓解农村职业教育师资短缺的问题，二能丰富大学生的社会经验，是一个双赢的举措。因此，各地可以以县、乡镇为单位，积极主动地与高校学工处、团委等部门联系，欢迎大学生寒假期间返乡参加农民职业教育活动。

五、实施“惠民教育”工程

从整体来看，江苏省在“惠民教育”工程方面，起步较早，贯彻的力度也大，经费保障方面也比其他省份要好，取得的成效也是中西部各省份非常羡慕的。目前，江苏省按照国家、省委省政府的统一部署，根据本省的实际情况，全面推进农村改革发展，大力实施农村人才工程和现代化农民教育工程，以转移农村富余劳动力培训、农业实用技术培训、农民创业培训、退役士兵培训以及中青年农民学历培训为工作重心，已经形成了水平较高、效益可观的“惠民教育”工程体系。“惠民教育”的目标就是要培训现代农民，因此，“惠民教育”工程的具体实施形式就是“现代农民教育培训”。

“三农”发展和社会主义新农村建设需要大批具有现代意识的新型农民，需要提高农村人力资源能力建设，这些任务的实现，关键要看“现代农民教育培训”的成效。一般来说，“现代农民教育培训”包括如下内容：新生代农民工教育培训、留守农民培训、星火农业科技人才培训和农村创业人才培训。

为了有效提高培训效率，实现“先富”带动“后富”，最终实现共同富裕的宏伟目标，还应加强农村干部培训、农村创业带头人培训、农民大学生培训等。

虽然江苏的工业产值位居全国前列，但江苏也是一个农业大省，这是江苏省的省情。农业是根本，一定不能片面地追求工业产值而放弃农业发展。因此，在“现代农民教育培训工程”中还要依据留守农民的特点，开展形式多样、适合留守农民认知水平的培训。农民职业教育工作者要深入农村调查，精准把握留守农民的心声，诚心听取他们的意见，根据他们的文化程度、学习能力和不一样的个性化教育需求，全面开展顺应时代发展要求、贴近农民农业生产实际、内容丰富的实用技术培训活动，让想要接受培训的留守农民有地方去学习，让学习水平、学习兴趣各异的农民都能在培训工程中找到自己喜欢的学习项目。比如连云港市东海县白塔埠镇的做法就值得推广。

白塔埠镇，是江苏省重点镇，位于东海县境中部偏东，面积103.27平方千米，其中耕地面积9.1万亩，常住人口5.7万。镇驻地西距县城17千米，东距连云港市20千米，为新亚欧大陆桥西行第一镇。白塔埠镇交通优势独特，陇海铁路横贯东西，市县公路通过境内，公路网络四通八达，内河码头年吞吐能力为1 000万吨，民航连云港机场坐落镇区，水陆空交通便捷，区位优势得天独厚，素有“苏北交通第一镇”之美称。农作物以稻麦为主，大力发展多种经营，前营村反季节蔬菜种植形成规模，种植面积达0.4万亩，大棚3 600栋。“前营牌”西红柿获省农林厅品牌认证。驻地建成区面积达4.51平方千米①。

该镇针对留守农民中中年人和妇女居多，文化程度大多为初中水平的现实，创立以妇女和中年人为培训对象的“白塔埠镇职业农民培训田间学校”，以培训反季节蔬菜种植技术为主。目前该项目培养出来的人才生产的“前营牌”西红柿获省农林厅品牌认证。此外，该镇还非常关注“弱势群体”的培训工作（主要面对残疾人和轻微智障人群），对他们进行免费的“生活创业指导培训”。由于该镇拥有5.7万人，耕地面积只有9.1万亩，人均耕地面积为1.6亩，加上机械化耕作率达到了100%，所以剩余劳动力较多。针对这一现实，白塔埠镇农民教育中心开办了旨在提高农民融入城市生活的职业能力的培训班，培训的项目有缝纫工、计算机应用、电焊工、车工、家电维修、挖掘机驾驶员、家政等。

六、课程和教材建设要突出地方特色

总结我国农民职业教育效果不好的原因，不难发现没有紧跟经济发展的课程和教材是其中之一。历史经验告诉我们，要提高农民职业教育培训的质量，就一定要加强课程、教材的建设，这是现代职业农民教育培训的中心任务之一。随着农民职业教育培训向纵深推进，课程和教材建设已成为农民职业教育内涵建设的重要内容。课程与教材建设还要突出地方特色，要根据各地的特色农业发展需要、剩余劳动力的多少来编写既适合经济与社会发展，又适合农民个性特征的课程和教材。具体举措有三个：

一是要重点抓好以县级成人职业教育研究室和县农科所为主体的课程与教材建设团队，将课程与教材建设任务分解落实到具体责任人身上。吸纳有经验的种养殖能手和各类职业能手参与建设，同时要聘请课程专家和成人职业教育专家亲临指导。也就是说，团队里要包括农业科技人员、成人职业教育专家、课程专家、农村能人、骨干专业教师等。

二是要确保课程与教材建设的经费保障。建立以县教育局、财政局、农业局、人社局为成员的课程与教材经费管理委员会。明确各部门职责，加强监督，确保经费都用到实处，确保开发出来的课程与教材能在现代职业农民培训上发挥重要作用。

① 白塔埠镇[EB/OL].（2014-08-15）[2017-10-18]. https://baike.baidu.com/item/%E7%99%BD%E5%A1%94%E5%9F%A0%E9%95%87/7293242? fr=aladdin.

三是要全面整合、优化县域内的教育资源，调动各方参与课程与教材建设的积极性，共同开发出凸显本县特色农业和剩余劳动力需要的乡土教材。编写教材要贴近农民生活，适合农民的认知习惯，以通俗易懂的口吻讲明先进技术的操作规程。县域里的教育资源主要集中在县职教中心、农科所、各乡镇的农技站、县教育局的教研室等。因此，要建立有利于发挥各方优势的资源整合优化领导小组，可以由分管教育或农业的领导任组长，由财政局、教育局、农业局、人社局、妇联、残联领导任副组长，全面负责县域里各类教育资源的整合事务。

第六章 结 语

江苏是区域经济发达的大省，也是一个农业大省，在农民职业教育培训实践中，兼顾了农民的不同意愿，对有志于在第一产业继续经营的农民给予农业生产、经营、市场拓展培训，对那些迫切希望转型的农民，给予第二、第三产业的职业技能培训。坚守还是分流，完全取决于农民自己的意愿。此外，过去江苏省十分重视苏北和苏中地区的农村剩余劳动力输出，用于支援苏南地区的经济发展。从2016年后，由于苏南经济发展规模达到了一定的高度，江苏又将重心放在苏中和苏北的经济结构改造上，以城镇化为契机，以新农村建设为纽带，在决胜全面建成小康社会的精神鼓舞下，大力开发农民职业教育市场，吸引民间资本参与农民职业教育培训。因为农民职业教育投资收益大于成本，所以江苏省从2016年起，开始以每年增长15%的比例加大农民职业教育投资。依靠农科院、各县的职教中心、各中高等职业院校的教学与技能培训优势，全力打造具有江苏特色的农民职业教育格局。

用立法的方式确保农民职业教育在整个教育体制中的地位，运用各种政策和规范性文件来规范农民职业教育发展框架，力求农民职业教育适应地区产业结构优化升级。一般来说，农民职业教育开展的主体还是政府，而政府主要领导对农民职业教育的态度直接影响着该地区农民职业教育发展的质量。江苏省在地方领导政绩考核体系中加大了农民职业教育培训工作的比重，希望能引起地方领导注意，加大对农民职业教育的支持力度。

体制框架限制是农民职业教育发展必须解决的问题，江苏省在现行法律框架下，针对本省经济发展的需要和农民转型需求的态势，以体制改革与创新为突破口，建立了一系列有助于农民职业培训的法规、制度和政策，让农民职业教育发展有矩可循，有法可依。

教育资源问题确实是困惑教育事业发展的首要问题。虽然江苏省是经济大省，但和其他省市一样，用于农民职业教育培训的资源非常少，人均不到1

元。在农民职业教育培训资金问题上,劳动力输出地区认为应由劳动力输入地支付,因为受过培训的农民绝大多数都是到劳动力输入地工作,为当地的经济发展作贡献。而劳动力输入地则认为,自己帮助劳动力输出地区解决了农民就业问题,已经相当不错了,再加上户籍制度的限制,农民职业培训的好与坏与劳动力输入地的领导政绩考核无关,所以劳动力输入地不愿意为劳动力输出地的农民支付职业培训经费。为了避免相互扯皮推诿,江苏省的做法是实行属地原则,也就是说农民到哪里去务工,哪里的政府有义务提供免费的农民职业教育。此外,江苏省为了减轻政府负担,提供质优的培训课程,制定最大限度的优惠政策吸引盈利性教育机构参与农民职业培训,借鉴丹麦和日本的经验,以一年为期,对其培训的人员进行考评,然后根据考评结果,由政府支付给这些机构培训费用。

师资建设是农民职业教育发展的核心问题。江苏在农民职业教育师资建设方面的经验值得推广。这些经验可概括为三句话:一是根据发展需要分段确立成人教育编制,二是打造县(市)级专业师资人才库,三是建立教师流动服务制度。

江苏省的经验是被实践证明值得推广的做法,值得在全国范围辩证地推广。

后　记

在农民教育发展脉络中探讨和发现我国农民职业教育规律，是广大农民职业教育工作者的一个夙愿。自从进入职业院校从教以来，我接触得最多的是来自农村的孩子，他们迫切希望获得能够改变他们命运的教育。我也是从江西的大山里走出来的农村孩子，虽然离家乡十几载，但大山深处农民生存的窘状历历在目。正是因为上述原因，我于2013年开始关注农民职业教育，查阅各类与农民职业教育有关的文献，准备写作素材，列出数据收集提纲，等等，到现在已有四年整。真正动手写作是2016年年底，到现在已有一年了。回首这些年对农民职业教育的关注，有辛劳，也有收获。在这期间，我申报的2017年“江苏省社科应用研究精品工程”一般资助项目“坚守与分流：农民职业教育问题解决思路与实践”获批，项目编号为17SYB-103，本书也是此项目的研究成果之一。

在本书完成之际，我长吁一口气，除了感受到一种久违的轻松感之外，还有一点小小的成就感。在此，首先我要感谢对我有知遇之恩的导师姚本先教授，没有他的鼓励，我不可能有勇气洋洋洒洒写上二十多万字。其次，我还要感谢我的领导白桦、光琳，他们对我的研究提出了很多宝贵的建议。最后，我还要感谢我的妻子和女儿，没有她们给予我的快乐、鼓励与支持，本书也不可能这么快完成。

在完成本书的写作中，我深深感受到亲情和友情对我的意义，在我每回不能亲自去各地图书馆查资料时，总有朋友、同学伸出支援之手，他们是淮北师范大学的李文砚副教授、南京师范大学泰州分院的周炎根博士、安徽工程大学的杜松涛副教授。此外，我还要感谢我的同事何雁女士，她在书稿整理、文字校对等方面给予我很大帮助。

因为工作和家庭中的琐事，我并没有足够的时间静心研究，书稿断断续续写了近一年，所以本书难免会存在不足之处。在此，向读者致歉。

王星飞
二〇一七年十二月一日